LA GUÉRISON AU BOUT DES DOIGTS

Les secrets révélés
du Do-In chinois

Si vous souhaitez recevoir notre catalogue et être tenu au courant de nos publications, envoyez vos nom et adresse, en citant ce livre, aux Presses du Châtelet,
34, rue des Bourdonnais 7501 Paris
Et, pour le Canada, à
Édipresse Inc., 945, avenue Beaumont,
Montréal, Québec, H3N 1W3.

ISBN 2-84592-162-4

Production Denryck Communications.

Ho-Han CHANG
Jocelyne AUBRY

LA GUÉRISON AU BOUT DES DOIGTS

Les secrets révélés
du Do-In chinois

PRESSES DU CHÂTELET

Cet ouvrage a été conçu pour vous donner une information aussi exacte et précise que possible. Il est le reflet de l'opinion de l'auteur, et son éditeur n'est nullement prestataire d'un service autre que l'impression et la mise en marché de l'ouvrage.

Si vous souhaitez en savoir plus, adressez-vous à un professionnel compétent.

Table des matières

PARTIE II
LA PRATIQUE DU DO-IN

PARTIE III
COMMENT PRÉVENIR ET TRAITER LES DIFFÉRENTS PROBLÈMES DE SANTÉ PAR LE DO-IN

PARTIE IV
PREMIERS SECOURS PAR LE DO-IN

INTRODUCTION

MA DÉCOUVERTE DU DO-IN

C'est à 15 ans que j'ai découvert le Do-In, cette forme spéciale d'automassage qui nous vient de la tradition médicale chinoise.

Bien sûr, je trouvais cela fascinant. Comme un jeu. Avec toute la passion et la gravité particulières aux adolescents, je pratiquai pendant un certain temps ce que j'avais appris.

Puis, par manque de discipline, je me suis ensuite contentée d'utiliser ces connaissances inhabituelles pour étouffer certaines douleurs gênantes. Un peu comme d'autres prennent de l'aspirine. Maux de tête, règles difficiles, maux de dents, mauvaise digestion à la suite d'une orgie de petits gâteaux ou de mousse au chocolat, nez bouché, autant d'occasions de palper, de chercher et de stimuler les points adéquats.

C'est bien plus tard que j'ai vraiment compris ce qu'était le Do-In et que je l'ai appliqué à bon escient...

LES PROBLÈMES COMMENCENT

Stressée, tiraillée entre mes obligations professionnelles et familiales, j'ai commencé à empiéter sur mon temps de sommeil pour arriver à joindre les deux bouts. Mon équilibre et ma santé s'en sont vite ressenti.

Premier accident de parcours : des crises d'asthme inexplicables qui m'« empêchaient » de travailler. Puis des rhumes, des bronchites, des lumbagos. Je savais bien qu'il s'agissait de signaux d'alarme, mais je les ignorais.

Enfin une pneumonie me cloua au lit pendant une semaine et me laissa plusieurs mois le souffle court. Là, j'eus très peur.

Comment décrire autrement la panique que j'éprouvai en réalisant qu'à 21 ans, essoufflée pour un rien, j'étais même obligée de marquer des pauses pour monter un escalier ?

Pour aggraver les choses, des crises d'asthme de plus en plus fréquentes me forçaient à sortir du lit au petit matin ou m'assaillaient en cours de journée.

Je vis un spécialiste, puis encore un autre et, à la suite de nombreux examens, j'obtins un diagnostic peu réjouissant : j'étais prétendument allergique à de nombreux pollens et à la poussière des maisons.

Un médecin ajouta en souriant : « Si vous habitiez sur une île, dans une maison face à la mer et à condition que la côte soit uniquement rocheuse, alors peut-être vous porteriez-vous mieux... » C'était charmant !

Je commençai à faire le ménage comme une maniaque puisque je ne supportais pas la poussière. Puis je renonçai aux grandes balades dans la nature, du début du printemps jusqu'aux premières gelées. J'absorbais les médicaments prescrits. Je ne me déplaçais plus sans mon spray, destiné à élargir les bronches en cas d'asthme. Pourtant, je ne me sentais pas mieux.

LA MALADIE : UNE CHANCE ?

Je décidai alors de chercher ailleurs la solution à mes problèmes. Déterminée à trouver, j'acceptais enfin de remettre en cause ma façon de vivre. A me remettre en question.

Ce ne fut ni rapide ni agréable. Je commençai par lire tout ce que je pus trouver au sujet de l'asthme et des allergies.

Quelle surprise ! Selon certains praticiens des médecines douces, lumbagos, crises d'asthme ou grippes et rhumes fréquents avaient une cause unique. Ces praticiens considéraient ces maladies comme les manifestations d'un déséquilibre.

Je compris enfin que si, avec mes sprays et mes médicaments, j'arrivais à mettre mes crises d'asthme en sourdine, mon corps trouvait alors un autre moyen d'exprimer son mal-être : par un lumbago ou un mal de tête par exemple.

Suffisait-il donc que je découvre la vraie raison de mes problèmes de santé pour en être vraiment débarrassée ?

Les médecines douces n'opèrent pas de distinction entre le corps et l'esprit. Il s'agit de deux choses inséparables. Ainsi, mon corps pouvait effectivement exprimer quelque chose par ses multiples maladies. Quelque chose que je me refusais à vouloir comprendre consciemment. Il pouvait fort bien se manifester très désagréablement pour essayer de me dire : « Arrête, stop, réfléchis à ce que tu fais de ta vie ; si tu continues comme ça, cela finira mal ! »

Je compris donc que ma maladie pouvait représenter une chance. Oui, vous avez bien lu : une chance. La chance de changer avant qu'il ne soit trop tard.

Je me mis alors – avec quelques doutes toutefois – à tenir un journal de bord afin de mieux comprendre ce qui se passait dans mon for intérieur.

Quand étais-je malade ? S'était-il passé quelque chose avant la crise d'asthme ou de lumbago ?

Je notais ce qui avait précédé les crises, ce que j'avais eu l'intention de faire et ce que je ne pouvais pas faire justement parce qu'un manque d'air ou une douleur vive dans le bas du dos m'en empêchait.

UNE FAÇON TRÈS DÉSAGRÉABLE DE PRENDRE DES VACANCES

Je m'aperçus peu à peu que les crises n'arrivaient pas à l'improviste. Que les crises d'asthme n'avaient rien à voir avec les pollens ou la poussière.

Ou alors comment expliquer le fait que je n'avais aucun problème quand je passais un week-end chez des amis dans leur maison, agréable certes mais qui aurait eu besoin d'un bon nettoyage, alors que, chez moi, je suffoquais malgré un entretien impeccable ?

Et enfin, un jour, je compris qu'à sa manière mon corps disait « non » quand j'étais incapable de le dire consciemment. Lorsque je me sentais obligée de faire quelque chose, par devoir ou pour tenir une promesse, mais qu'en moi tout se rebellait parce que je n'en avais pas du tout envie, mon corps me fournissait une bonne excuse pour me défiler. J'avais une crise d'asthme. Je pouvais alors dire :

« Oui, vraiment, j'aimerais bien vous faire plaisir, mais vous voyez, je suis malade. Malgré toute ma bonne volonté, je ne peux pas le faire. »

Non seulement j'évitais de faire ce que je ne voulais pas mais, en plus, on me plaignait et on me traitait avec des égards. Les lumbagos me terrassaient invariablement quand j'avais trop travaillé, pas assez dormi et donc épuisé toutes mes réserves d'énergie. J'étais alors forcée de prendre des « vacances ». Ainsi crises d'asthme et lumbagos m'apportaient de nombreux avantages, mais à quel prix !

JE NE LÂCHE PLUS !

Je découvris assez rapidement comment guetter les signes précurseurs d'une crise. Quand je les décelais, je m'interrogeais afin de trouver la cause d'une éventuelle crise.

Et, à ma grande surprise, je la découvrais. Immanquablement.

J'appris à dire « non ». Mieux valait un « non » clair – même si j'avais du mal à le dire – qu'un « non » caché.

J'appris à accorder beaucoup plus d'attention à mon corps.

J'appris à dormir pour me recharger quand j'étais fatiguée, à remettre au lendemain au lieu de travailler tard le soir.

Peu à peu, les alarmes s'espacèrent. Mon souffle s'améliorait. Je me sentais de mieux en mieux.

C'est à cette époque que je recommençai à pratiquer le Do-In. Je me plongeais dans des livres pour approfondir mes connaissances et je développais mon programme personnel. Il ne me prenait pas plus de dix minutes tous les matins. Les rhumes, les coups de barre, les grippes ne furent bientôt qu'un mauvais souvenir. Je débordais d'énergie.

Je ne suis certes pas parfaite, et il m'arrive certains matins de passer outre à mon Do-In. Je me suis levée trop tard, j'ai pensé : « Mieux vaut dix minutes de plus passées dans mon lit. » Je m'en repens généralement. Ces matins-là, je manque de punch. J'ai plus de mal à me concentrer. Bref, je ne me sens pas au mieux de ma forme.

Alors, le matin suivant, je n'hésite pas à faire mon Do-In.

LE DO-IN, C'EST ÉGALEMENT PLUS QU'UN SIMPLE AUTOMASSAGE

Dans un premier temps, le Do-In m'a donc permis de reconquérir la santé que j'avais perdue. Et par la suite, puisque je n'ai pas abandonné ma pratique, j'ai pu constater les bienfaits préventifs du Do-In. Après avoir sérieusement goûté à la maladie, j'étais dorénavant convaincue qu'il valait mieux prévenir que guérir. Surtout lorsque cette prévention est aussi agréable et exige si peu de temps !

N'aimeriez-vous pas traverser des hivers sans grippe, sans rhume ?

Ne rêvez-vous pas de déborder d'énergie ?

Ne souhaiteriez-vous pas disposer d'un moyen rapide pour pallier les petits maux dont vous souffrez peut-être ?

Ne voudriez-vous pas sentir à l'avance que votre estomac ou vos bronches risquent de vous causer des problèmes et y remédier avant de tomber malade ?

Souhaitez-vous atteindre un meilleur équilibre corporel et psychique ?

Le Do-In répond à toutes ces attentes. Il peut même faire beaucoup plus encore, comme vous le constaterez tout au long de cet ouvrage.

Le Do-In est en effet aussi une nouvelle façon de vivre et de penser qui peut vous transformer en profondeur et vous aider à réaliser vos objectifs les plus chers.

COMMENT UTILISER AVEC PROFIT CET OUVRAGE

Je me permets de supposer que j'ai réussi à piquer votre curiosité. Il ne me reste donc plus qu'à vous souhaiter une bonne lecture.

Mais avant que vous ne vous lanciez pour de bon dans la lecture de cet ouvrage, j'aimerais ajouter quelques mots pour vous aider à vraiment en tirer profit.

■ La première partie vous initiera sommairement aux grands principes du Do-In. J'y décrirai notamment cet étonnant contexte traditionnel de l'Orient qui a donné naissance au Do-In. Vous comprendrez ainsi pourquoi le Do-In est plus qu'un simple automassage.

Le Do-In s'inscrit dans une longue tradition thérapeutique qui, contrairement à notre orthodoxie médicale, met beaucoup plus l'accent sur la prévention que sur le traitement des maladies. Vous verrez d'ailleurs que, dans la Chine traditionnelle, les médecins étaient payés d'une façon bien spéciale qui vous surprendra sans doute (voir page 31).

Je tiens à souligner en passant que cette vision globale des médecins traditionnels d'Asie est d'une grande modernité. Parmi nos médecins, il s'en trouve en effet de plus en plus pour dire qu'on pourrait réduire de 50 à 80 % (!) les frais de santé publique en mettant à fond l'accent sur la prévention et les bonnes habitudes de vie.

Par ailleurs, pour mieux vous convaincre de persévérer dans la pratique du Do-In, je vous donnerai quelques preuves scientifiques de l'efficacité du Do-In (voir page 26).

Dans cette première partie, vous apprendrez aussi :

→ quelle est cette mystérieuse énergie que les médecins orientaux appellent le « Qi » et qui est la base de leur traitement ainsi que du Do-In (voir page 27) ;

→ comment le Do-In peut veiller sur votre santé (voir page 30) ;

→ quels sont les 7 principaux bienfaits que vous pouvez espérer d'une pratique régulière du Do-In (voir page 31).

■ Avec la deuxième partie, nous abordons pour de bon la pratique du Do-In. Je vous y explique d'abord comment faire une courte séance quotidienne. Cette courte séance vous conviendra tout à fait même si vous êtes du genre ultra-pressé.

Vous vous rendrez vite compte que le Do-In n'exige aucun effort spécial ou contexte particulier. Et plus vous y prendrez goût, plus vous constaterez qu'il est possible de pratiquer le Do-In dans n'importe quelles conditions.

Vient ensuite une séance longue. Même si vous ne pouvez consacrer que quelques minutes par jour au Do-In, lisez-la à fond et essayez les exercices. Certains d'entre eux vous procureront une sensation de bien-être tout à fait particulière. Intégrez ces exercices à la séance courte ou pratiquez-les isolément quand le besoin s'en fait sentir.

D'autre part, cette partie II vous montrera comment la respiration et un certain centre d'énergie joue un rôle clé dans le Do-In (voir le chapitre 6).

Je vous y expliquerai aussi une remarquable technique pour améliorer votre « senti corporel ». Cette technique intensifiera votre Do-In quotidien, mais vous permettra en plus de « voir venir » des troubles de santé potentiels (voir le chapitre 7).

■ Puis ce sera la partie III où vous trouverez un lexique où sont recensés de nombreux maux courants. Pour les prévenir ou les guérir, je vous indiquerai :

– des points d'acupression,

– des conseils pratiques généraux (il ne faut jamais dissocier le Do-In d'une pratique globale de la santé).

■ A ce lexique s'ajoutera dans la partie IV un autre lexique consacré aux soins d'urgence. Ces cas étant ainsi regroupés, vous pourrez agir beaucoup plus vite.

PARTIE I

LE DO-IN
ET LA MÉDECINE CHINOISE

CHAPITRE 1

QU'EST-CE QUE LE DO-IN ?

UNE PRATIQUE VIEILLE COMME LE MONDE POUR RESTER JEUNE

Quoique sous plusieurs aspects le Do-In diffère relativement de l'acupuncture, les principes de base de ces deux méthodes restent les mêmes. Dans les deux cas, il s'agit d'un travail énergétique qui fait appel aux mêmes connaissances du corps. On retrouve dans le Do-In les mêmes réseaux d'énergie identifiés et répertoriés par les acupuncteurs d'autrefois.

Le Do-In est toutefois moins précis que l'acupuncture. La surface de la peau que l'on touche avec le bout d'un doigt ou même avec le bout d'un ongle reste plus importante que celle traitée par la pointe d'une aiguille.

Mais, par ailleurs, le Do-In comporte d'autres avantages :

→ d'une part, il ne nécessite pas de connaissances aussi approfondies que pour la pratique de l'acupuncture ;

→ d'autre part, il est beaucoup plus simple de travailler avec ses doigts que d'enfoncer de fines aiguilles dans des points très précis du corps.

Pour ces deux raisons, le Do-In est une excellente médecine maison. Une séance de Do-In est peut-être moins efficace qu'une séance d'acupuncture, mais comme vous avez la possibilité de faire votre Do-In vous-même, et ce tous les jours si vous le désirez, vous pouvez finalement en retirer d'aussi grands avantages – ou presque.

On rapporte d'ailleurs que les paysans chinois, pour qui il était difficile de se rendre chez un acupuncteur, trouvaient dans l'acupression une médecine tout adaptée à leurs besoins.

Mais, depuis, cette forme d'automassage a certainement subi quelques transformations. Le Do-In tel que nous le connaissons aujourd'hui est une version japonaise et quelque peu modifiée de l'automassage chinois.

Dans la Chine ancienne, cet automassage portait le nom de Tao-Yinn. Outre les paysans qui le pratiquaient pour prendre soin de leur santé, les moines y avaient également recours dans le but de purifier leur corps et de mieux vivre leur spiritualité.

LA CHINE, L'INDE OU LE JAPON ?

Selon *Le livre de médecine interne de l'Empereur jaune*, un livre majeur dans l'histoire de la médecine chinoise, sept siècles avant que le Yoga ne fût introduit en Chine, le Do-In y était déjà fort connu des moines. Les experts en histoire orientale ne croient donc pas que les connaissances de l'Inde sont à la base des disciplines chinoises, mais plutôt l'inverse.

Quoi qu'il en soit, la « promiscuité » géographique de la Chine et de l'Inde a donné lieu à une influence mutuelle des deux cultures tout au long de l'histoire. Il n'est donc pas étonnant de retrouver dans les enseignements respectifs un bon nombre de similitudes.

Ce mélange de cultures, on le retrouve également entre la Chine et le Japon. En effet, au VIe siècle, la Chine a envahi le Japon et y a propagé sa pensée et sa culture. C'est ainsi que le Do-In fit son apparition au Japon. Do n'est, en fait, qu'une déformation du mot « Tao » en chinois. Les Japonais ont par la suite quelque peu modifié la forme du Tao-Yinn, mais le fond est resté sensiblement le même.

Toutes ces connaissances anciennes, on les doit en bonne partie à un Chinois du nom de Wang-Tsu-Yuan. En 1881, ce dernier a réalisé une compilation illustrée et très complète, le *Nei-chung-t'su-shuo*, des exercices de Do-In.

LA PRATIQUE MODERNE ET LES PREUVES SCIENTIFIQUES

Depuis une vingtaine d'années, le Do-In connaît une vogue croissante en Europe et en Amérique. Non seulement de plus en plus de gens le pratiquent, mais plusieurs scientifiques ont également commencé à s'y intéresser.

Deux champs de recherche nous permettent de valider scientifiquement les bienfaits du Do-In :

→ celui qui concerne le Qi Gong, une pratique énergétique également issue de la tradition chinoise ;

→ celui qui porte sur l'acupuncture.

Bien que les scientifiques soient encore loin d'une compréhension exhaustive de la médecine chinoise, les études – maintenant nombreuses – valident positivement les résultats extraordinaires obtenus.

LE QI

Selon la médecine chinoise, le Qi (prononcer tchi) est l'énergie vitale, le souffle qui anime toute chose vivante. C'est ce qui fait la différence entre la vie et la mort. Le Qi constitue donc la grande clé de la médecine chinoise.

Or, toutes les recherches scientifiques s'accordent maintenant pour reconnaître l'existence d'une énergie bioélectromagnétique et d'une énergie sonore spécifiques présentes dans tout être vivant. Ce qui tend à prouver l'existence réelle du Qi.

Ces deux énergies – maintenant mesurables – ne sont toutefois que deux composantes du Qi. Tenter de définir le Qi par ces deux seuls paramètres ne donne qu'une idée partielle, et donc déformée, de la réalité. Le Qi comporte également une dimension psychique qui, elle, échappe à la science.

De plus, de nombreuses études scientifiques sérieuses ont démontré l'efficacité du Qi Gong dans le traitement de plusieurs maladies, dont l'hypertension, la myopie, l'artériosclérose, les troubles respiratoires et le cancer.

Une compagnie californienne a mis sur le marché un appareil, l'Infrasonic QGM, qui reproduit les ondes infrasoniques (inaudibles par l'oreille humaine) caractéristiques du Qi. Cet appareil peut être utilisé pour détendre les muscles, améliorer la circulation sanguine locale, soulager la douleur, etc.

LES DIFFÉRENTS MÉRIDIENS ET LES POINTS D'ACUPUNCTURE

Des recherches récentes du Dr Darras à Paris ont également mis en évidence l'existence d'une structure physique des méridiens. Selon ces études, le trajet des méridiens correspond à un système circulatoire superficiel différent des systèmes sanguin et lymphatique et dans lequel coule un liquide sans cellule contenant une quantité importante d'ADN et d'ARN.

Qui plus est, la science reconnaît également l'existence de plusieurs points d'acupuncture ainsi que le rôle de ces points dans l'équilibre du corps.

Le Dr Nogier, un médecin français, a même démontré que les points d'acupuncture réagissent à l'approche d'objets colorés. Selon la réaction des points aux différentes couleurs, il devient ainsi possible de déterminer l'état de santé des organes correspondants.

DE LA HAUTE TECHNOLOGIE AU BOUT DE VOS DOIGTS

Il ne fait aucun doute que les efforts scientifiques pour mieux comprendre le fonctionnement de la médecine chinoise sont des plus louables. Il n'en reste pas moins que les progrès de la science ne font, bien souvent, que confirmer des connaissances empiriques traditionnelles.

Et ces connaissances, elles sont également à votre portée. Par une pratique régulière et attentive du Do-In, vous pourrez certainement en vérifier la validité.

Pour vous familiariser avec ce savoir ancestral, vous disposez également d'un instrument des plus perfectionnés, vos mains.

Par la pratique du Do-In, vous apprendrez à sentir votre Qi et ses multiples manifestations.

CHAPITRE 2

COMMENT LE DO-IN VEILLE-T-IL AU BON ÉQUILIBRE ÉNERGÉTIQUE DU CORPS ?

DEUX MONDES, DEUX PERCEPTIONS

« Tu es songeuse comme une vieillarde ! » a remarqué ma sœur.

Et elle a raison. Quand on est jeune, qu'on a le cœur léger et les reins solides, on ne craint rien. Mais moi, j'ai peur. Mon corps s'affaiblit depuis un certain temps et, avec lui, mon esprit, ma volonté. Oui, oui, crois-moi. Tu sais très bien que j'ai toujours eu une santé fragile.

Hier encore, j'avais la fièvre. Je suis allée voir un médecin traditionnel. Il a mis ses doigts sur mon poignet pendant quelques minutes. Puis il m'a demandé ce qui était arrivé dans ma vie. Je lui ai dit :

« Mon fiancé est parti. »

D'un air soulagé, il a conclu tout de suite :

« Ah, ce n'est donc pas grave, ma petite fille. Ce n'est que la tristesse. La tristesse, ce n'est pas grave. »

Et il m'a prescrit quelques herbes qui aident à dormir.

Ying Chen [1]

Il existe une différence fondamentale entre la médecine allopathique – telle que celle pratiquée aujourd'hui – et la médecine chinoise traditionnelle.

La médecine allopathique considère le corps comme une entité autonome, séparée de l'esprit. Le corps n'est que la somme de ses parties : chair, os, sang, etc.

Il est une machine merveilleuse certes, mais une machine. Et lorsque celle-ci se détraque, le médecin prescrit un médicament qui,

[1] Extrait du livre *Les lettres chinoises*, Leméac Editeur Inc., Montréal, 1993.

dans bien des cas, neutralise les symptômes de la maladie. Il peut aussi procéder à une chirurgie : retirer des tissus malades, remplacer un organe, installer un pontage, etc.

Du côté de la recherche médicale, on s'interroge sur les causes de la maladie, mais les hypothèses et les découvertes relèvent toujours du domaine strictement biologique ; les causes sont génétiques, virales, immunologiques, etc. On n'envisage à peu près jamais les liens possibles entre l'esprit et le corps.

Dans un tel contexte, il arrive souvent que nos médecins n'arrivent pas à mettre le doigt sur la cause réelle d'un désordre.

Dans la médecine chinoise traditionnelle, la conception du corps est très différente. Cette différence vient du fait que le corps est perçu comme une partie intégrante de l'Univers. Celui-ci, tout comme les astres, les végétaux et toute chose vivante, vibre avec l'énergie qui l'entoure. Il obéit aux mêmes lois qui régissent le reste de l'Univers.

Le corps physique, telle une antenne, reçoit l'énergie du ciel et de la Terre, puis il la diffuse autour de lui. Il la redistribue à sa façon.

Ainsi, le corps et l'esprit sont en symbiose permanente, parfaitement intégrés l'un à l'autre. Le corps se fond à toutes choses. Il est une manifestation du « Grand Tout » ou « Tao », une manifestation parmi tant d'autres.Une vague au milieu d'autres vagues poussées par un même vent.

> « Quelque chose d'immanent et de naturel
> Existait avant le Ciel et la Terre
> Immobile et insondable
> Seul et inaltérable
> Il se répand partout et ne s'épuise jamais
> C'est comme la Mère de l'Univers
> Je ne connais pas son nom...
> Je l'appelle « Tao », je l'appelle « Grand »... »
>
> *Lao-Tseu, Tao-tö king*

COMMENT LE DO-IN VEILLE-T-IL SUR VOTRE SANTÉ ?

Selon *Le livre de médecine interne de l'Empereur jaune*, « administrer des médicaments pour des maladies qui se sont déjà développées, c'est comme attendre d'avoir soif pour se mettre à creuser un puits, ou commencer à fabriquer des armes après que la bataille a commencé ».

De fait, tout l'art de la médecine chinoise repose sur un aspect **préventif** de la maladie. Elle consiste d'abord et avant tout à harmoniser l'énergie qui circule dans le corps afin d'assurer le bon fonctionnement des différents organes. Son but premier est de renforcer votre équilibre naturel afin de vous « garder » en bonne santé. D'ailleurs, dans la Chine traditionnelle, le médecin était payé tant et aussi longtemps que son patient demeurait en santé. Si ce dernier tombait malade, on considérait que le médecin avait failli à sa tâche et on cessait de le rétribuer.

Le Do-In ne fait pas exception à cette règle. Pratiqué régulièrement, il stimule si bien les défenses de votre corps qu'il peut expulser la maladie. Elle n'a pas le temps de s'implanter. Voici plus en détail comment il agit sur votre corps.

LES SEPT BIENFAITS DU DO-IN SUR LE CORPS

1. LES BIENFAITS SUR LA PEAU

A l'instar de plusieurs autres massages, le Do-In stimule et tonifie la peau. En activant la circulation sanguine sous-cutanée, il facilite l'élimination des toxines et donne plus d'éclat à votre teint.

2. LES BIENFAITS SUR LA CIRCULATION SANGUINE ET LYMPHATIQUE

Les différents mouvements, les percussions, les frictions, etc. du Do-In (cf. *Chapitre 3*) ont pour effet d'activer la circulation des fluides organiques, et en particulier du sang et de la lymphe.

Une circulation sanguine améliorée permet une meilleure distribution de l'oxygène dans les tissus et une meilleure élimination des toxines. Le rythme cardiaque se régularise et les nombreux malaises liés à une circulation sanguine inadéquate (varices, hémorroïdes, etc.) disparaissent.

La lymphe est un liquide incolore qui possède son propre réseau de circulation. Elle baigne et draine l'ensemble des tissus de l'organisme. Les déchets qu'elle recueille sont ensuite déversés dans le sang. Une bonne circulation lymphatique est donc importante pour assurer la santé des tissus.

Si, au contraire, la lymphe stagne dans certains endroits du corps, elle provoque des œdèmes, des inflammations et de la douleur.

3. LES BIENFAITS SUR LA MUSCULATURE

Le Do-In est une bonne technique pour soulager les muscles souvent ankylosés par le manque d'exercice et l'excès de stress.

Grâce à son action stimulante sur la circulation des fluides et à la « magie » d'un toucher bienveillant, les fibres musculaires se débarrassent rapidement des toxines qui engendrent fatigue, courbatures, raideurs, etc.

4. LES BIENFAITS SUR LE SYSTÈME NERVEUX VÉGÉTATIF

Le système nerveux végétatif innerve les viscères (cœur, foie, poumon, etc.) et les glandes endocrines. Il se compose des systèmes nerveux sympathique et parasympathique, qui tendent à s'équilibrer mutuellement. Par le Do-In, vous contribuez à maintenir cet équilibre précieux et, au besoin, à le rétablir.

5. LES BIENFAITS SUR LE SYSTÈME NERVEUX CÉRÉBRO-SPINAL

Le système cérébro-spinal se compose de la moelle épinière et de l'encéphale qui, à son tour, comprend le bulbe rachidien, le cervelet et le cerveau proprement dit.

Ce système a pour fonctions de passer les commandes aux différents muscles, de coordonner les fonctions vitales et de gérer l'information sensorielle.

Le Do-In – et en particulier le travail en dispersion de certains points liés à la détente – vous permet d'apaiser ce système souvent surmené par de trop nombreuses stimulations sensorielles.

6. LES BIENFAITS SUR LES VISCÈRES

Les viscères sont les organes contenus dans les cavités crânienne, thoracique et abdominale. Par le Do-In, vous pouvez stimuler leur fonctionnement ou, au contraire, en favoriser la détente.

7. LES BIENFAITS SUR LES GLANDES ENDOCRINES

Plusieurs glandes endocrines sont en relation avec des points d'acupression. Au besoin, ces glandes peuvent donc être activées ou calmées afin d'harmoniser leur fonctionnement avec le reste du corps.

Or, c'est par l'intermédiaire de ces glandes que le stress et les émotions agissent sur nos organes, les affaiblissent ou les épuisent. Le Do-In est donc un parfait antidote contre les méfaits de la vie moderne.

LE DO-IN ET L'HARMONISATION DES DEUX GRANDES ÉNERGIES : LE YIN ET LE YANG

Tout dans l'Univers est instable et en recherche permanente d'équilibre. Le corps humain ne fait pas exception.

Selon la tradition chinoise, cet Univers que nous habitons – et qui nous habite – est constitué de deux énergies fondamentales contraires l'une à l'autre mais également complémentaires : le **Yin** et le **Yang**.

« Le Yang est ce qu'il y a de léger, de pur. C'est l'énergie qui flotte en haut et dont le ciel est formé. »[2] On l'associe aux forces positives de l'Univers, au Soleil, à la chaleur, à la sécheresse, à l'action et au sexe masculin.

« Le Yin est épais et lourd. C'est ce qui a pris forme et s'est concrétisé pour former la Terre. »[3] Le Yin, énergie négative, est aussi lié à la Lune, à l'obscurité, au froid, à l'humidité, à la passivité et à la femme.

Comme la nuit ne peut pas exister sans le jour, le noir sans le blanc, ces deux énergies complémentaires, perpétuellement en mouvement, se manifestent dans tout ce qui existe. Ainsi, l'énergie Yin et l'énergie Yang circulent sans cesse dans votre corps. Lorsqu'elles coulent harmonieusement, vous êtes en bonne santé.

Si, au contraire, survient un déséquilibre entre ces deux polarités, vous tombez malade. Lorsque le Yin devient trop prédominant par rapport au Yang, ou vice versa, il en résulte soit un affaiblissement, soit une hyperactivité de l'un ou l'autre de vos organes.

Selon la tradition chinoise, la maladie s'explique toujours par un déséquilibre énergétique du corps. Que l'énergie Yin ou Yang soit en

---

[2] Selon un ouvrage chinois du XVIe siècle, le *I Sio Jou Menn*, p. 38.

[3] *Id.*

manque ou en excès, ce déséquilibre finira par se répercuter sur l'un ou l'autre organe du corps s'il n'est pas corrigé.

Une pratique régulière du Do-In vous permet de sentir et de maintenir cet équilibre subtil entre les polarités Yin et Yang.

Yin	Yang
Terre	Ciel
Lune	Soleil
Mort	Naissance
Nuit	Jour
Obscurité	Lumière
Féminin	Masculin
Sommeil	Eveil
Elimination	Absorption
Parasympathique	Sympathique
Repos	Action
Expiration	Inspiration

PARTIE II

LA PRATIQUE DU DO-IN

CHAPITRE 3

OÙ, QUAND ET COMMENT PRATIQUER VOTRE DO-IN

« Les êtres divers du monde feront retour à leurs racines ; faire retour à sa racine, c'est s'installer dans la quiétude ; s'installer dans la quiétude, c'est retrouver l'ordre ; retrouver l'ordre, c'est connaître le constant ; connaître le constant, c'est l'illumination. »

Lao-Tseu

Le Do-In est un art. Il comporte donc certaines règles dont je vous ferai part dans ce chapitre. Comme vous le verrez dès vos premières séances, l'application de ces règles augmente considérablement les bienfaits du Do-In. Voici donc en quoi elles consistent.

1. OÙ DEVEZ-VOUS PRATIQUER VOTRE DO-IN ?

• Si vous possédez une salle de méditation, c'est bien sûr un bon endroit pour vous adonner à la pratique du Do-In.

• Si ce n'est pas le cas, choisissez toute autre pièce calme, bien aérée, dans laquelle vous vous sentez bien et où vous ne risquez pas d'être dérangé.

• Lorsque la température le permet, vous pouvez vous installer dans un parc, un bois ou quelque autre oasis naturel. Un contact étroit avec la nature vous permettra de mieux prendre conscience des énergies célestes et terrestres auxquelles vous vous rendez disponible en pratiquant l'art du Do-In.

• Où que vous soyez, tournez-vous en direction du Soleil.

• Si vous êtes confiné dans une petite pièce – une chambre d'hôpital par exemple – sans fenêtre, mal aérée et bruyante, ne vous privez pas de votre séance de Do-In pour autant. Si le contexte extérieur ne vous est pas favorable, absorbez-vous entièrement dans votre temple intérieur pour y puiser calme et sérénité. Tout ce qui est à l'extérieur est aussi à l'intérieur.

2. QUAND DEVEZ-VOUS PRATIQUER VOTRE DO-IN ?

• Pratiquez le Do-In au lever du jour tandis que vous êtes encore à jeun et que tout est calme en vous.

De tout temps, les moines et les mystiques se sont levés à l'orée du jour pour se consacrer à la méditation ou à la prière. Idéalement, il en est de même pour les adeptes du Do-In.

La pratique matinale présente en effet bien des avantages :

→ D'abord, vous risquez beaucoup moins d'être dérangé par le bruit.

→ Pratiquer le Do-In dès les premières lueurs du jour vous permet aussi de mieux vous harmoniser avec les forces cosmiques de l'Univers. Lorsque le Soleil se lève, il diffuse une énergie d'action qui invite à aller de l'avant. D'ailleurs, ne dit-on pas que le monde appartient à ceux qui se lèvent tôt ?

→ De plus, vous adonner à la pratique du Do-In au lever du jour vous aide à vous libérer des séquelles de la nuit : vague à l'âme, articulations paresseuses, esprit embrumé. Vous êtes ensuite en mesure de commencer la journée avec un corps et un esprit plus alertes.

• Mais si, pour une raison ou une autre, vous ne pouvez pas faire votre séance de Do-In au lever du jour, mieux vaut la faire à un autre moment de la journée que pas du tout.

Veillez toutefois à ce que votre estomac soit vide. Dans les deux heures qui suivent un repas, l'énergie du corps est utilisée par la digestion. Un Do-In risque alors d'entraver ce processus.

Les quelques heures qui précèdent le coucher sont aussi déconseillées pour ceux qui souffrent d'insomnie. Le Do-In redonne parfois tellement d'énergie qu'il est ensuite difficile de s'endormir.

Pour d'autres personnes, un Do-In à l'heure du coucher peut au contraire faciliter leur sommeil en les aidant à décompresser et à chasser les pensées obsédantes.

Faites l'expérience pour voir comment votre organisme réagit à un Do-In de fin de soirée. Tout dépend de chacun et des circonstances.

3. COMMENT DEVEZ-VOUS PRATIQUER VOTRE DO-IN ?

Lorsque vous avez pris soin de choisir le bon moment et le bon endroit pour votre pratique, tournez votre regard vers l'intérieur.

• Si vous portez une montre ou des bijoux, retirez-les pour la durée de votre pratique.

Les métaux exercent une action subtile sur l'énergie du corps. L'argent, par exemple, qui est associé à la polarité Yin, disperse ou provoque une fuite d'énergie dans les points avec lesquels il entre en contact.

L'or, au contraire, qui est un métal Yang, a tendance à stimuler les points qu'il touche.

D'autre part, les montres à quartz émettent des pulsions électromagnétiques qui perturbent le champ magnétique du corps.

• Portez des vêtements amples et confortables. Vous devez pouvoir bouger librement. Aucune ceinture trop serrée ne doit vous empêcher de respirer.

Les vêtements en fibres naturelles conviennent mieux que les tissus synthétiques. Ces derniers captent l'électricité statique de l'air et perturbent ainsi les échanges énergétiques entre le corps et l'Univers.

Sans compter que les vêtements synthétiques entravent la respiration du corps. Nous avons tendance à transpirer davantage lorsque nous portons des vêtements faits de polyester, d'acrylique ou de tout autre tissu synthétique.

• Ayez un coussin ou une couverture à proximité. Vous en aurez peut-être besoin pour vous asseoir.

VOTRE INTUITION, UNE RESSOURCE IMPORTANTE

Dans l'aventure du Do-In, votre intuition constitue votre meilleur guide. C'est la sagesse de votre « divinité intérieure » qui se manifeste à travers elle. Et cette sagesse transcende les raisonnements logiques – et, à plus forte raison, illogiques – de votre mental.

Elle vous permet de sentir ce qui se passe en vous, de découvrir le point précis à traiter, le geste juste à poser. Bref, *votre* Do-In.

Mais, pour entrer en contact avec votre intuition, vous devez d'abord apaiser votre mental. En effet, avec son flot de pensées souvent chaotiques et désordonnées, le mental constitue une véritable entrave à la manifestation de votre intuition.

Au cours de votre pratique, vous devez donc rechercher cet état de calme intérieur qui seul vous permet de vraiment bénéficier de votre Do-In. Si vous vous sentez quelque peu « survolté » avant votre séance, consacrez d'abord quelques minutes à la relaxation de votre corps : l'énergie circule plus librement dans un corps détendu. Vous augmenterez ainsi votre capacité d'attention et votre réceptivité. Prenez également l'habitude d'être attentif à votre respiration. C'est souvent le chemin le plus court entre le tohu-bohu et le silence mental.

METTEZ VOS MAINS AU SERVICE DE VOTRE INTUITION ET DE VOTRE SANTÉ

Dans la pratique du Do-In, vos mains sont votre principal instrument de travail. Tout au long du massage, vous les utiliserez d'une façon ou d'une autre pour exercer les différentes manipulations. Mais la fonction des mains ne se limite pas à un travail technique. Il serait d'ailleurs plus exact de dire que le travail technique, bien qu'indispensable, reste secondaire.

Comme nous l'avons déjà mentionné, le Do-In n'est pas un massage qui s'adresse aux muscles du corps, mais un massage *énergétique*. Le rôle des mains consiste donc beaucoup moins à manipuler qu'à :

- recevoir l'information sensorielle du corps ;
- stimuler, calmer, ouvrir, libérer, disperser ou concentrer l'énergie du corps.

Durant le Do-In, les mains s'adonnent à une véritable conversation avec votre corps. A leur façon, elles écoutent et elles parlent. Vos mains deviennent davantage des antennes de votre corps que des outils de manipulation.

Ce sont ces « jeux de vie » entre vos mains, votre corps et votre conscience qui constituent l'essentiel du Do-In.

En pratiquant régulièrement le Do-In, vous prendrez peu à peu conscience de cette aptitude de vos mains à émettre et à capter l'énergie. A l'instar du philosophe Emmanuel Kant (1724-1804), vous constaterez que vos mains sont un véritable cerveau extérieur.

Lorsque vous leur prêtez attention, vous découvrez un mode de communication d'une grande richesse. En Do-In, vos mains peuvent vous communiquer une quantité impressionnante de renseignements sur l'état de votre corps. Tout comme les yeux peuvent lire un texte écrit, les mains savent « capter » les informations inscrites dans votre corps.

Mais ce n'est pas tout. Tel que le mentionne l'ostéopathe Claude Bochurberg dans son livre *Jeux de mains, jeux de vie* [4], « la main en écoute aide le corps à diagnostiquer le mal et à rectifier les informations erronées qu'il faisait parvenir à la zone en déséquilibre et qui en entretenaient la lésion. Une dynamique s'instaure entre l'accompagnement par la main et la réaction physiologique qu'elle suscite. »

C'est donc dire que le simple fait de poser une main *attentive* sur le corps amorce un processus de guérison. Avant même que la main ne « fasse » quelque chose, le corps s'est déjà mis en quête d'un meilleur équilibre.

Cette attitude d'écoute corporelle est l'un des grands secrets du Do-In.

ÉTABLISSEZ VOTRE PROPRE DIAGNOSTIC

Pour reprendre le propos de C. Bochurberg, « la main en écoute aide le corps à diagnostiquer le mal... », en plus d'amorcer un processus de guérison, « une main attentive » vous permet donc de détecter les points sensibles de votre corps.

Or, cette sensibilité des points constitue de précieux indices sur la santé de vos organes. Après avoir identifié les points sensibles de votre corps, vous pouvez vous référer aux pages illustrant les différents méridiens (pp. 91 à 126) pour voir sur lequel de ces méridiens se situe le ou les points repérés. Il y a de fortes chances que l'organe en relation avec ce méridien ait besoin de vos bons soins.

Ne considérez toutefois pas votre diagnostic comme infaillible. «... Même pour les «médecins de l'énergie» (acupuncteurs), la complexité et le fonctionnement interne de chaque organe semblent souvent se contredire mutuellement ou donner lieu à des indices peu

[4] Bochurberg, Claude, *Jeux de mains, jeux de vie*, Editions du Seuil, Paris, 1983, pp. 37-38.

concluants. Des organes équilibrés, c'est-à-dire sains et fonctionnant correctement, sont relativement prévisibles et cohérents. En revanche, des organes qui fonctionnent mal ont tendance à agir de façon erratique... » comme le mentionne Michael Blate dans son livre *Pratique du Ji-Jo avancé*.

LES DIVERSES MANIPULATIONS EN DO-IN

Vos mains sont des outils d'une grande habileté. Elles peuvent exécuter toute une série de manœuvres en fonction des différents effets que vous désirez obtenir en Do-In. Voici ces manœuvres.

• Pression avec la partie charnue d'un doigt

Ce type de pression s'effectue souvent avec le pouce, lequel ne doit pas être plié mais gardé en extension.

L'intensité de la pression varie selon la surface traitée. Si vous travaillez au niveau d'une cuisse, par exemple, vous aurez besoin de peser plus fort pour atteindre le point d'acupression. En revanche, sur les surfaces décharnées, tel le dos de la main, l'intensité sera moindre.

• Pression avec l'extrémité d'un doigt ou l'ongle

Cette pression s'utilise surtout pour les mains et les pieds lorsque vous désirez stimuler des points logés entre les métacarpiens et les métatarsiens.

• Pression centripète

Les pressions centripètes – de l'extérieur vers l'intérieur – servent à concentrer l'énergie dans un point, c'est-à-dire à le TONIFIER. La pression doit être rapide et légère.

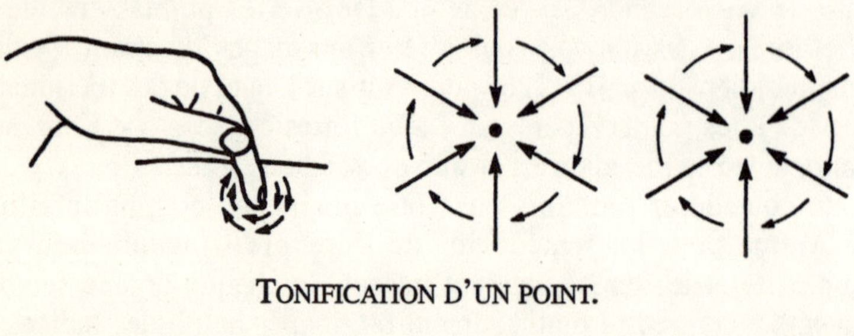

TONIFICATION D'UN POINT.

Pour tonifier un point, vous exercez des pressions rapides et énergiques en décrivant des rotations centripètes selon le sens des aiguilles d'une montre.

• Pression centrifuge

Contrairement à la précédente, cette pression doit être longue et profonde. Elle sert à DISPERSER l'énergie là où elle se trouve en excès.

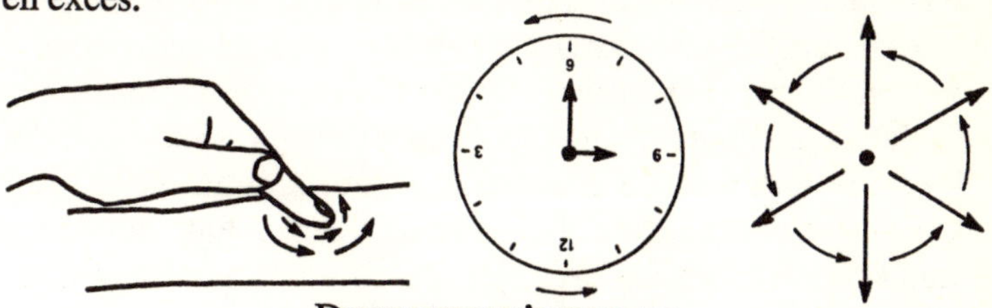

DISPERSION D'UN POINT.

Pour disperser un point, vous exercez des pressions lentes et profondes en décrivant des rotations centrifuges à l'inverse du sens des aiguilles d'une montre.

• Pression avec deux doigts

Vous utiliserez les pressions à deux doigts – soit le pouce et l'index – pour pincer un tissu et l'étirer. Cette manipulation vous sera nécessaire pour traiter les doigts, les orteils, les oreilles, etc.

• Pression avec trois doigts

Ces pressions s'exécutent soit :

1. avec les doigts collés dans les cas de massage du foie et de l'abdomen ;

2. avec les doigts écartés lorsqu'il s'agit de masser le cuir chevelu et la figure.

• Frappe avec la deuxième phalange

Pour faire ces mouvements, ne fermez que légèrement le poing, sans quoi le martèlement manquerait de souplesse et risquerait de violenter les tissus. Ayez soin de bien détendre le poignet.

• Frappe avec la paume de la main

Pour effectuer cette frappe, arrondissez votre main pour former une coupe. Lorsque vous frappez le corps, l'air comprimé dans le creux ainsi formé agit comme un amortisseur.

Vous utiliserez ce type de frappe pour les régions massives, profondes ou sensibles. Par exemple, les épaules, le ventre, les cuisses si elles sont douloureuses.

LES POSITIONS DU DO-IN

Sachant tout cela, vous voilà maintenant prêt à commencer votre séance de Do-In. Vous pouvez faire les exercices debout ou assis, voire couché si vous devez garder le lit pour une raison ou pour une autre. Mais quelle que soit la posture que vous adoptez, vous devez vous sentir tout à fait à l'aise.

Si, durant votre pratique, vous commencez à ressentir une douleur quelconque due à votre posture (fourmillements au niveau des jambes, raideurs aux articulations, etc.), changez tout simplement de position et poursuivez votre séance.

Le Seiza ou le Do-In assis

Le Seiza est la position traditionnelle adoptée pour la pratique du Do-In. En bloquant les artères fémorales, cette posture ralentit la circulation sanguine au niveau des jambes et l'active dans les parties supérieures.

La position du Seiza favorise ainsi une plus grande concentration énergétique dans le haut du corps.

Le Seiza est également une bonne position pour faciliter le travail intellectuel.

Il est toutefois possible que le Seiza se révèle inconfortable pour vous si vous souffrez de rétention d'eau au niveau des jambes, que vos organes soient trop Yin ou que vous mangiez trop abondamment. Si tel est le cas, ne vous forcez pas.

Par ailleurs, vous avez peut-être tout simplement besoin d'assouplir quelque peu les articulations de vos jambes avant de vous installer en Seiza. Pratiquez alors les exercices qui suivent avant de vous asseoir en Seiza.

• Exercice d'assouplissement 1 : La danseuse

* Placez-vous debout, les pieds parallèles écartés à la largeur du bassin.

* En inspirant, soulevez le genou droit jusqu'à ce que la cuisse forme un angle droit avec le tronc.

* En expirant, déplacez la jambe droite vers le côté droit afin d'ouvrir l'articulation de la cuisse et de la hanche. Puis ramenez le pied à sa position de départ.

* Exécutez une série de 14 mouvements en alternant la droite et la gauche.

• **Exercice d'assouplissement 2 : Les rotations de la cheville**

* Asseyez-vous par terre, les jambes allongées devant vous.

* Avec vos pieds, décrivez des cercles vers l'intérieur puis vers l'extérieur. Ces rotations assouplissent l'articulation de la cheville.

<u>Vous pouvez maintenant prendre la position Seiza :</u>

1. Mettez-vous à genoux, posez vos gros orteils l'un sur l'autre et asseyez-vous sur les talons.
2. Ecartez légèrement les genoux. Les femmes doivent pouvoir glisser un poing entre les genoux, et les hommes deux poings.
3. Allongez le dos comme si vous souhaitiez toucher le ciel avec le sommet de votre tête mais en gardant les muscles des épaules relâchés.

Bien qu'il s'agisse là de la meilleure position pour pratiquer le Do-In, vous la trouverez peut-être inconfortable ou douloureuse à vos débuts. Calez alors un coussin ou une couverture pliée en quatre entre vos fesses et vos pieds.

Comme il est important de pratiquer le Do-In dans la détente, délaissez la position Seiza dès qu'elle devient désagréable. Vous pouvez alors compléter votre séance assis en tailleur, sur une chaise ou debout.

Mais l'énergie circule mieux en position Seiza ; essayez donc de vous y habituer. En pratiquant régulièrement le Do-In, vous aurez vite fait d'assouplir vos chevilles et vos genoux. La posture vous deviendra alors beaucoup plus facile à prendre et à maintenir.

Le Do-In en position debout

Vous pouvez également pratiquer le Do-In debout. La première étape consiste alors à trouver un bon équilibre corporel. Voici quelques exercices préliminaires pour vous y aider.

• Placez-vous debout, sans chaussures. Puis prenez conscience de votre posture.

– Avez-vous l'impression que votre tête, votre colonne vertébrale et votre bassin sont alignés ?

– Ou se pourrait-il que votre bassin soit un peu basculé vers l'arrière ?

– Votre menton pointe-t-il plutôt vers le bas ou vers le haut ?

– Vos jambes sont-elles tendues ? Et vos genoux ?

– Vos épaules sont-elles rejetées vers l'arrière ou plus portées vers l'avant ?

Pour vous aider à bien aligner les différentes parties de votre corps, imaginez quelques secondes que vous êtes un pantin tenu par un fil fixé au sommet de votre crâne.

• Sentez maintenant comment vous répartissez votre poids sur vos deux pieds.

– Constatez-vous une différence entre le pied droit et le gauche ?

– Le poids de votre corps repose-t-il sur toute la surface des pieds ou plutôt sur les orteils, les talons ou les côtés ?

– Prenez-vous appui d'un côté plus que de l'autre ?

Le poids de votre corps devrait être également réparti sur les deux pieds et sur toute leur surface.

• Autre point à surveiller : une bonne posture verticale du corps se caractérise par son confort et sa stabilité.

– Vous sentez-vous à l'aise dans votre posture ?

– Pensez-vous que vous pourriez garder cette position sans bouger pendant un quart d'heure sans avoir l'impression de faire des efforts ou de vous fatiguer ?

– Vous sentez-vous solide ? Si quelqu'un vous poussait légèrement au niveau de la poitrine ou du dos, que se passerait-il ?

• Maintenant que vous avez bien pris conscience de votre posture, bougez un peu. Secouez les bras, les jambes, puis immobilisez-vous un instant.

• Ensuite, rapprochez puis écartez les pieds tout en les maintenant en parallèle. Faites cela autant de fois qu'il le faudra pour trouver l'écart confortable qui vous donne une impression de force et de solidité.

• Concentrez-vous alors sur votre bassin. Balancez-le légèrement d'avant en arrière. Cherchez le milieu (c'est-à-dire la position du bassin qui permet à votre colonne vertébrale d'être droite et « élastique »). Si vous en ressentez le besoin, vous pouvez fléchir un tout petit peu les genoux.

• Portez votre attention sur le bas du dos, au niveau du sacrum. Quand vous basculez très légèrement le bassin vers l'avant, vous y découvrirez une impression d'ouverture, d'élargissement. Prenez votre temps.

• Puis, en déplaçant très légèrement votre poids, oscillez un peu avec le haut du corps : vers l'avant, vers l'arrière, vers la droite et vers la gauche.

• Enfin, laissez vos bras pendre de façon décontractée le long du corps. Imaginez que vous êtes un arbre. Vos pieds en sont les racines, vos jambes et votre bassin le tronc, le haut de votre corps et les bras, les branches.

Imaginez qu'une légère brise traverse les branches de votre arbre. Le haut de votre corps, votre tête et vos bras sont souples et légers. Respirez calmement. Conservez cette position quelques minutes.

Vous êtes maintenant prêt à commencer votre séance de Do-In. Lorsque les circonstances vous le permettent, pratiquez pieds nus en contact avec le sol. Vous bénéficierez ainsi d'un apport accru d'énergie tellurique (c'est-à-dire l'énergie géomagnétique du sous-sol).

Le Do-In au lit

Si vous êtes malade et devez garder le lit, n'hésitez pas à faire tous les exercices de Do-In praticables dans cette position. Mais pratiquez alors un Do-In léger.

En résumé

En plus d'appliquer la technique proprement dite (position, geste, etc.), n'oubliez pas de vous soucier de :

• l'environnement dans lequel vous exécutez votre Do-In ;

• la période du jour que vous consacrez à votre pratique ;

• l'attitude intérieure adoptée durant le Do-In.

CHAPITRE 4

LE DO-IN AU QUOTIDIEN : UNE SÉANCE RAPIDE

Faites-vous partie de la grande majorité des gens qui ne dispose que de quelques précieuses minutes matinales ? Dans ce cas, ce chapitre vous concerne tout particulièrement. Vous y trouverez une séance de Do-In que vous pourrez effectuer en dix minutes. Dix minutes, c'est assez court, mais tout de même suffisant pour vous donner l'essentiel des bénéfices du Do-In.

Avant de passer à votre pratique, je vous rappelle que vous tirerez un plus grand bienfait de votre Do-In si vous le pratiquez dans un endroit calme, bien aéré et que vous portez des vêtements confortables.

A votre convenance, adoptez la position Seiza ou placez-vous debout pour exécuter vos exercices. (Consultez le *Chapitre 3 : Les positions du Do-In*.)

Comme il est important de pratiquer le Do-In dans la détente, changez de position dès que celle-ci devient inconfortable. Vous pouvez également vous asseoir en tailleur ou sur une chaise. Mais l'énergie circule un peu moins bien dans ces positions.

Exercice 1

* Placez vos mains, paumes tournées l'une vers l'autre, à la hauteur du visage. Comme si vous vouliez faire une prière.

* Frottez-les l'une contre l'autre jusqu'à ce qu'elles deviennent bien chaudes et sèches.

Exercice 2

* Saisissez le poignet gauche de la main droite. Faites pivoter plusieurs fois de suite la main gauche tout en frictionnant le poignet gauche de la main droite.

Exercice 3

* Posez le bout des doigts de la main gauche dans le creux de la paume de la main droite. Ne bougez pas la main gauche. De la main droite, poussez les doigts de la main gauche afin de les rabattre vers le dos de la main gauche.

Ne forcez pas, mais ne vous inquiétez pas si vos articulations émettent des craquements.

Exercice 4

* Malaxez toute la main gauche de la main droite. N'oubliez pas les espaces situés entre les bases des doigts. Si vous êtes stressé ou si vous avez des problèmes intestinaux, insistez sur la partie charnue qui prolonge le pouce. Cet endroit est souvent très sensible.

Exercice 5

* Avec les doigts de la main droite, formez une pince qui enserre la base du pouce gauche. Exercez sur le pouce une pression suffisante pour l'étirer, mais permettez tout de même à la pince de glisser jusqu'à l'extrémité du pouce.

* Recommencez avec l'index, le médium, l'annulaire et le petit doigt, et refaites le même exercice en changeant de main :

– frictionnez le poignet droit ;
– assouplissez les articulations des doigts de la main droite ;
– pétrissez toute la main droite ;
– étirez tous les doigts de la main droite.

Exercice 6

Cet exercice vous remettra les idées en place. Son seul inconvénient : il risque fort de vous décoiffer !

* Imaginez une ligne médiane qui part du nez, remonte au milieu du front, passe sur le dessus de la tête et se termine à la base du crâne.

* Fermez les deux poings mais sans les crisper. Avec la deuxième phalange de vos doigts, tambourinez doucement sur votre crâne de part et d'autre de cette ligne médiane.

* Imaginez des lignes parallèles à cette ligne centrale et qui parcourent également votre crâne du front à la nuque.

* En partant de la racine des cheveux, en haut du front, frappez légèrement votre crâne avec les jointures de vos doigts repliés. La main droite

travaille du côté droit et la gauche du côté gauche. Vous parcourez l'une après l'autre ces lignes imaginaires qui, partant du front, s'arrêtent à la nuque. Ne frappez pas la ligne du milieu ! Seulement les lignes parallèles.

* Ouvrez les mains puis écartez les doigts. Posez le bout des doigts sur le crâne toujours de part et d'autre de la ligne centrale. Puis imprimez de petits mouvements circulaires à la peau du crâne.

* Maintenant, saisissez des touffes de cheveux et tirez légèrement. Parcourez ainsi toute la surface du crâne.

> En plus de vous clarifier l'esprit, ces exercices régénèrent la vessie et les reins, soulagent la constipation, les hémorroïdes et les problèmes de la prostate. Chez les femmes, ils provoquent également une action bienfaisante sur les règles douloureuses.

Exercice 7

* Du bout des doigts, effleurez votre visage de haut en bas en vous attardant quelque peu sur les paupières. Caressez votre visage. Pensez en même temps que vous vous aimez (on ne peut aimer vraiment les autres si on ne s'aime pas soi-même).

> Vous stimulez ainsi votre estomac.

Exercice 8

* Ecartez légèrement l'annulaire, le majeur et l'index de chaque main et posez le bout de ces doigts au-dessus des sourcils : la main droite du côté droit et la main gauche du côté gauche.

* Massez en imprimant de petites rotations à la peau et à la fine épaisseur de muscles qui se trouvent sous vos doigts.

* Recommencez, mais, cette fois, posez le bout des doigts à mi-distance entre les sourcils et la racine des cheveux.

* Puis faites encore le même type de massage un peu plus haut, juste avant la racine des cheveux.

* Répétez le cycle encore deux fois.

> Vous agissez ainsi sur la circulation sanguine, le système nerveux et la digestion.

Exercice 9

* Posez les doigts de chacune des mains de part et d'autre d'une ligne imaginaire partant du bout du nez et se prolongeant jusqu'au sommet du front.

* Du bout des doigts, exercez une pression tout en glissant les mains vers les tempes : la main gauche vers la tempe gauche et la main droite vers la tempe droite. C'est un peu comme si vous essayiez d'élargir ou d'ouvrir votre front.

* Recommencez deux fois.

> Vous combattez ainsi la fatigue nerveuse, décongestionnez les sinus et tonifiez les yeux.

Exercice 10

* Portez les deux mains de part et d'autre du nez, doigts pointés vers le haut comme dans un geste de prière.

* Inspirez à pleins poumons. Puis expirez fortement par le nez en le frottant des mains avec vigueur. N'hésitez pas à faire beaucoup de bruit en expirant.

* Recommencez plusieurs fois de suite.

> Cet exercice nettoie les cavités nasales et stimule les fonctions digestives.

Exercice 11

* Fermez les yeux aussi fort que vous le pouvez.

* Ensuite, ouvrez-les tout grands en expirant.

Exercice 12

* Frottez-vous de nouveau les mains.

* Refermez les yeux et, pendant une trentaine de secondes, gardez les paumes de vos mains posées sur vos yeux fermés. La paume gauche sur l'œil gauche, la droite sur l'œil droit. Sentez l'énergie de vos mains qui agit sur vos yeux.

Les exercices 11 et 12 sont très utiles lorsque vous sentez vos yeux fatigués. Quand vous avez fixé un écran d'ordinateur ou lu trop longtemps, par exemple. Ils revitalisent le système oculaire et agissent à titre préventif contre les rides et les poches autour des yeux.

Exercice 13

* Posez les quatre doigts de la main gauche à plat sur la joue gauche et les quatre doigts de la main droite à plat sur la joue droite.

* Faites faire une rotation aux joues en les poussant vers les maxillaires inférieurs, les oreilles, les pommettes, le nez et les coins de la bouche.

* Répétez sept fois cette rotation des joues.

Excellente pour la santé des dents et des gencives, cette pratique détend les muscles de la mâchoire, trop souvent crispés à notre insu.

Exercice 14

* Ecartez légèrement les doigts des deux mains et posez-les au-dessus des lèvres. Cherchez les petites cavités situées au-dessus des dents, vers le haut des gencives. Posez-y le bout des doigts et appuyez en bougeant légèrement.

* Faites de même dans les cavités correspondantes qui sont à la base des dents de la mâchoire inférieure.

Vous stimulez ainsi des points situés sur les méridiens de l'estomac, de l'intestin grêle et du gros intestin. Vous activez également le fonctionnement des glandes salivaires et la circulation sanguine au niveau des gencives.

Exercice 15

* En gardant la même position de doigts, massez toute la partie située sous la mâchoire, là où apparaît le double menton.

* Vos pouces commencent par le point situé le plus près des oreilles (pouce droit à droite et pouce gauche à gauche). Puis ils se dirigent vers le milieu, juste sous la pointe du menton, où ils se rejoignent. (Si vous avez du mal à trouver l'endroit, il s'agit de celui où le boucher passe son crochet pour suspendre la viande !)

> Vous stimulez ici encore les glandes salivaires et facilitez une bonne irrigation des gencives. Tous ces points sont utiles en cas de maux de dents.

Exercice 16

* Les doigts de votre main gauche, sauf le pouce, pivotent vers la droite. Ils sont posés sur le haut du cou, les quatre doigts pointés vers la droite, votre pouce vers la gauche, comme si vous vouliez vous réchauffer la gorge.

* Balayez votre cou de la main en direction de l'épaule gauche. Arrêtez ce mouvement quand votre main aura atteint le milieu de la clavicule.

* Faites exactement le même mouvement, mais de la main droite et en direction de l'épaule droite.

Exercice 17

* Ecartez les doigts de la main gauche en éventail et posez-les sur le bas de la nuque.

* Balayez des doigts la nuque de droite à gauche.

* Recommencez plusieurs fois de suite le même mouvement, jusqu'à ce que vous ayez atteint le haut de la nuque.

* Puis faites la même chose mais avec la main droite et en balayant de gauche à droite.

Exercice 18

* Posez la main gauche sur le bas de la nuque comme pour l'exercice précédent, mais, cette fois, les doigts sont serrés.

* Posez ensuite la main droite sur la gauche.

* Malaxez la nuque du bas vers le haut.

* Recommencez plusieurs fois en changeant la position des mains : main droite dessous et main gauche dessus, puis le contraire et ainsi de suite.

La nuque, qui est traversée par plusieurs nerfs importants, est souvent tendue. En la détendant, vous favorisez une bonne circulation sanguine au niveau de la tête (et du cerveau !) ; vous pouvez également prévenir ou combattre un torticolis, une migraine, des troubles respiratoires ou de la fatigue. Après avoir bien massé votre nuque, vous vous sentirez beaucoup plus léger.

Exercice 19

* Levez les deux mains, doigts serrés et pointés vers le haut, à la hauteur des oreilles. Les paumes se font face.

* Avec la tranche des mains, frappez légèrement les oreilles de façon à ce que les pavillons se rabattent vers l'avant.

* Recommencez une dizaine de fois.

Exercice 20

* Saisissez le pavillon de chaque oreille entre le pouce et l'index et tirez légèrement vers le haut.

* Puis amenez l'index et le pouce un peu plus bas sur le pavillon et tirez de nouveau.

* Continuez jusqu'à ce que vous ayez atteint le lobe.

Exercice 21

* Mettez la pointe de l'index dans l'oreille et suivez du bout du doigt toutes les circonvolutions du pavillon de l'oreille en appuyant légèrement. Partez du centre de l'oreille pour terminer à l'extérieur.

* Si vous découvrez des endroits plus sensibles, massez-les plus profondément. Ne vous inquiétez pas si vos oreilles deviennent rouges, bien au contraire !

Il serait fastidieux d'énumérer toutes les régions du corps et les organes qui seront stimulés, rééquilibrés par un bon massage des oreilles. Elles présentent pas moins de 200 points d'acupuncture et sont un véritable miroir de la totalité du corps humain.

Exercice 22

* Avec votre majeur et votre auriculaire, rabattez le pavillon des deux oreilles vers l'avant, comme pour les fermer.

* Frappez dix fois de suite de votre index tendu l'os qui se trouve juste derrière les oreilles et relâchez vos oreilles. Un son clair, presque métallique, est l'indice d'une bonne santé.

Exercice 23

* Posez les doigts de la main gauche serrés sur l'oreille gauche.

* Posez l'index de la main droite sur le majeur de la même main. Puis frappez dix fois de suite sur la main gauche, à peu près au centre de l'oreille.

* Faites la même chose du côté droit.

Vous agissez sur les reins et le triple réchauffeur.

Exercice 24

* Posez la main gauche à la rencontre du cou et de l'épaule gauche. Les doigts sont dirigés vers le dos. Posez la main droite au même endroit mais du côté droit.

* Pétrissez, massez vigoureusement les muscles qui se trouvent sous les mains, soit les trapèzes et les muscles sterno-cléido-mastoïdiens. Faites glisser vos mains vers l'avant comme si vous vouliez y entraîner cette masse musculaire.

Ces muscles sont souvent durs et douloureux. Si c'est le cas, c'est l'indice de problèmes au niveau des intestins ou de la vésicule biliaire. En travaillant sur ces muscles, vous agissez donc sur ces organes.

Exercice 25

* Fermez la main droite. En gardant votre poignet très souple, frappez légèrement les muscles qui relient cou et épaule.

* Faites pivoter votre bras gauche de façon à diriger la paume de la main vers l'extérieur. Votre bras gauche pend décontracté le long du corps.

* Frappez doucement toute la partie intérieure du bras gauche. Commencez à l'épaule et descendez jusqu'au pli du coude, où vous insistez un peu. Puis martelez l'intérieur de l'avant-bras et, de nouveau, insistez dans la paume gauche.

* Retournez le bras gauche et martelez le dos de la main. Vous remontez jusqu'à l'épaule en frappant légèrement toute la face externe de l'avant-bras et du bras.

* Changez de côté.

> Le martelage de la face interne des bras facilite la respiration et soulage l'angoisse. Celui de la face externe aide les personnes stressées à décompresser et régularise l'appareil digestif.

Exercice 26

* Fermez les mains puis frappez-vous doucement la poitrine. Martelez ainsi toute la surface en insistant un peu en dessous des clavicules. Pensez au geste de Tarzan qui se frappait la poitrine en criant.

Les femmes se limitent à la partie située entre les seins et le cou.

> Cet exercice dégage les bronches et stimule la circulation sanguine.

Exercice 27

* Ecartez les doigts des deux mains et tournez les paumes vers vous. Posez le bout des doigts sur les côtes les plus basses. La main droite du côté droit, la gauche du côté gauche.

* Percutez les côtes de la pointe des doigts. Commencez par les côtes les plus basses et remontez progressivement.

* Faites la même chose sur les flancs et dans le dos. Procédez toujours du bas vers le haut.

* Pour un maximum d'efficacité, cet exercice doit être exécuté les poumons pleins. Alors inspirez, parcourez les côtes, expirez, puis inspirez de nouveau avant de continuer. Et ce jusqu'à ce que vous ayez bien travaillé toute la cage thoracique (à l'exception des seins, pour les femmes).

> Ces deux derniers exercices stimulent les échanges gazeux. Ils procurent un sentiment de bien-être et même d'allégresse presque instantané.

* Si vous êtes une femme, massez les seins en leur faisant décrire un cercle dans un sens puis dans l'autre.

Exercice 28

* En commençant au niveau des côtes les plus basses, tapotez tout l'abdomen jusqu'au pubis avec l'intérieur de votre main. Ne frappez pas au niveau du plexus solaire ! (Le plexus solaire se situe exactement à la base du sternum.)

> Cet exercice, que l'on nomme « Saisir le tigre par la queue », est fort utile en cas de douleurs abdominales. Tout comme un tigre que l'on saisirait par la queue, le ventre réagit immédiatement. Vous pouvez alors l'entendre gargouiller.
>
> Comme c'est sous le nombril que les Japonais situent le Hara, centre de la force vitale (voyez le *Chapitre 6*), le massage du ventre s'avère très important en Do-In.

Exercice 29

* Si vous êtes debout, adoptez la position du cavalier : vous écartez davantage les jambes et pliez les genoux.

* Si vous êtes assis, placez-vous à genoux.

* Fermez de nouveau les mains. Martelez le fessier puis descendez sur l'arrière de la jambe jusqu'au creux des genoux.

* Amenez les mains sur la face externe des cuisses puis remontez en martelant jusque sous les hanches.

* Reportez les mains au-dessus des genoux et remontez en frappant le devant des cuisses.

* Déplacez de nouveau les poings pour frapper l'intérieur des cuisses en descendant jusqu'aux genoux.

Exercice 30

* Asseyez-vous maintenant en tailleur. Saisissez à pleines mains les muscles de la jambe gauche juste au-dessus du talon d'Achille. Remontez progressivement jusqu'au genou en déplaçant les mains.

* Après avoir ainsi pétri la jambe gauche, enchaînez avec l'autre. Recommencez ce cycle à quelques reprises.

> Les exercices 29 et 30 améliorent la circulation sanguine des jambes et préviennent ainsi la fatigue et l'apparition de varices et d'ulcères aux jambes. En revanche, si vous souffrez déjà de varices ou d'ulcères, ils sont contre-indiqués.

Exercice 31

* Toujours assis en tailleur, saisissez le pied gauche des deux mains et frottez-en énergiquement le dessus, la plante et le talon.

* Pétrissez ensuite toute la plante, les côtés, le talon et les espaces entre les orteils.

* Saisissez chaque orteil l'un après l'autre, à sa base, et tirez dessus jusqu'à ce que vous atteignez son sommet.

* Martelez tout le dessous du pied avec le poing, sans le serrer fort et en maintenant le poignet bien souple.

* Recommencez ce cycle avec le pied droit.

> La théorie de la médecine chinoise veut que, sur la plante des pieds, il existe des points d'acupression correspondant à *toutes* les parties du corps. D'un point de vue énergétique, la plante des pieds serait en quelque sorte une reproduction miniature du corps *(voyez l'illustration ci-après).*
>
> Puisqu'on y retrouve tous les organes du corps, un massage complet et minutieux de toute la surface plantaire permet donc de travailler l'ensemble du corps. Par conséquent, si vous n'accordez que deux minutes à votre Do-In, le mieux sera de privilégier vos pieds.

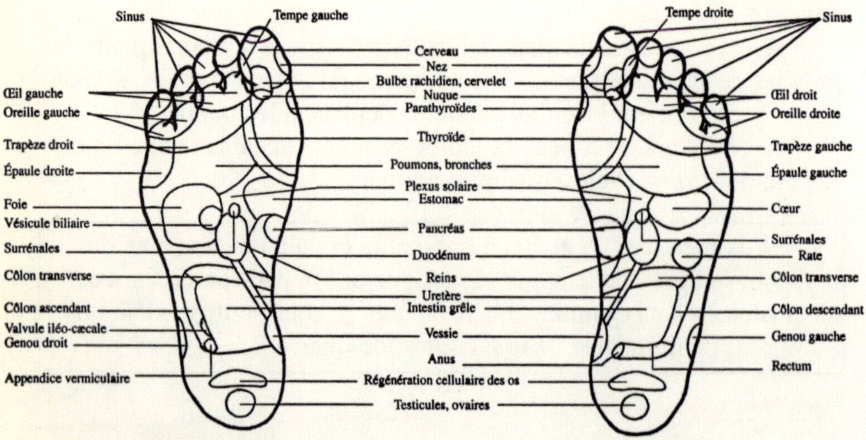

Pied droit Pied gauche

Exercice 32

* Enfin, pour terminer, prenez la position Seiza ou mettez-vous debout, dans la position de départ. Soit : pieds parallèles, écartés et bien à plat, dos droit, tête légèrement tirée vers le haut.

* Fermez les yeux.

* Inspirez calmement et profondément plusieurs fois de suite.

* Puis secouez bien les mains et, si vous en éprouvez le besoin, lavez-les.

CHAPITRE 5

UNE SÉANCE COMPLÈTE DE DO-IN

Pour la plupart des gens, il est à peu près impossible de s'adonner quotidiennement à une longue séance d'exercices. En revanche, les jours où vous vous sentez moins bousculé par votre horaire, rien ne vous empêche de consacrer plus de temps à votre pratique... et à vous-même. C'est précisément pour ces jours plus « relax » que je vous propose la séance qui suit.

Cette séance complète dure environ une heure. Cela vous semblera peut-être excessif de prime abord mais, avec la pratique, vous constaterez que cette heure passe, somme toute, très rapidement.

Cette longue séance vous donnera l'occasion de stimuler plus en profondeur chacun des organes de votre corps. Vous accentuerez ainsi l'action thérapeutique du Do-In.

Une telle séance vous laissera également le temps de mieux sentir l'énergie qui vous anime, d'en saisir les multiples manifestations. Dix minutes ne suffisent pas toujours pour se détendre et s'intérioriser vraiment.

Par ailleurs, cette séance d'une heure vous permettra de connaître un plus large éventail d'exercices. Vous en découvrirez assurément quelques-uns que vous aimerez ensuite intégrer dans votre séance quotidienne rapide.

Là-dessus, accordez-vous la plus grande initiative. Vous êtes la personne la mieux placée pour savoir en quoi consistent vos besoins et pour y répondre.

Comme vous pourrez le constater, quelques-uns des exercices énumérés dans la séance qui suit ne vous seront pas inconnus.

En fait, vous retrouverez dans ce chapitre certains des exercices de la séance précédente, auxquels s'ajoutent de nombreux autres. Cette répétition vous évitera de vous promener d'un chapitre à l'autre pour faire votre séance complète.

Tout comme pour la séance rapide, recherchez un maximum de confort et de silence pour votre pratique.

Installez-vous soit en Seiza, soit debout. A la rigueur, vous pouvez également vous installer en tailleur ou vous asseoir sur une chaise. Mais comme je vous l'ai déjà mentionné, ces deux dernières positions ne favorisent pas autant la circulation de l'énergie.

Dans cette séance complète, les exercices ont été regroupés selon la partie du corps sur laquelle ils sont pratiqués (tête, poitrine, etc.) lorsque c'est le cas. Il vous sera ainsi plus facile de retrouver rapidement ceux qui conviennent à vos besoins spécifiques.

ÉTAPE 1 : LES EXERCICES PRÉLIMINAIRES

Exercice 1

* En position debout, portez vos mains, paumes tournées l'une vers l'autre, à la hauteur du visage, devant vous. Le bout des doigts en l'air comme si vous vouliez faire une prière.

* Frottez vos mains l'une contre l'autre jusqu'à ce qu'elles deviennent bien chaudes et sèches.

Exercice 2

* Fermez les yeux. Ecartez légèrement les mains.

* Les paumes se font toujours face. Rapprochez-les de nouveau, sans qu'elles se touchent. Prenez votre temps et gardez votre conscience dans vos mains. Essayez de sentir l'énergie qui se dégage de vos mains, un peu comme une balle élastique qui, à une certaine distance, les repousse l'une de l'autre.

* Puis laissez lentement retomber les bras le long du corps.

Exercice 3

* Vous êtes toujours debout et vous regardez devant vous. Portez vos deux mains à hauteur des côtes, paumes tournées vers le haut.

* Gardez la bouche fermée mais détendue.

* Inspirez profondément par le nez et en même temps :

– tendez votre bras gauche vers le haut ; votre paume est tournée vers le ciel comme si vous souhaitiez élever le plus haut possible un objet posé sur la paume de votre main ;

– levez le visage pour regarder le dos de votre main.

* Expirez par le nez en vidant bien les poumons. Simultanément, tendez le bras droit vers le sol, le long de la hanche, paume en direction du sol comme si vous vouliez repousser quelque chose.

* Reprenez votre position initiale et recommencez cet exercice respiratoire deux fois.

* Faites-le trois fois de l'autre côté. Vous tendrez alors le bras droit vers le haut en inspirant et votre bras gauche vers le bas en expirant.

Attention ! Le bas du corps, le bassin, les jambes, les genoux et les pieds ne bougent pas pendant cet exercice.

ÉTAPE 2 : LA TÊTE, LE CRÂNE, LE VISAGE ET LE COU

Exercice 4

* Imaginez qu'une ligne sépare votre tête en deux parties égales. Cette ligne imaginaire part du bout du nez, monte sur le milieu du front, passe sur le crâne et se termine à la nuque.

* Fermez les deux mains mais ne les crispez pas. En partant de la racine de vos cheveux, en haut du front, frappez légèrement votre crâne avec les bouts de vos doigts légèrement repliés. En plaçant la main droite du côté droit de la ligne et la gauche du côté gauche, vous longez cette ligne médiane jusqu'à la nuque.

Ne frappez pas sur la ligne du milieu ! Seulement sur les côtés.

* Continuez à frapper, mais avec vos jointures, en martelant cette fois-ci.

Exercice 5

* Ouvrez les mains et écartez les doigts. Posez le bout pulpeux des doigts sur le crâne, toujours de part et d'autre de cette raie centrale. Puis faites bouger la peau du crâne en lui imprimant de petits mouvements circulaires, comme si vous vouliez libérer votre cuir chevelu d'adhérences qui l'empêcheraient de bouger librement.

Exercice 6

* Saisissez des touffes de cheveux et tirez légèrement. Faites de même sur toute la surface du crâne.

Exercice 7

* Ecartez les doigts des deux mains. Les doigts sont presque tendus et les pointes des doigts dirigées vers le haut. Placez le bout de vos doigts sur la peau du crâne, de part et d'autre de la ligne médiane. La main droite du côté droit du crâne, la gauche du côté gauche.

* Imaginez maintenant que votre tête est faite de pâte à modeler. Vous voulez l'étirer du bout des doigts vers l'extérieur. Donc vos mains se dirigent vers le haut et, en même temps, les bouts des doigts se rejoignent.

* Reposez les bouts pulpeux des doigts à un autre endroit du crâne et recommencez à tirer du bout des doigts vers le haut.

* Parcourez toute la surface du crâne de cette façon.

Exercice 8

* Du bout des doigts, effleurez votre visage de haut en bas. Pensez que vous vous aimez et caressez votre visage avec tendresse et amour.

* Caressez les paupières.

* Ecartez légèrement l'annulaire, le majeur et l'index des deux mains et posez l'extrémité de ces doigts au-dessus des sourcils. Main gauche, côté gauche. Main droite, côté droit.

* Massez en imprimant un mouvement rotatif à la peau du front.

* Recommencez, mais, cette fois, posez le bout des doigts à mi-distance entre les sourcils et les racines des cheveux.

* Puis encore un peu plus haut, juste avant la racine des cheveux.

* Recommencez encore deux fois.

Exercice 9

* Faites pivoter les coudes vers le haut. Automatiquement, les doigts se retrouveront en face les uns des autres, posés au milieu du front, sur la ligne médiane.

* Exercez une pression du bout des doigts et, simultanément, écartez les mains sans quitter le front. La main gauche se dirige vers la tempe gauche et la droite vers la tempe droite.

* Maintenez la pression jusqu'à ce que vous atteignez les tempes. Comme si vous essayiez de vous élargir ou de vous ouvrir le front.

* Recommencez deux fois.

Exercice 10

* Saisissez entre le pouce et l'index la partie charnue des sourcils. Commencez par le point le plus proche de la racine du nez et malaxez jusqu'à ce que vous arriviez au-dessus du coin externe des yeux. Malaxez plusieurs fois de suite si la partie charnue est douloureuse.

Exercice 11

* Saisissez la racine du nez entre le pouce et l'index, près du coin intérieur des yeux. Massez ce point profondément.

Exercice 12

* Portez les deux mains pointées vers le haut de part et d'autre du nez. Votre nez se trouve ainsi caché par vos mains.
* Inspirez profondément puis expirez fortement par le nez. N'hésitez pas à faire du bruit. Quand vous expirez, frottez-vous vigoureusement le nez des mains.
* Recommencez plusieurs fois de suite.

Exercice 13

* Portez les deux index ou les deux majeurs de part et d'autre de la racine du nez, juste au-dessus du coin intérieur des yeux. Vous sentirez sous chaque doigt une encoche dans la partie osseuse. Massez-la.
* En parcourant la lisière de l'os, sous les sourcils vers l'extérieur des yeux, vous trouverez une deuxième encoche. Ce point est souvent douloureux. Pressez-le plusieurs fois.
* Placez les deux index ou majeurs sur l'épaisseur osseuse, sous le coin extérieur des yeux. Pressez dans le renfoncement que vous sentez.
* Suivez de nouveau la lisière de l'os et appuyez dans l'encoche qui se situe sous la pupille quand vous regardez droit devant vous.
* Toujours sur le bord de l'os, massez un dernier point placé presque sous le coin extérieur des yeux.

Exercice 14

* Fermez les yeux aussi fort que vous le pouvez. Puis ouvrez-les tout grands en expirant.
* Répétez trois fois.

Exercice 15

* Fermez les yeux.

* Placez le bout des doigts de la main gauche entre le globe oculaire gauche et l'arcade sourcilière.

* Posez le bout des doigts de la main droite entre le globe oculaire droit et l'arcade sourcilière correspondante.

* Ensuite, exercez avec le bout des doigts des pressions courtes, plutôt dirigées vers le haut. Faites cela une dizaine de fois en suivant le rythme des battements de votre cœur.

Exercice 16

* Toujours les yeux fermés, posez le bout des doigts sous le globe oculaire.

* Vos doigts appuient de nouveau une dizaine de fois, toujours en suivant votre rythme cardiaque. Mais les pressions sont ici dirigées un peu plus vers le bas.

Exercice 17

* Gardez encore les yeux fermés.

* Placez le bout des index sur les coins extérieurs des yeux.

* Pressez légèrement environ dix fois d'affilée les globes oculaires en direction du nez.

Exercice 18

* Regardez aussi haut puis aussi bas que vous le pouvez sans bouger la tête.

* Dirigez votre regard le plus loin possible vers la gauche, puis vers la droite.

* Faites la même chose mais en biais vers le haut à gauche puis en biais vers le bas à droite et le contraire : en biais vers le haut à droite et en biais vers le bas à gauche.

Exercice 19

* Décrivez des cercles avec les yeux. Allez-y lentement et essayez d'obtenir des mouvements rotatifs réguliers. Nous avons tendance à aller trop vite du haut vers le bas. Les yeux tournent plusieurs fois de suite dans le sens des aiguilles d'une montre, puis dans le sens contraire.

Exercice 20

* Frottez-vous de nouveau les mains. Refermez les yeux et posez les paumes des mains sur vos yeux fermés. La paume gauche va sur l'œil gauche et la droite sur l'œil droit. Laissez-les ainsi pendant quelques secondes.

Exercice 21

* Faites la bouche en cul-de-poule et décrivez de petits cercles avec les lèvres. Dans un sens puis dans l'autre.

Exercice 22

* Aspirez les joues fortement. La bouche est fermée, les lèvres pointues. Vous ressemblez ainsi à un lapin. Ce faisant, inspirez.

* Relâchez les joues et faites un sourire fendu jusqu'aux oreilles. Les lèvres ne sont pas crispées. Expirez par la bouche en faisant vibrer les lèvres.

Exercice 23

* Mettez vos index dans la bouche, la pointe de l'index se porte sur la gencive derrière les dents de sagesse ou les molaires supérieures. Index gauche à gauche, index droit à droite. Fermez la bouche.

Exercice 24

* Posez les quatre doigts de la main gauche à plat sur la joue gauche et les quatre doigts de la main droite à plat sur la joue droite.

* En partant des maxillaires inférieurs, poussez avec les quatre doigts la partie charnue des joues vers les oreilles et les pommettes. Puis redescendez vers les ailes du nez et les coins de la bouche.

* Répétez cette rotation des joues sept fois.

Exercice 25

* Placez le bout du majeur sur la pointe du nez.

* Ensuite, posez l'index sur le majeur.

* Puis faites tourner la pointe du nez dans tous les sens. Il est possible que le cartilage émette des bruits secs. Ne vous inquiétez pas, c'est normal.

Exercice 26

* Saisissez la lèvre supérieure entre le pouce et l'index.

* Remuez-la vers la gauche puis vers la droite.

Exercice 27

* Posez le bout des doigts des deux mains au-dessus des lèvres. Les doigts légèrement écartés, cherchez les petites cavités situées au-dessus des dents, en haut des gencives. Posez-y le bout des doigts et appuyez en bougeant doucement.

* Faites-en autant avec les cavités de la mâchoire inférieure.

Exercice 28

* Vos doigts conservent la même position. Massez toute la partie située sous la mâchoire, là où un double menton risque de se former. Vos pouces commencent par le point situé le plus près des oreilles (pouce droit à droite et pouce gauche à gauche).

* Puis ils se dirigent vers le milieu, juste sous la pointe du menton, où ils se rejoignent.

Exercice 29

* Posez les doigts de votre main gauche sur le haut du cou. Le pouce du côté gauche et les autres doigts du côté droit, pointés vers la droite. Comme si vous vouliez vous réchauffer la gorge.

* Balayez votre cou de la main en direction de l'épaule gauche. Arrêtez ce mouvement quand votre main aura atteint le milieu de la clavicule.

* Faites le même mouvement, mais de la main droite et en direction de l'épaule droite.

Exercice 30

* Ecartez les doigts de la main gauche en éventail et posez-les sur le bas de la nuque.

* Balayez des doigts la nuque de droite à gauche.

* Recommencez plusieurs fois de suite le même mouvement jusqu'à ce que vous ayez atteint le haut de la nuque.

* Faites la même chose mais avec la main droite et en balayant de gauche à droite.

Exercice 31

* Posez la main gauche sur le bas de la nuque, comme pour l'exercice précédent. Mais, cette fois, les doigts sont serrés.

* Posez la main droite sur la main gauche et malaxez la nuque du bas vers le haut.

* Recommencez plusieurs fois en changeant la position des mains : main droite dessous et main gauche dessus, puis le contraire.

Exercice 32

* Posez les deux paumes des mains sur les oreilles : main droite sur l'oreille droite et main gauche sur l'oreille gauche. Presque automatiquement, les deux pouces se poseront à la base du crâne. Vous trouverez, juste sous l'occiput, plusieurs points que les Chinois appellent les fenêtres du ciel. Deux de ces cinq portes se situent à droite du muscle charnu qui descend de la tête (le sternius), deux à gauche et une dernière au milieu, dans le trou occipital.

* Appuyez avec la pulpe des pouces dans chacun de ces cinq trous.

Exercice 33

* Laissez les bras retomber le long du corps.

* Décrivez un cercle lent de la tête, sans faire bouger les épaules. Laissez la tête tomber vers l'avant. Puis sur le côté droit, en arrière, sur le côté gauche de nouveau vers l'avant, et recommencez en sens inverse.

* Essayez de balancer la tête de gauche à droite en prenant le bout de votre nez comme axe. Il doit rester immobile.

Exercice 34

* Levez les deux mains, doigts serrés et pointés vers le haut, à la hauteur des oreilles. Les paumes se font face.

* La tranche des mains va maintenant frapper légèrement les oreilles de façon à ce que les pavillons se rabattent vers l'avant. Comme si vous vouliez brosser énergiquement le dos de vos oreilles du tranchant des mains. Le tranchant de la main droite brosse le dos de l'oreille droite, le tranchant de la main gauche, l'oreille gauche.

* Recommencez une dizaine de fois.

Exercice 35

* Saisissez le pavillon de chaque oreille entre le pouce et l'index et tirez légèrement vers le haut.

* Portez l'index et le pouce un peu plus bas sur le pavillon et tirez de nouveau.

* Continuez jusqu'à ce que vous ayez atteint le lobe.

Exercice 36

* Mettez la pointe de l'index dans l'oreille et suivez du bout du doigt toutes les circonvolutions du pavillon de l'oreille en appuyant légèrement. Partez du centre de l'oreille pour terminer à l'extérieur.

* Si vous découvrez des endroits plus sensibles, massez-les plus profondément.

Exercice 37

* Avec votre majeur et votre auriculaire, rabattez le pavillon des deux oreilles vers l'avant, comme pour les fermer.

* Frappez dix fois de suite de votre index tendu l'os qui se trouve juste derrière les oreilles.

* Puis laissez l'oreille reprendre sa place.

* Faites de même pour l'autre côté.

* Un son clair, presque métallique, est l'indice d'une bonne santé.

Exercice 38

* Posez les doigts de la main gauche serrés sur l'oreille gauche.

* Posez l'index de la main droite sur le majeur de la même main. Puis frappez dix fois de suite sur la main gauche, au centre de l'oreille.

* Faites la même chose du côté droit.

ÉTAPE 3 : LES ÉPAULES ET LES BRAS

Exercice 39

* Posez la main gauche là où le cou et l'épaule gauche se joignent. La pointe des doigts en direction du dos. Posez la main droite au même endroit mais du côté droit.

* Massez vigoureusement les muscles qui joignent le cou et l'épaule – les trapèzes et les muscles sterno-cléido-mastoïdiens.

Exercice 40

* Fermez la main droite et, avec le poing, frappez légèrement les muscles qui relient cou et épaule. Gardez votre poignet très souple.

* Travaillez maintenant le dos du bras gauche. Faites pivoter votre bras de façon à diriger la paume de la main vers l'avant. Votre bras gauche pend décontracté le long du corps.

* Travaillez toute la partie intérieure du bras gauche. Vous frappez légèrement à partir de l'épaule jusqu'au pli du coude où vous insistez un peu. Puis votre main droite reprend son chemin pour de nouveau insister dans la paume gauche.

* Faites pivoter votre bras de façon à diriger la paume de la main vers votre corps. Martelez d'abord le dos de la main et remontez jusqu'à l'épaule en frappant légèrement toute la face externe de l'avant-bras et du bras. Insistez de nouveau sur les trapèzes et les muscles sterno-cléido-mastoïdiens.

* Changez de côté.

ÉTAPE 4 : LA CAGE THORACIQUE

Exercice 41

* Portez le pouce droit juste à la pointe du menton. En faisant descendre votre pouce en ligne droite, vous traverserez le cou puis atteindrez un os, le sternum.

* Enfoncez votre pouce, l'ongle tourné vers le haut, dans le creux situé à cet endroit : la fourchette sternale. Exercez une pression ferme du haut vers le bas et vers l'intérieur de ce creux.

Exercice 42

* Continuez à descendre sur cette même ligne mais avec l'index ou le majeur plutôt qu'avec le pouce. Exercez une pression sur tous les points du sternum situés à la rencontre des côtes.

* Descendez ainsi jusqu'à la pointe du sternum au niveau du plexus solaire.

Exercice 43

* Fermez les deux mains puis martelez doucement toute la surface de la poitrine en insistant un peu en dessous des clavicules.

* Les femmes évitent bien sûr de frapper directement sur les seins.

Exercice 44

* Ecartez les doigts des deux mains et tournez les paumes vers vous. Les doigts légèrement tendus, dirigez-en les pointes vers vous.

Placez la pointe pulpeuse de vos doigts sur les côtes les plus basses. La main droite du côté droit, la gauche du côté gauche.

* Percutez les côtes avec la pointe des doigts. Frappez d'abord les côtes les plus basses puis remontez progressivement.

* Faites de même sur les flancs et toujours de bas en haut dans le dos.

* Pour obtenir un maximum d'efficacité, les poumons doivent être gonflés d'air. Alors inspirez, parcourez les côtes, expirez, puis inspirez de nouveau et continuez jusqu'à ce que vous ayez bien travaillé toute la cage thoracique.

* Les femmes devront percuter également tout le thorax, mais en contournant les seins.

* Si vous êtes une femme, ouvrez vos mains et massez les deux seins en leur faisant décrire un cercle, dans un sens puis dans l'autre.

Exercice 45

* De la main droite, saisissez le muscle qui relie le bras gauche au thorax (grand pectoral). Le pouce est posé sur le muscle et les autres doigts entrent au creux de l'aisselle.

* Pétrissez vigoureusement en déplaçant un peu le pouce jusqu'à ce que vous ayez trouvé un point plus sensible. Vous continuerez alors de pétrir du pouce ce point dans le sens des aiguilles d'une montre.

* Puis saisissez de la main gauche le muscle qui relie le bras droit au thorax et faites la même chose de ce côté.

ÉTAPE 5 : L'ABDOMEN

Exercice 46

* Tendez les deux mains. En commençant au niveau des côtes les plus basses, tapotez tout l'abdomen jusqu'au pubis. Evitez toutefois de frapper au niveau du plexus solaire ! (Le plexus solaire se trouve à la hauteur de l'estomac, juste à la base du sternum.)

Exercice 47

* Posez votre main droite à plat sur le ventre au-dessus du nombril. Faites glisser votre main vers la hanche gauche, vers le bas-ventre, remontez vers la hanche droite puis au-dessus du nombril.

* Vous décrivez ainsi un cercle sur toute la surface du ventre. Prenez votre temps et concentrez-vous sur votre main et votre ventre.

* Faites ainsi 22 cercles dans un sens, puis 22 cercles dans l'autre sens.

* Attention ! Ne montez pas trop haut avec votre main, la région du plexus solaire ne doit pas être touchée.

Exercice 48

* Enfoncez les doigts sous les côtes, de part et d'autre du sternum.

* Simultanément, expirez et fléchissez le haut du corps vers l'avant.

* Puis relevez le haut du corps en inspirant calmement.

* Recommencez plusieurs fois en décalant à chaque fois les doigts, le long des côtes. Vous atteindrez progressivement les flancs au niveau de la taille.

* Attention, ne vous faites pas mal ! Dosez la pression suivant la sensibilité de toute cette partie de l'abdomen.

ÉTAPE 6 : LE DOS

Exercice 49

* Secouez vos mains.

* Puis frottez-les l'une contre l'autre pour les recharger.

* Fermez les poings. Frappez dans le dos toute la région qui part des reins jusque sous vos omoplates. En partant des reins, remontez aussi haut que possible en frappant, puis redescendez toujours en frappant.

* Répétez cette manœuvre plusieurs fois de suite.

Exercice 50

* Chauffez bien vos mains en les frottant l'une contre l'autre puis posez-les dans le bas du dos.

* Frottez vigoureusement toute cette partie jusqu'à ce que vous éprouviez une sensation de chaleur.

ÉTAPE 7 : LES FESSIERS ET LES JAMBES

Exercice 51

* Fermez les mains. Si vous êtes debout, adoptez la position du

cavalier : vous écartez davantage les jambes et pliez les genoux. Si vous êtes assis, mettez-vous alors à genoux.

* Martelez le fessier, descendez en frappant jusqu'au creux des genoux.

* Décalez les poings vers la face externe des cuisses puis remontez en martelant jusque sous les hanches.

* Reportez les mains au-dessus des genoux et remontez en frappant le devant des cuisses.

* Décalez de nouveau les poings pour frapper l'intérieur des cuisses en descendant jusqu'aux genoux.

Attention ! Répétons-le, cet exercice est contre-indiqué si vous souffrez de varices ou d'ulcères aux jambes.

ÉTAPE 8 : LES MAINS

Exercice 52

* Revenez à votre position initiale.

* Placez la main gauche à hauteur du visage, le pouce du côté du visage. Les doigts sont tendus et la main forme une ligne droite qui prolonge le bras.

* Puis dirigez la paume de la main en direction du sol. Votre main devrait former un angle droit avec le bras. Si vous éprouvez quelques difficultés à former cet angle, appuyez sur la main gauche avec la droite. Mais ne vous faites pas mal en forçant.

* Toujours suivant le même principe, dirigez le bout des doigts vers l'extérieur et donc le dos de votre main vers le sol jusqu'à ce que main et bras forment un angle droit.

* Répétez avec l'autre main.

Exercice 53

* Relâchez vos doigts, détendez mains et poignets, puis décrivez de larges cercles avec les mains sans bouger les bras.

* Tournez les mains dans un sens puis dans l'autre.

Exercice 54

* Portez vos mains à hauteur de la poitrine. Les doigts sont écartés en éventail.

* Pressez les doigts et les paumes des mains les uns contre les autres en soulevant vos coudes aussi haut que vous le pouvez.

Exercice 55

* En vous aidant avec la paume ou les doigts de la main droite, poussez l'un après l'autre les doigts de la main gauche (sauf le pouce) en direction du dos de la main gauche.

* Poussez maintenant les doigts l'un après l'autre (sauf le pouce) en direction de la paume de la main. Dans ce cas-ci, appuyez sur la première phalange. Si vos jointures émettent un craquement, c'est tout à fait normal. L'énergie passera ensuite plus librement.

* Recommencez cet exercice en inversant le rôle des mains.

Exercice 56

* Petite variante : en vous aidant du pouce de la main droite, qui appuie tour à tour sur chaque ongle et non sur les phalanges, repliez l'un après l'autre chaque doigt de la main gauche en direction de la paume.

* Faites la même chose du côté droit.

Exercice 57

* Au cours de cet exercice, presque identique au précédent, il s'agit de replier l'une après l'autre la dernière phalange des doigts. La première phalange des doigts reste droite, dans le prolongement de la main. Ici encore, aidez-vous de la main opposée.

Exercice 58

* Avec le pouce de la main droite, pétrissez la paume de la main gauche à l'endroit dont on dit que certains y ont un poil : « Il a un poil dans la main. » Les doigts de la main droite reposent alors sur le dos de la main gauche. Cela donne de l'énergie et du courage.

* Changez de côté.

Exercice 59

* Avec les doigts de la main droite, pétrissez la partie charnue de la paume gauche qui prolonge le pouce. Puis la partie charnue qui prolonge le petit doigt.

* Faites la même chose avec la paume de la main droite.

Exercice 60

* L'index droit s'accroche à l'index gauche. Tirez sur les deux doigts comme si vous souhaitiez les décrocher.

* Continuez avec les deux majeurs, les deux annulaires et les deux petits doigts.

Exercice 61

* Tendez l'index gauche puis saisissez-le de la main droite. Faites-le tourner dans un sens puis dans l'autre.

* Continuez avec le majeur, l'annulaire, l'auriculaire et enfin le pouce.

* Recommencez le même exercice mais avec les doigts de la main droite.

Exercice 62

* Prenez votre index gauche entre le pouce et l'index droits. Le pouce se trouve sur le dos de la première phalange de l'index, l'index droit, lui, juste sous l'index gauche. Donc pouce et index forment une espèce de pince plate qui tient l'index gauche.

* Pouce et index droits exercent une courte pression sur l'index gauche tout en se déplaçant vers la phalange suivante. Ils la saisissent de la même façon, exercent de nouveau une courte pression et passent à la dernière phalange. Cette fois, ils tirent sur le bout du doigt après avoir exercé leur pression.

* L'index et le pouce droits saisissent de nouveau l'index gauche au niveau de la première phalange. Mais, cette fois-ci, le pouce et l'index droits se trouvent sur les côtés latéraux de l'index gauche.

* Exercez une pression sur la partie la plus charnue de l'index. Passez à la phalange suivante, puis à la dernière, et tirez de nouveau.

* Index et pouce droits font la même chose avec le majeur, l'annulaire et l'auriculaire, puis le pouce de la main gauche.

* Inversez le jeu des mains.

Exercice 63

* De la main droite, saisissez la partie charnue de la main gauche située entre le pouce et l'index. Le pouce de la main droite repose sur le dos de la main gauche.

* Massez profondément toute cette partie avec le pouce.

* Massez la partie charnue de la main droite avec votre pouce gauche. Si cette région est dure et même douloureuse, prenez votre temps.

ÉTAPE 9 : LES PIEDS

Exercice 64

* Si ce n'est déjà fait, prenez la position Seiza, mais sans coussin. Relevez les pieds de façon à ce que seulement les doigts de pieds reposent sur le sol. En expirant, penchez-vous vers l'avant jusqu'à ce que votre front touche le sol. Tendez les bras vers l'avant mais sans les contracter.

* Relevez le haut du corps en déroulant le dos, vertèbre par vertèbre. Puis tendez les bras vers le haut, aussi haut que vous le pouvez, en inspirant, visage tourné vers le haut.

* Penchez-vous de nouveau en avant en expirant profondément.

* Gardez cette position quelques secondes, bien détendu.

Exercice 65

* Asseyez-vous en tailleur et prenez le pied gauche entre vos mains. Frottez-le pour le réchauffer.

* Saisissez le gros orteil et faites-le tourner, dans un sens puis dans l'autre. Faites la même chose avec tous les autres orteils du pied gauche, l'un après l'autre.

* Faites de même avec le pied droit.

Exercice 66

* En vous aidant de vos mains, repliez le gros orteil gauche vers le dos du pied, puis vers la plante. Recommencez cet exercice avec tous les autres doigts de pieds.

* Faites de même avec les orteils du pied droit.

Exercice 67

* Posez la main gauche sur le pied gauche. Glissez les doigts entre les orteils. Vos orteils seront écartés en éventail.

* Puis massez du bout des doigts l'espace entre les orteils.

* Cela fait, posez les doigts un peu plus en avant, en direction de la plante du pied, et massez de nouveau.

* Ensuite, posez la main droite sur le pied droit et faites la même chose.

Exercice 68

* Saisissez le gros orteil gauche entre le pouce et l'index de la main droite, au niveau de la première phalange. Pincez la première phalange, puis la deuxième. Tirez sur l'orteil.

* Le pouce et l'index de la main droite saisissent de nouveau le gros orteil gauche au niveau de la première phalange. Mais, cette fois, l'index et le pouce sont posés sur les côtés de la phalange.

* Ils resserrent leur emprise sur les côtés de la première phalange. Puis ils se déplacent et pincent la deuxième phalange et, pour finir, d'un petit mouvement rapide, glissent vers le bout de l'orteil en l'étirant.

* Faites la même chose avec les quatre autres orteils. Comme ils ont trois phalanges, pincez les trois phalanges l'une après l'autre.

* Passez au pied droit et procédez exactement de la même façon.

Exercice 69

* Saisissez le pied gauche avec vos deux mains et massez énergiquement toute la plante du pied avec les pouces.

* Passez au pied droit. Massez de la même façon toute la plante du pied.

Exercice 70

* Appuyez avec un pouce sur l'espace situé entre le gros orteil et l'orteil suivant, sur le dos du pied gauche puis du pied droit. (C'est un endroit souvent douloureux.)

Exercice 71

* Saisissez le talon du pied gauche à pleines mains. Le bout des doigts appuie à l'endroit où s'arrête le talon et où commence la voûte plantaire.

* Faites la même chose avec le talon du pied droit.

Exercice 72

* Saisissez le talon d'Achille gauche de la main gauche. Le pouce est à l'extérieur, les autres doigts vers l'intérieur.

* Remontez peu à peu en direction du pli du genou en déplaçant à chaque fois la main. Exercez une pression.
* Recommencez cet exercice, mais avec la jambe droite.

Exercice 73

* Pétrissez tout autour de la rotule du genou gauche. Cela fera bouger la rotule.
* Répétez ce mouvement avec la rotule droite.

Exercice 74

* Enfin, pour clore cette série d'exercices, prenez la position Seiza ou mettez-vous debout, dans la position de départ du Do-In.
* Fermez les yeux. Inspirez calmement et profondément plusieurs fois de suite.
* Secouez bien vos mains comme pour les « égoutter ».

CHAPITRE 6

DEUX ASPECTS IMPORTANTS DU DO-IN : LA RESPIRATION ET LE HARA

Trente rayons convergent au moyeu.
Mais c'est le vide médian
qui fait marcher le char.
On façonne l'argile pour en faire des vases,
mais c'est du vide interne
que dépend leur usage.
Une maison est percée de portes et de fenêtres
c'est encore le vide
qui permet l'habitat.
L'être a des aptitudes
que le non-être emploie.

Lao-Tseu, Tao-tö king

Dans le premier chapitre de ce livre, je vous ai parlé du Qi, cette énergie qui vous garde vivant. Comme nous l'avons vu, tous les exercices du Do-In n'ont d'autre but que de renforcer et de favoriser la bonne circulation de cette énergie vitale dans votre corps.

Dans le chapitre qui suit, je vous propose de nouvelles façons de travailler sur votre Qi. Vous y découvrirez différentes techniques, les unes basées sur votre souffle et les autres sur la prise de conscience d'un centre d'énergie particulier : le hara.

LA RESPIRATION, VOTRE LIEN AVEC L'UNIVERS

« Jadis, dans un duel, les samouraïs risquaient véritablement leur vie quand ils respiraient mal, car le moindre trouble de la respiration pouvait produire un moment d'inattention », mentionne Tsuguo Kagotani, dans *Respirez mieux* (Editions M.A.).

Heureusement, notre situation est moins critique. Mais les mauvaises habitudes respiratoires – très fréquentes – nuisent énormément à la santé du corps et de l'esprit.

Entre la première inspiration et l'ultime expiration, notre respiration va et vient sans jamais s'interrompre, si ce n'est que pour quelques secondes. C'est la chose la plus naturelle qui soit et, pourtant, nous y portons rarement attention.

La plupart du temps, nous respirons trop vite et de façon trop superficielle pour bien oxygéner notre corps. Il en résulte inévitablement une baisse de l'énergie vitale, un surplus de tension et d'anxiété ainsi qu'un grand manque de concentration.

Peu de gens savent s'arrêter et simplement goûter au plaisir de « respirer ». Trop de pensées se bousculent dans nos têtes.

Les quelques exercices qui suivent ont précisément pour but de vous sensibiliser à votre souffle.

LE HARA : VOTRE CENTRE DE GRAVITÉ

Les exercices que vous trouverez ci-après vous permettront aussi de mieux sentir votre centre vital, votre hara comme le nomment les Japonais.

Ce centre se situe dans le bas-ventre, à 5 centimètres sous le nombril. En médecine chinoise, le hara est considéré comme votre principal centre d'énergie, le lieu de conjonction de vos propres forces et de celles de l'Univers.

C'est l'origine de la vie, le berceau où l'embryon se développe grâce à l'énergie vitale de sa mère.

Le hara est aussi votre principal centre de gravité. Lorsque vous êtes conscient de votre hara, vous êtes beaucoup plus stable physiquement et mentalement. A la longue, vous devenez même inébranlable comme une montagne.

Notez d'ailleurs que toute la pratique des arts martiaux repose sur la prise de conscience et la fortification du hara.

COMMENT FORTIFIER VOTRE HARA GRÂCE À LA RESPIRATION

Voici donc quelques exercices qui vous aideront à prendre conscience de votre souffle, à fortifier votre hara et à développer ainsi votre vigueur et votre stabilité. Vous pourrez les pratiquer avant votre séance de Do-In ou à tout autre moment de la journée.

Exercice 1

* Vous pouvez pratiquer cet exercice assis, debout ou couché.

* Posez les mains à plat sur votre bas-ventre.

* En inspirant, gonflez la poitrine, avalez votre salive puis déplacez l'air de la poitrine vers le ventre en contractant la cage thoracique. Simultanément, verrouillez tous les muscles du plancher pelvien, cet ensemble de muscles qui forment la base de votre bassin.

* Faites durer cette rétention d'air tant et aussi longtemps que cela reste confortable.

* Expirez lentement en laissant l'énergie se diffuser dans tout votre corps.

* Pour augmenter l'efficacité de cet exercice, imaginez qu'en inspirant vous absorbez de l'énergie provenant de tout l'Univers : du ciel, de la Terre, des animaux, des végétaux, etc. Puis concentrez cette énergie dans votre hara.

Exercice 2

* Placez-vous debout, pieds parallèles, jambes écartées à la largeur du bassin, genoux et épaules relâchés.

* Tendez les bras au-dessus de la tête, paume des mains tournée vers le ciel.

* Sur l'inspiration, remplissez-vous de l'énergie du « haut ».

* Sur l'expiration, amenez la paume de la main droite sur le dos de la main gauche.

* Puis abaissez lentement les mains ainsi placées jusqu'à la hauteur du hara tout en maintenant les muscles du plancher pelvien fortement contractés.

* Pendant que vous abaissez les mains, imaginez que vous comprimez un ballon gonflé d'air. Vous devez donc mettre de la force dans vos bras pour lutter contre cette résistance.

* Faites ce cycle sept fois.

Remarques

• Si vous pratiquez l'un ou l'autre des exercices qui précèdent une dizaine de fois par jour, matin et soir, vous observerez rapidement des transformations en vous. Vous vous sentirez plus centré et plus sûr de vous.

• Sur le plan physique, ces exercices provoquent un effet très bénéfique sur la constipation et les hémorroïdes.

> Rien de mieux qu'une pause « respiration » pour marquer un temps d'arrêt lors de vos activités quotidiennes.

CHAPITRE 7

CONNAISSEZ-VOUS LE LANGAGE DE VOTRE CORPS ?

La tradition chinoise rejoint la médecine de pointe quand elle affirme que la maladie est le symptôme d'une perturbation sous-jacente de votre terrain biologique.

A cela, il y a autant de causes physiques qu'affectives. Et, dans bien des cas, vous pouvez les contrer grâce, entre autres, à une pratique régulière du Do-In.

Mais, pour y parvenir, il est important que vous connaissiez à fond le langage du corps pour « collaborer » efficacement avec votre « médecin intérieur » en vous servant du Do-In.

Avant de passer aux soins curatifs ou préventifs dans la *Partie III*, je vous propose donc d'apprendre une technique qui vous permettra de mieux cerner les signaux de votre corps.

FOCUS : SANTÉ

Le *focusing* est une technique de travail sur soi relativement nouvelle, basée sur les recherches d'une équipe de psychothérapeutes de l'Université de Chicago.

Cette technique de travail psychosomatique repose sur deux découvertes importantes :

1. Il existe une forme de « senti corporel » qui influence profondément votre vie et qui peut vous aider à atteindre vos objectifs personnels.

Ce « senti corporel », c'est la façon dont votre corps expérimente la vie : les situations, les personnes, les événements. Cette expérience du corps se traduit par des sensations physiques et par des états d'âme. Jamais sous forme de mots ou de pensées. C'est donc à l'aide de ces informations corporelles et affectives que vous devez entrer en contact avec vous-même et communiquer avec votre corps.

2. Ce « senti corporel » se modifie lorsque vous y prêtez attention de la bonne façon. Il change par le simple fait d'entrer en contact avec lui. Et lorsque votre perception change, vous changez aussi, de même que votre vie.

ÉTAPE 1 : NETTOYEZ VOTRE ESPACE

Prenez quelques instants pour créer un espace de silence et de relaxation. Prenez conscience de votre corps et observez ce qui s'y passe lorsque vous vous posez les questions suivantes :

« Comment va ma vie en ce moment ? » – « Quelle est la chose la plus importante pour moi, maintenant ? »

Observez attentivement les réactions de votre corps à ces questions. Vous vous sentez troublé ? Quelques inquiétudes vous viennent ?

Ne vous y arrêtez pas. Dites simplement : « O.K., je ressens de l'inquiétude. »

Puis revenez à l'observation de votre corps.

ÉTAPE 2 : LE « SENTI CORPOREL »

Parmi les problèmes soulevés, choisissez-en un sur lequel vous allez « travailler ». Peu importe que ce problème soit d'ordre physique ou psychologique. Dans les deux cas, le problème est ressenti par votre corps et vous pouvez le résoudre grâce à son intelligence.

Gardez une certaine distance par rapport à ce problème. Ne vous laissez pas submerger par celui-ci. Il est fort possible que ce problème soulève plusieurs pensées, plusieurs questionnements. Et sans doute trop pour que vous puissiez en explorer toutes les avenues.

Ne vous laissez donc pas entraîner dans ce labyrinthe mental. Dites simplement : « Voilà un problème. »

Puis, essayez de bien le ressentir dans votre corps. Votre corps est toujours plus près de sa réalité que votre mental.

Si plusieurs sensations – contradictoires ou non – surgissent, essayez d'en ressentir avant tout l'ensemble. Evitez de vous interroger sur l'apparente incongruité de ce qui vous arrive. Mais ne bloquez pas de force les questions. N'y prêtez pas attention, tout simplement.

ÉTAPE 3 : IDENTIFIEZ VOTRE « SENTI CORPOREL »

Tentez maintenant de définir la réalité de cette impression générale. Laissez votre inconscient vous suggérer un mot, une phrase ou une image qui colle à ce vécu. Ce mot sera peut-être une qualité (courage, patience, etc.), une émotion (peur, insécurité, etc.).

Demeurez en contact avec votre « senti corporel » jusqu'à ce que vous puissiez identifier clairement votre « feeling ». Et, quoi qu'il en soit, ne portez pas de jugement. Contentez-vous de constater.

ÉTAPE 4 : DÉCOUVREZ LA RÉSONANCE EXACTE

Soyez attentif à la fois à votre « senti corporel » et au mot, à la phrase ou à l'image correspondant. Voyez s'il se produit une résonance entre l'un et l'autre. Si oui, votre corps vous enverra un petit signal.

Ce signal, c'est votre « senti corporel » qui se transforme. Laissez alors venir une autre image (un autre mot, une autre phrase) qui colle sur ce nouveau « senti ».

Puis laissez monter une sensation globale qui rassemble toutes les données (impressions, mots et images) du problème qui vous affecte.

ÉTAPE 5 : QUESTIONNEZ VOTRE CORPS

Posez maintenant ces questions à votre corps : « Qu'est-ce qui, dans ce problème, fait surgir tel mot, telle image, etc. ? » – « Quelle est l'origine de ce problème ? »

La réponse doit absolument venir de votre corps. Si votre mental interfère, ne retenez pas ce qu'il vous raconte et revenez à votre corps. C'est lui qui connaît la réponse. Prenez tout le temps qu'il faut.

ÉTAPE 6 : ACCUEILLEZ SA RÉPONSE

Faites confiance à votre corps. Acceptez les réponses qu'il vous apporte, même si, de prime abord, elles vous semblent un peu incongrues. Il est bien possible que votre mental tente de vous dissuader de la justesse de ces réponses. Soyez assez attentif pour le déjouer. Ne le laissez pas compliquer les choses.

Lorsque vous aurez obtenu une réponse, restez encore quelques instants en état de relaxation.

Puis reprenez ensuite contact avec le monde extérieur.

Si aucune réponse ne vient, ne considérez pas votre séance de *focusing* comme ratée. Si, durant votre séance, vous avez ressenti cet espace global de votre « corps-esprit », vous avez déjà amorcé un processus de transformation.

La prochaine fois que vous tenterez l'expérience, vous aurez plus de facilité à faire le « focus » sur votre « senti corporel » et, sans doute, pourrez-vous pousser l'expérience plus à fond.

DEMANDEZ DE L'AIDE

Bien que vous puissiez mener seul votre séance de *focusing*, il est souvent plus facile d'aller en profondeur avec l'aide d'une autre personne.

Le rôle de cette autre personne consiste alors à vous guider à travers les différentes étapes du processus. Si cette personne possède une certaine expérience en *focusing*, elle sera d'autant plus habile à vous guider au cœur de vous-même.

Avant, pendant ou après la séance de *focusing*, cette personne peut aussi faire un travail d'acupression qui vous inspirera pour de futures séances de Do-In.

SOYEZ ATTENTIF AUX SIGNAUX QUE VOUS ENVOIE VOTRE CORPS

Le présent chapitre vous a montré une méthode d'autodiagnostic qui vous permet de prendre conscience des messages que votre corps vous envoie. Cette méthode n'a toutefois pas pour but de remplacer un diagnostic médical. Si vous soupçonnez ou même craignez la présence d'une maladie grave, n'hésitez pas à consulter votre médecin.

PARTIE III

COMMENT PRÉVENIR ET TRAITER LES DIFFÉRENTS PROBLÈMES DE SANTÉ PAR LE DO-IN

DEUX IMPORTANTES RECOMMANDATIONS

Avant d'aborder les points d'acupression liés aux différents maux, j'aimerais faire deux importantes mises en garde :

• Premièrement, les problèmes de santé qui tendent à se répéter et les douleurs fréquentes ne disparaîtront que si vous rééquilibrez l'ensemble du circuit énergétique de votre corps par une pratique quotidienne du Do-In.

• Deuxièmement, certaines maladies exigent un suivi médical. La pratique du Do-In et le massage des points spécifiques à la maladie accélèrent, bien sûr, la guérison, mais **en aucun cas ils ne peuvent se substituer aux soins médicaux**. Aussi, dès qu'un mal devient trop intense et/ou qu'il tend à se prolonger, il demeure indispensable de consulter votre médecin.

LISTE DES POINTS UTILISÉS ET LEUR LOCALISATION

Les points retenus ont été regroupés selon le méridien auquel ils appartiennent. Ces méridiens, dans lesquels circule l'énergie vitale, forment un réseau couvrant l'ensemble du corps.

Chacun de ces méridiens joue une fonction spécifique dans le bon fonctionnement de l'organisme. Par conséquent, un déséquilibre de l'un ou de l'autre de ces méridiens entraîne certains désordres physiques et psychologiques dont je vous fais part.

Ces indications vous aideront à déterminer quels sont les méridiens sur lesquels vous devez travailler plus à fond.

A. LES DOUZE MÉRIDIENS PAIRS

1. Le méridien « Poumon » ou « P. » (méridien Yin)

De la santé des poumons dépend celle du corps tout entier. En plus d'apporter l'oxygène indispensable à l'organisme, les poumons permettent l'élimination du gaz carbonique.

Sur le plan psychologique, des poumons en bonne santé favorisent la bonne compréhension, tandis que des poumons faibles rendent mélancolique et dépressif.

Comme leurs noms l'indiquent, les douze méridiens pairs se retrouvent de façon symétrique de chaque côté de notre corps.

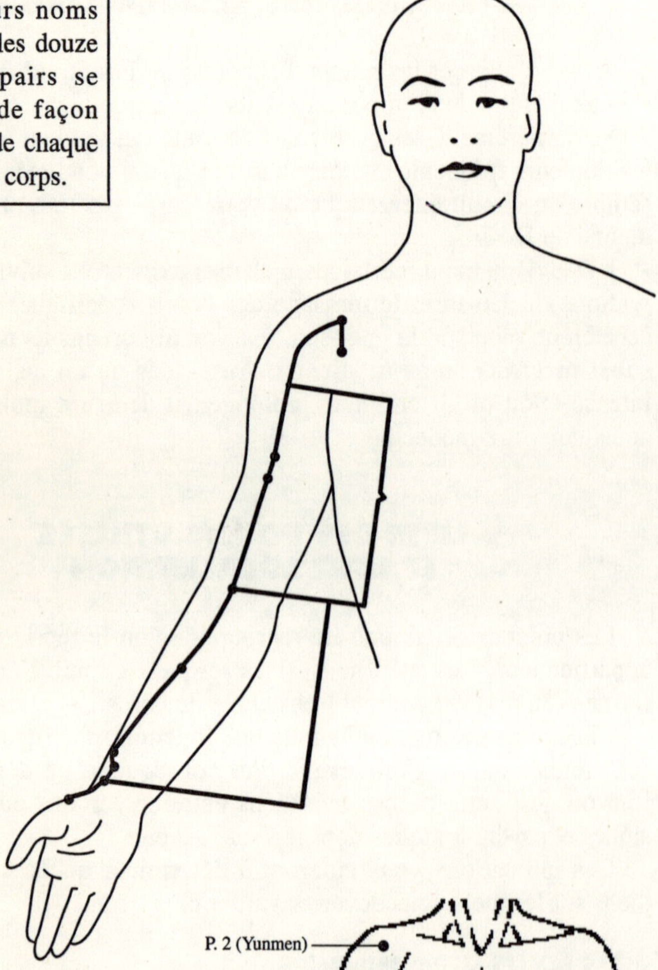

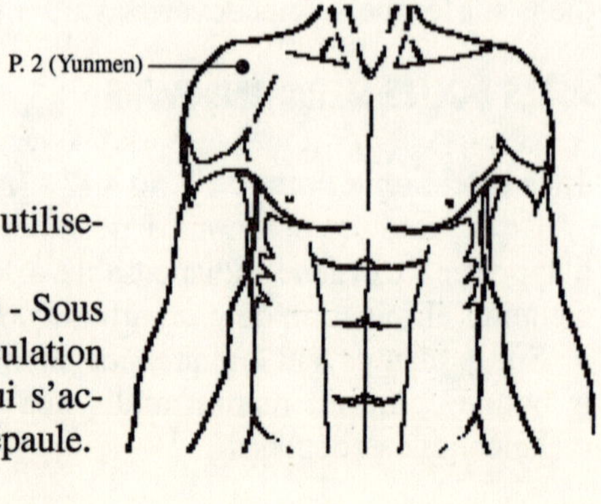

Voici les points que vous utiliserez sur ce méridien :

P. 2 (Poumon 2, Yunmen) - Sous la clavicule en avant de l'articulation de l'épaule, dans la cavité qui s'accentue quand vous avancez l'épaule.

P. 7 (Poumon 7, Lieque) – A deux travers de doigt au-dessus du pli à la base du pouce, mais sur le bord externe du radius.

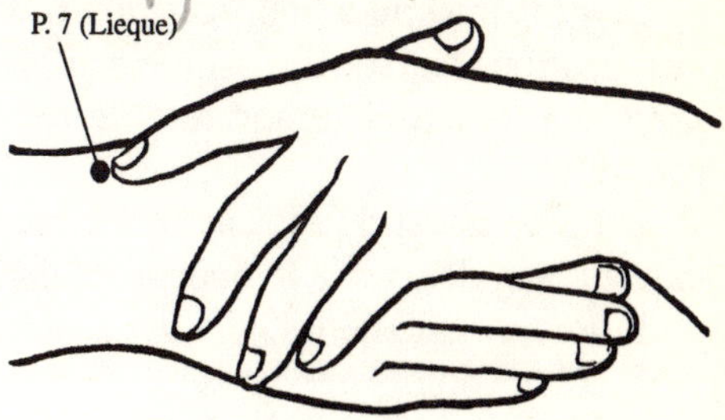

2. Le méridien « Gros Intestin » ou « G.I. » (méridien Yang)

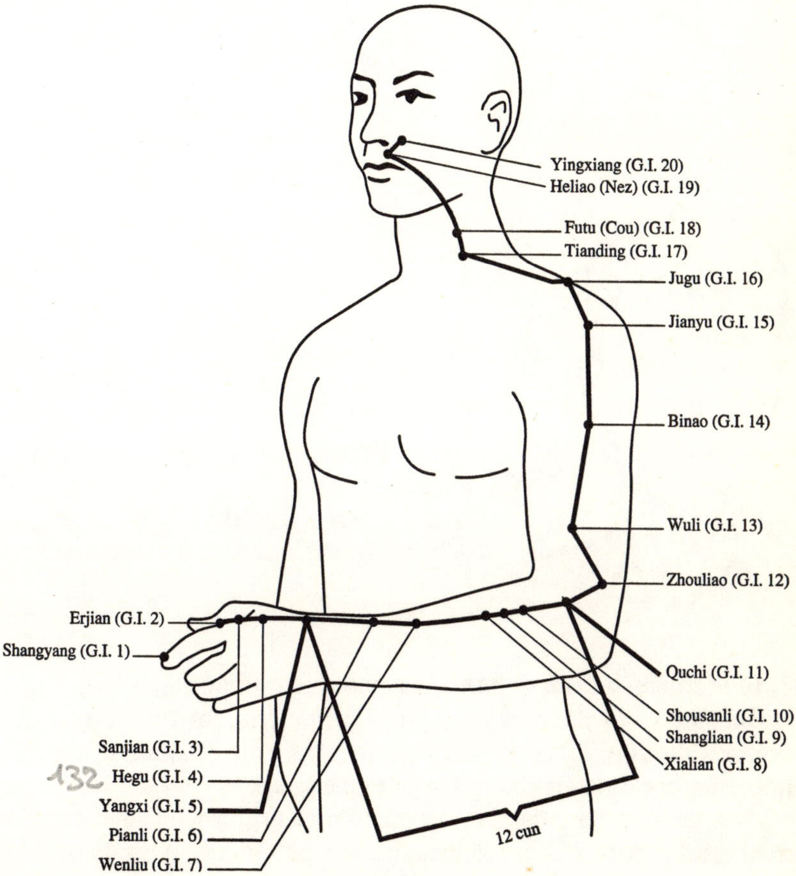

Le gros intestin a pour fonction d'éliminer les déchets produits par la digestion. Lorsqu'il assume mal sa tâche, il s'encrasse et, via le sang, une quantité importante de toxines se répandent dans l'organisme.

Un gros intestin qui fonctionne mal engendre des problèmes liés à la peau, aux dents et à la bouche en général.

Il donne également lieu à des sentiments d'insatisfaction.

Voici les points que vous utiliserez sur ce méridien :

G.I. 4 (Gros Intestin 4, Hegu) – Dans le fond de l'angle formé par la rencontre du pouce et de l'index.

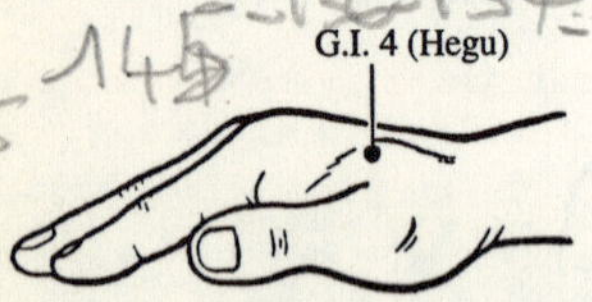

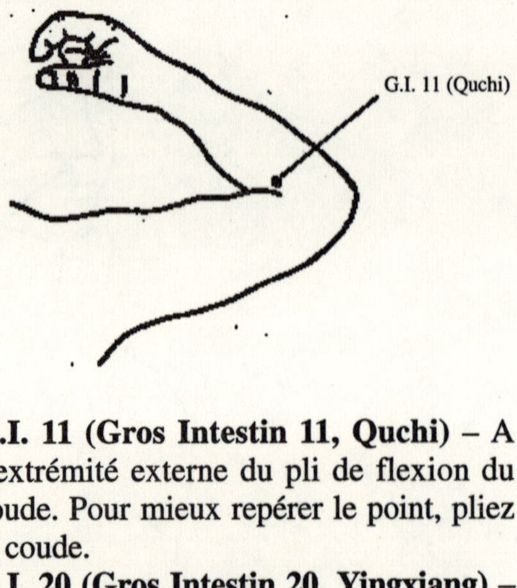

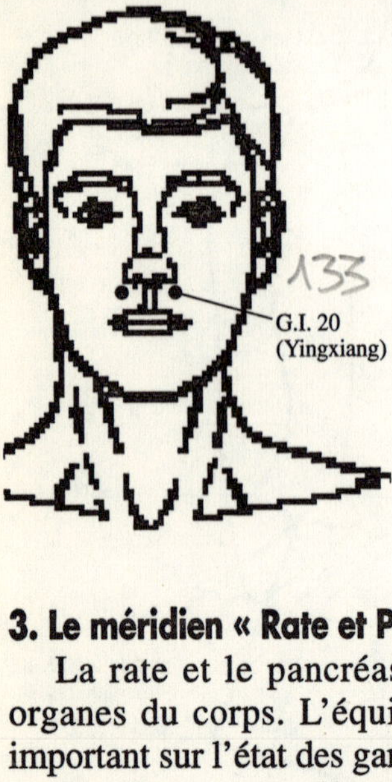

G.I. 11 (Gros Intestin 11, Quchi) – A l'extrémité externe du pli de flexion du coude. Pour mieux repérer le point, pliez le coude.

G.I. 20 (Gros Intestin 20, Yingxiang) – A la racine extérieure des ailes du nez.

3. Le méridien « Rate et Pancréas » ou « Rte » (méridien Yin)

La rate et le pancréas irriguent et nourrissent tous les autres organes du corps. L'équipe rate-pancréas joue également un rôle important sur l'état des ganglions lymphatiques.

Des lèvres trop pâles, le manque d'appétit, un teint jaunâtre, des troubles digestifs, des problèmes liés aux extrémités, des nœuds dans le ventre, etc. sont autant de signes d'un mauvais fonctionnement de ces organes.

Sur le plan psychologique, une dysfonction de la rate et du pancréas incite à l'orgueil, à la vanité, à l'égocentrisme et à l'obstination.

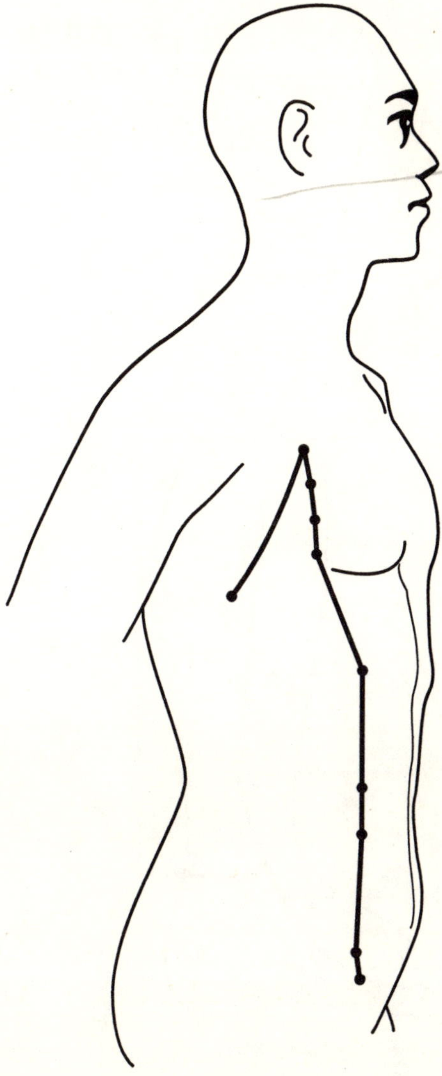

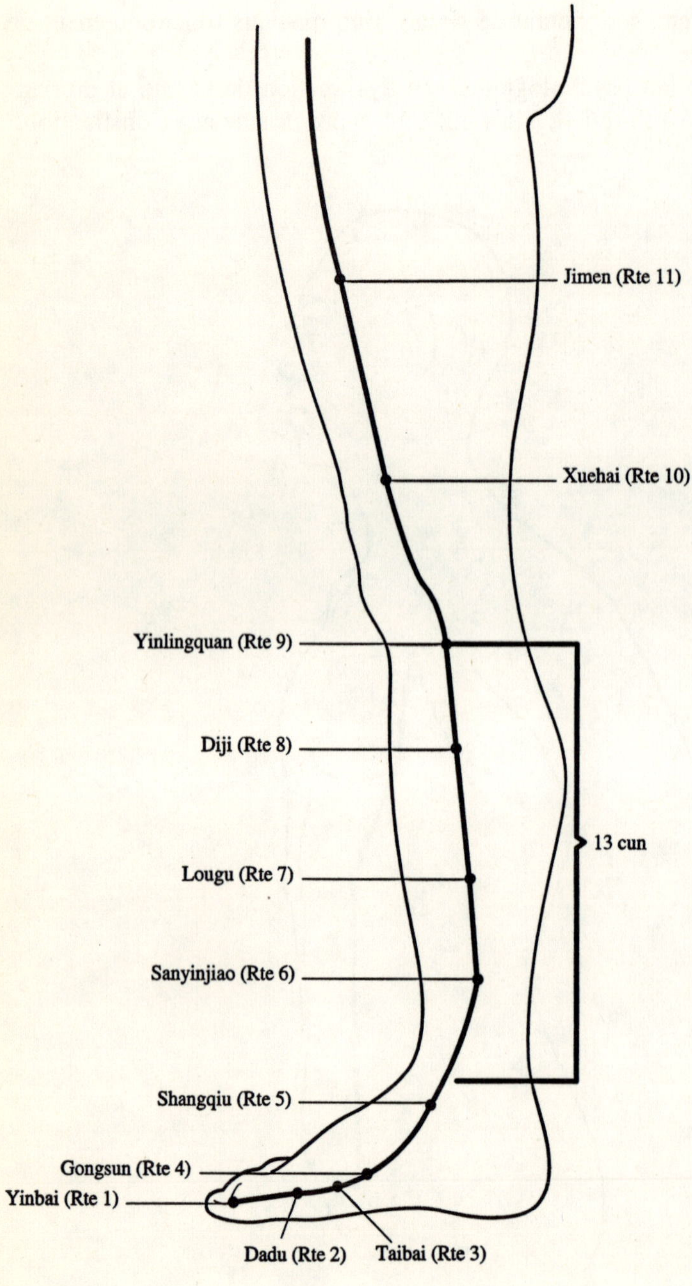

Jimen (Rte 11)
Xuehai (Rte 10)
Yinlingquan (Rte 9)
Diji (Rte 8)
13 cun
Lougu (Rte 7)
Sanyinjiao (Rte 6)
Shangqiu (Rte 5)
Gongsun (Rte 4)
Yinbai (Rte 1)
Dadu (Rte 2)
Taibai (Rte 3)

Voici les points que vous utiliserez sur ce méridien :

Rte 4 (Rate 4, Gongsun) – Sur le bord interne du pied, dans le creux en avant et en bas de la base du premier métatarsien.

Rte 5 (Rate 5, Shangqiu) – A l'intersection de la ligne verticale passant immédiatement devant la malléole interne et de la ligne horizontale juste en dessous.

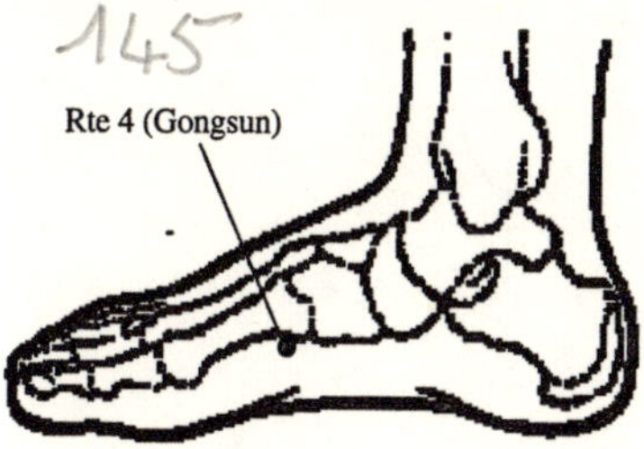

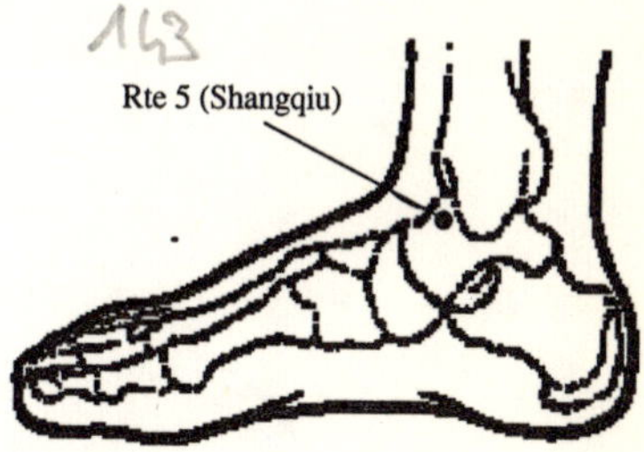

Rte 6 (Rate 6, Sanyinjiao) – Dans une dépression située à quatre travers de doigt au-dessus du sommet de la malléole interne, en arrière du péroné.

Rte 12 (Rate 12, Chongmen) – Quatre travers de pouce en dessous du nombril, puis quatre autres sur le côté, sur le bord de l'os du pelvis.

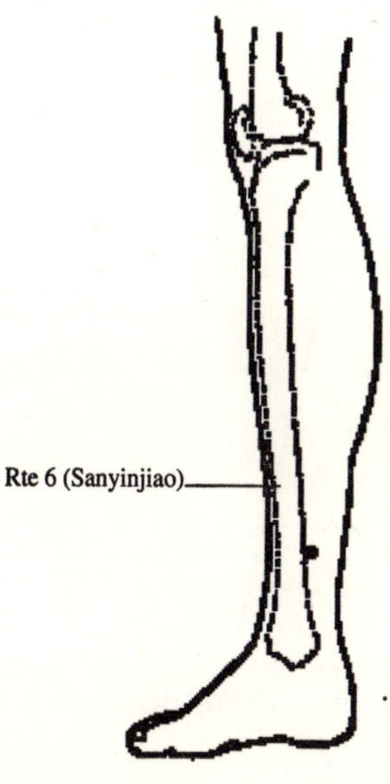

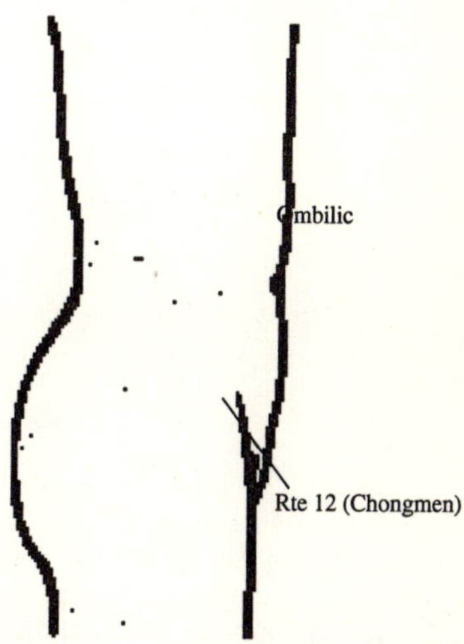

4. Le méridien « Estomac » ou « E. » (méridien Yang)

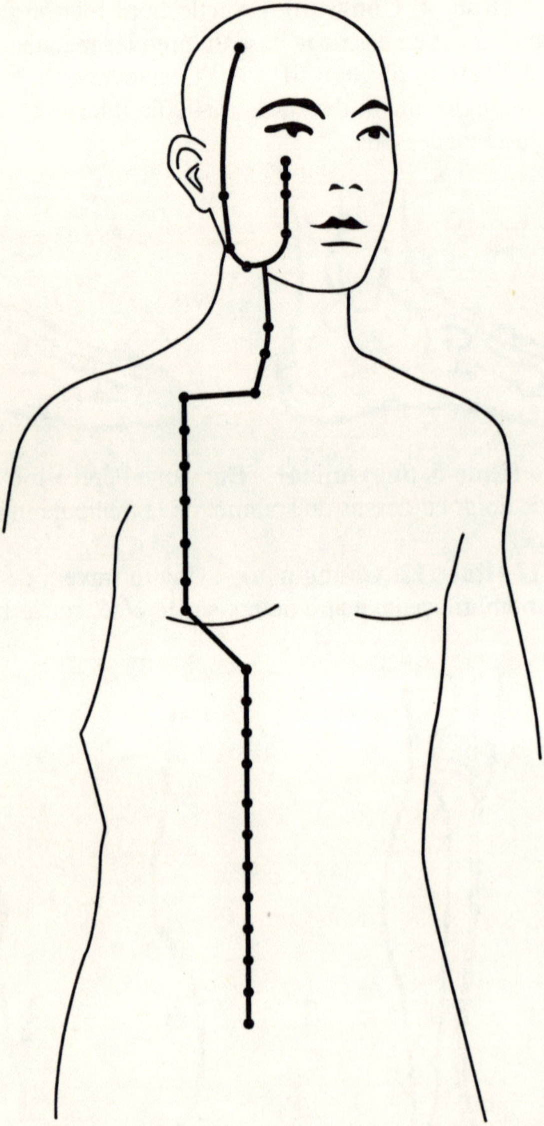

Le rôle de l'estomac consiste à transformer la nourriture de sorte qu'elle puisse être assimilée par le corps.

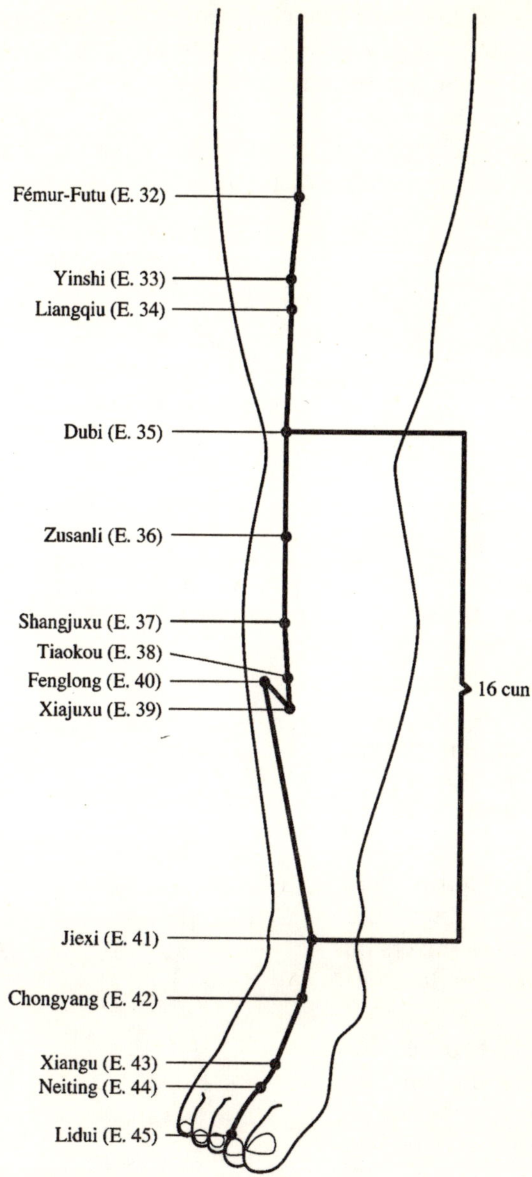

Par conséquent, un mauvais fonctionnement de l'estomac donne lieu à des problèmes digestifs (constipation, ballonnement du ventre après les repas, lourdeurs d'estomac, hoquet, etc.) et à d'autres problèmes connexes (langue chargée et/ou sèche, saignements de gencives, manque d'appétit, raideur des épaules, tendance à l'anémie, etc.).

Sur le plan psychologique, un estomac en mauvais état s'accompagne souvent d'hyperactivité mentale, de sentiments de frustration affective et d'une tendance à trop s'en faire pour des détails.

Voici les points que vous utiliserez sur ce méridien :

E. 14 (Estomac 14, Kufang) – Sur une ligne verticale entre le mamelon et la clavicule, dans le creux entre la première et la deuxième côte. Pour repérer ce point, les femmes doivent être debout car, en position allongée, le mamelon se déplace sur le côté.

E. 25 (Estomac 25, Tianshu) – Sur une ligne horizontale à trois travers de doigt à l'extérieur du nombril.

E. 30 (Estomac 30, Qichong) – Depuis le milieu du bord supérieur de l'os du pubis, mesurez deux travers de pouce latéralement. Le point est situé au-dessus de l'angle externe de cet os.

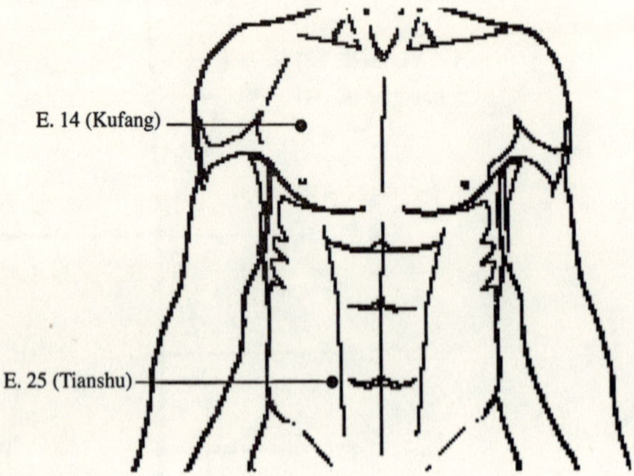

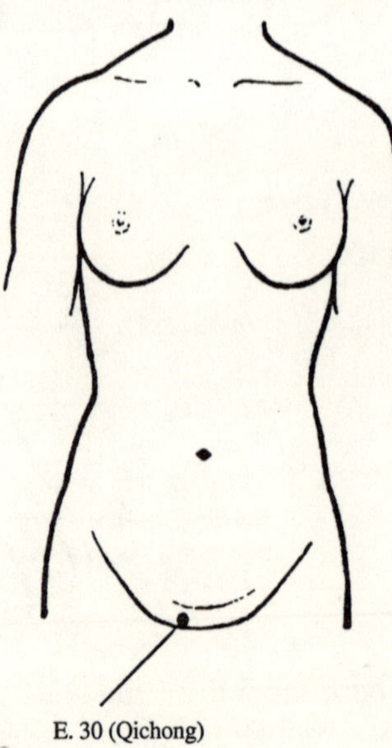

E. 36 (Estomac 36, Zusanli) – Dans la dépression située à la rencontre du tibia et du péroné. Mesurez quatre travers de doigt sous la rotule et un travers de doigt vers la face externe de la jambe.

E. 37 (Estomac 37, Shangjuxu) – A huit travers de doigt au-dessous de la rotule et à un travers de doigt en dehors de la crête tibiale.

E. 44 (Estomac 44, Neiting) – Un demi-travers de doigt depuis la commissure du deuxième et du troisième orteil.

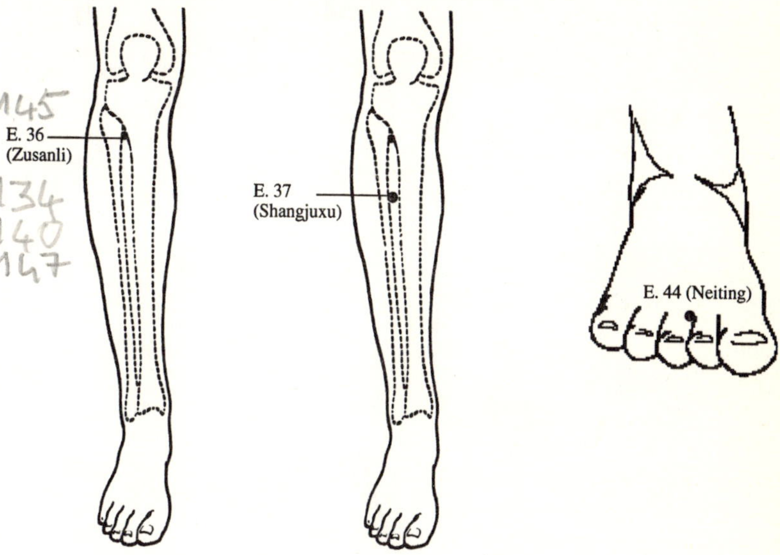

5. Le méridien « Cœur » ou « C. » (méridien Yin)

Comme chacun le sait, le cœur est l'organe responsable de la circulation sanguine. Son arrêt est fatal.

On reconnaît un déséquilibre du méridien du cœur aux signes suivants : bégaiement, gonflement du nez et des mains, teint rougeâtre, douleurs aux coudes ou aux chevilles, bouffées de chaleur, transpiration nocturne excessive, hypertension, vertiges, raideurs dans la poitrine et au plexus solaire, fatigue, etc.

Sur le plan psychologique, un déséquilibre au niveau de cet organe crée des états d'aphasie, d'affliction, de tension nerveuse, de stress, de névrose, de fatigue intellectuelle ; il tue l'enthousiasme, rend timide et angoissé.

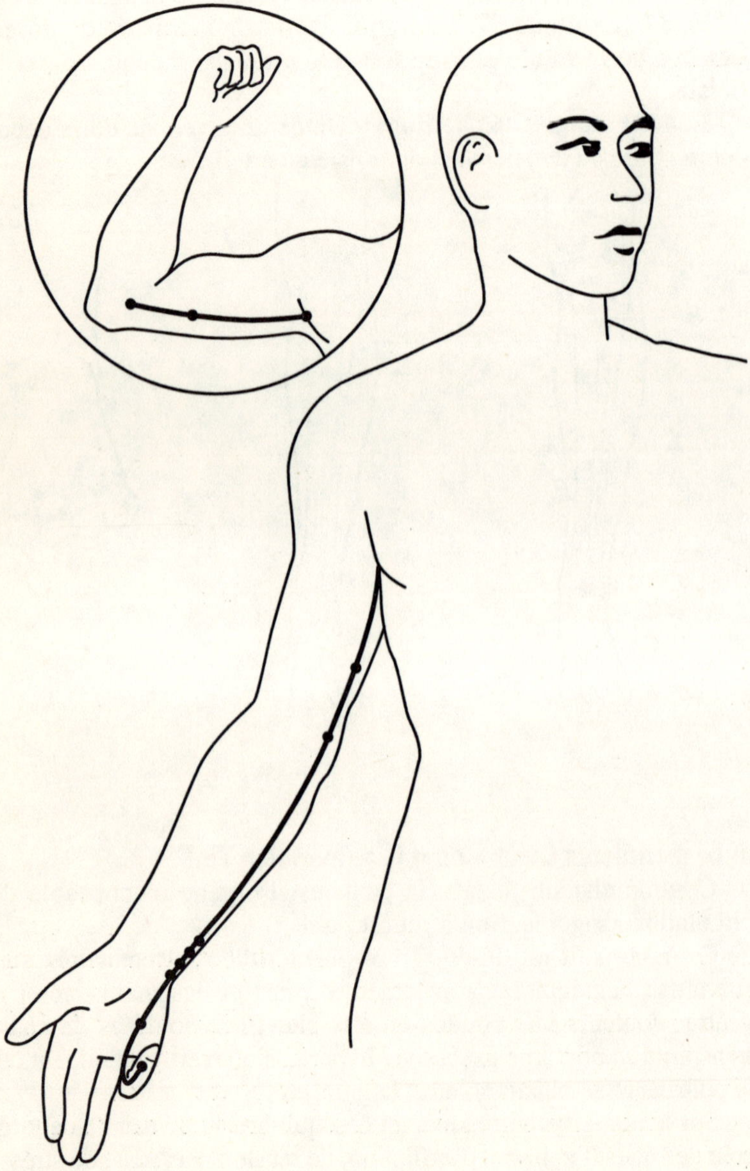

Voici les points que vous utiliserez sur ce méridien :

C. 7 (Cœur 7, Shenmen) – Dans le pli interne du poignet dans le prolongement du petit doigt.

C. 9 (Cœur 9, Shaochong) – A la base de l'ongle du petit doigt, à 2 millimètres du coin interne.

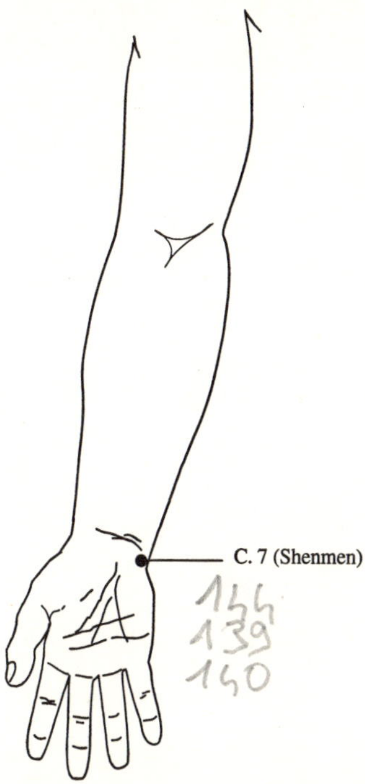

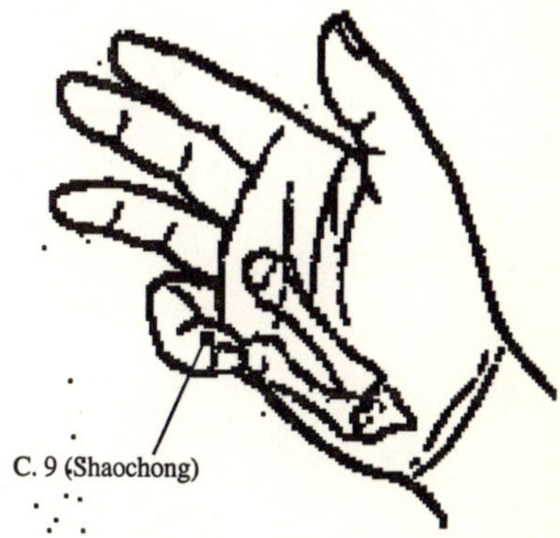

6. Le méridien « Intestin grêle » ou « I.G. » (méridien Yang)

L'intestin grêle est la section du tube digestif comprise entre l'estomac et le gros intestin. Il poursuit le travail de transformation des aliments commencé dans l'estomac.

Un intestin grêle en mauvais état suscite des troubles de la santé analogues à ceux associés à un déséquilibre du cœur. La difficulté ou l'incapacité de tourner la tête à 180 degrés vers la droite ou vers la gauche est aussi un signe révélateur d'une mauvaise santé de l'intestin grêle.

Une tendance à la jalousie laisse souvent présager une dysfonction de l'intestin grêle.

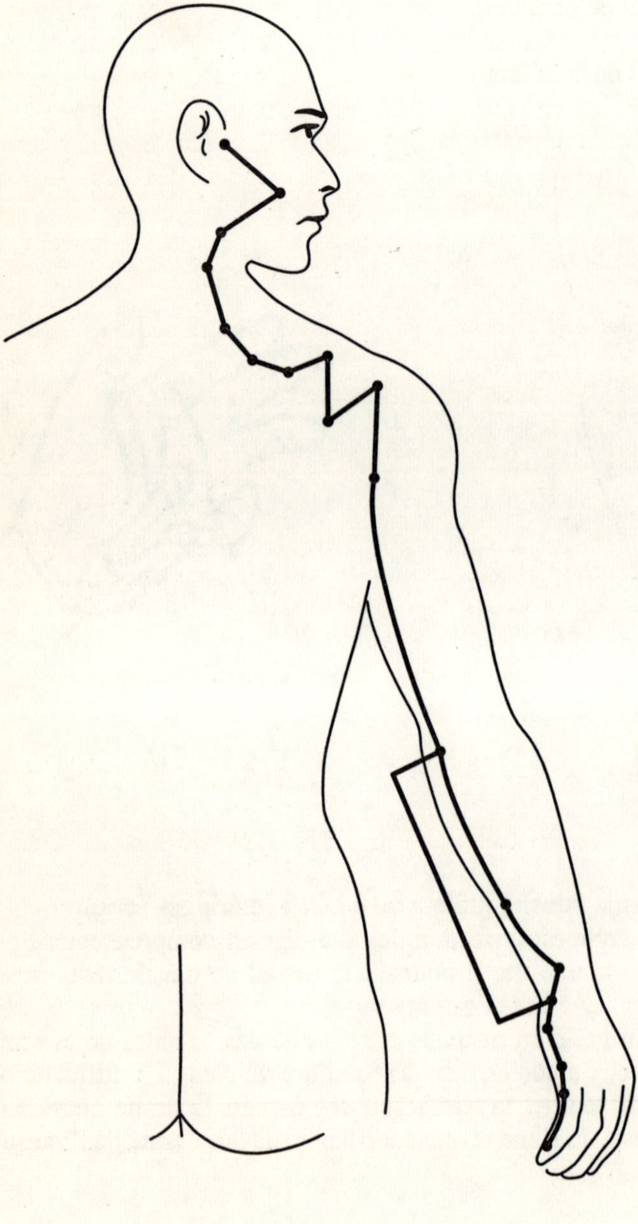

Voici les points que vous utiliserez sur ce méridien :

I.G. 3 (Intestin grêle 3, Houxi) – A la base du petit doigt, dans une dépression située juste au-dessous de l'articulation main/petit doigt.

I.G. 9 (Intestin grêle 9, Jianzhen) – Dans l'angle entre l'os du bras et celui de l'omoplate, tout près de l'aisselle.

I.G. 13 (Intestin grêle 13, Quyuan) – Au-dessus du point précédent, dans une dépression du muscle trapèze, en dessous du point V.B. 21.

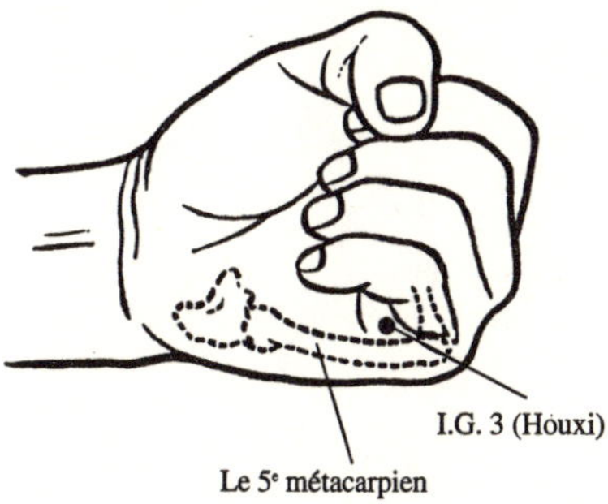

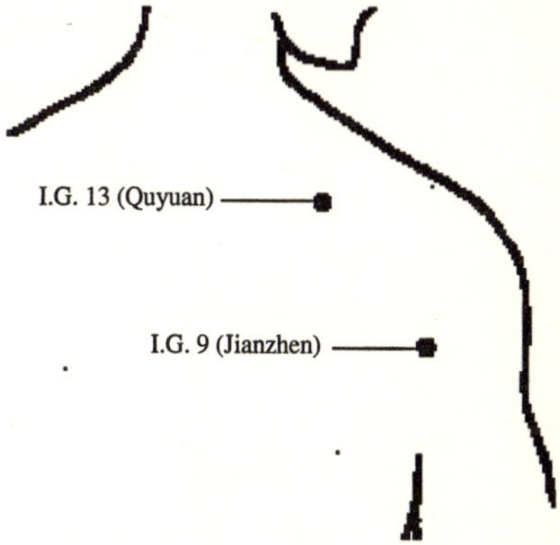

7. Le méridien « Vessie» ou « V. » (méridien Yang)

La vessie recueille les urines provenant des reins et en permet l'élimination. Avec les reins, elle est liée de près à l'état des organes sexuels.

Des douleurs au niveau du cou, des reins et des chevilles, de l'insomnie et des troubles de vision ainsi que des maux de tête et du gros intestin sont souvent associés à des problèmes de vessie.

Sur le plan psychologique, une vessie dysfonctionnelle va de pair avec une tendance à la timidité, à l'anxiété, à la peur et à l'hypersensibilité.

Voici les points que vous utiliserez sur ce méridien :

V. 1 (Vessie 1, Jingming) – Légèrement au-dessus de l'angle interne de l'œil, dans une cavité osseuse.

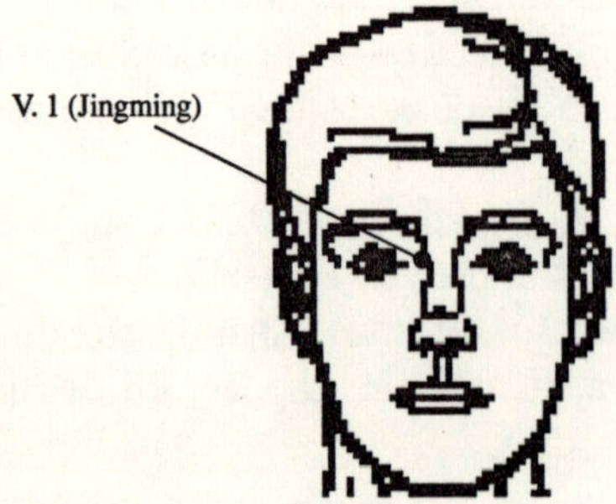
V. 1 (Jingming)

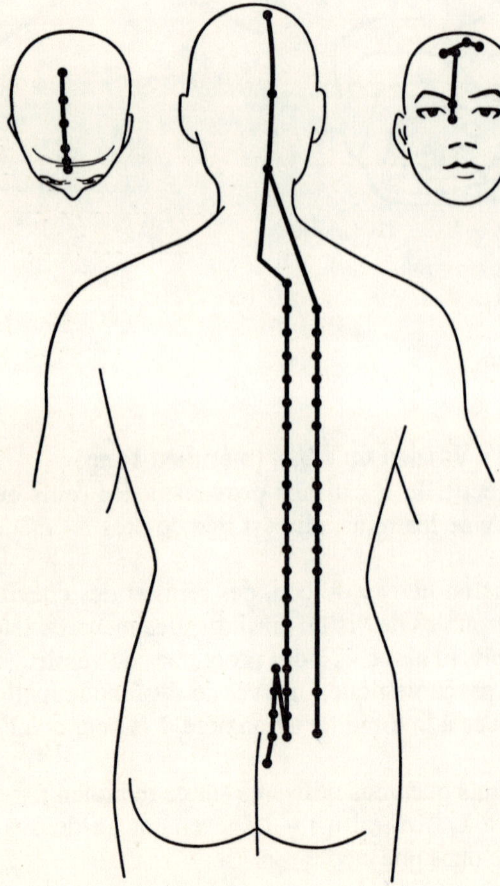

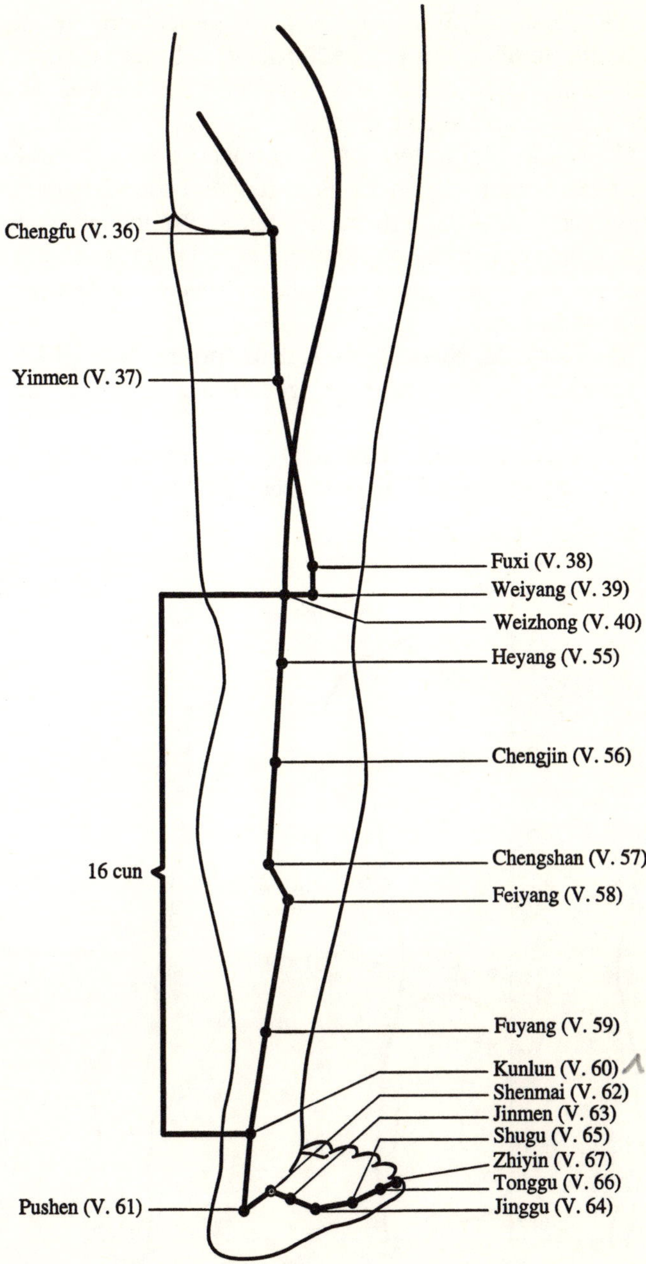
Chengfu (V. 36)
Yinmen (V. 37)
Fuxi (V. 38)
Weiyang (V. 39)
Weizhong (V. 40)
Heyang (V. 55)
Chengjin (V. 56)
Chengshan (V. 57)
Feiyang (V. 58)
16 cun
Fuyang (V. 59)
Kunlun (V. 60)
Shenmai (V. 62)
Jinmen (V. 63)
Shugu (V. 65)
Zhiyin (V. 67)
Tonggu (V. 66)
Pushen (V. 61)
Jinggu (V. 64)

V. 13 (Vessie 13, Feishu) – Repérez la septième vertèbre cervicale – cette vertèbre qui fait saillie lorsque la tête est inclinée vers l'avant – puis descendez de trois vertèbres. Le point se situe à deux travers de doigt vers le côté du corps.

V. 17 (Vessie 17, Geshu) – A deux travers de doigt vers l'extérieur de la septième vertèbre dorsale. Pour repérer cette vertèbre, trouvez la septième cervicale – la vertèbre qui fait saillie lorsque votre tête est penchée – puis descendez de sept vertèbres. Le point se situe approximativement sur une ligne horizontale passant par l'extrémité inférieure des omoplates.

V. 23 (Vessie 23, Shenshu) – A deux travers de doigt à l'extérieur du point D.M. 4. Pour plus de précisions, voyez les indications concernant ce point.

V. 26 (Vessie 26, Guanyuanshu) – A la rencontre de l'os iliaque et de la colonne vertébrale, dans le creux de l'angle.

V. 40 (Vessie 40, Weizhong) – Au milieu du pli poplité (le pli arrière du genou).

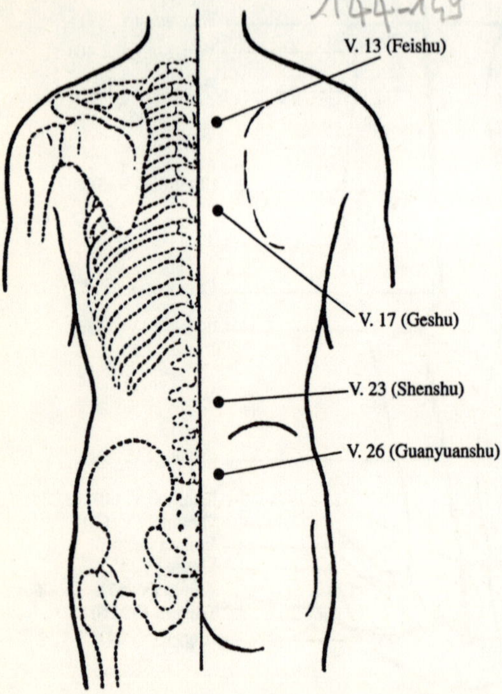

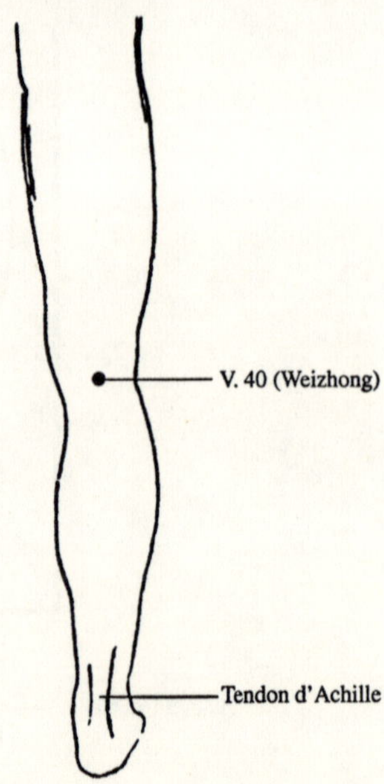

V. 57 (Vessie 57, Chengshan) – A mi-chemin entre le milieu du pli poplité et le talon.

V. 60 (Vessie 60, Kunlun) – Dans le creux en dessous de la malléole externe.

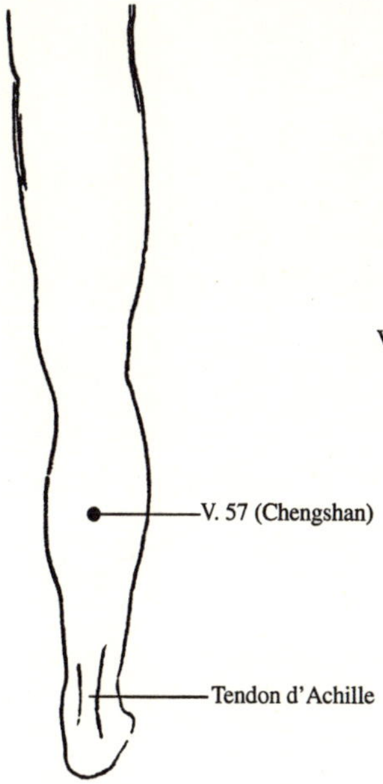

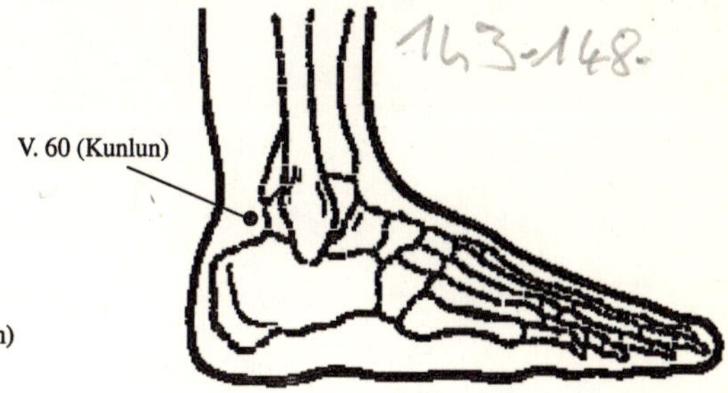

V. 62 (Vessie 62, Shenmai) – A un travers de doigt sous la pointe de la malléole externe.

V. 67 (Vessie 67, Zhiyin) – A 2 millimètres de l'angle externe de la base de l'ongle du petit orteil.

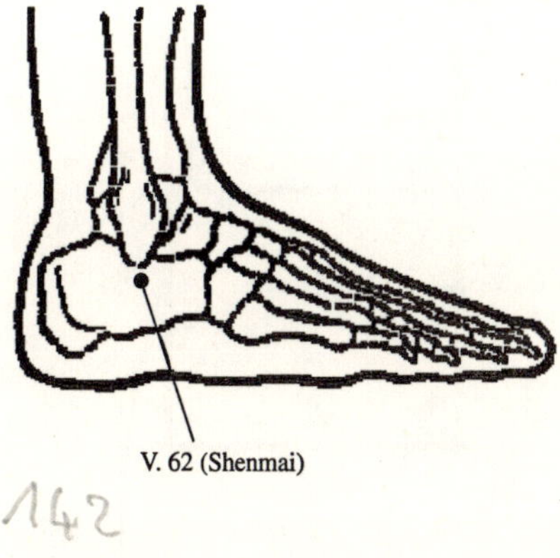

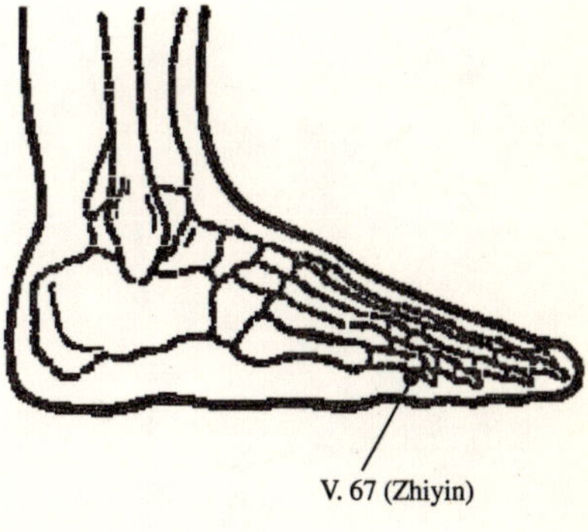

8. Le méridien « Rein » ou « R. » (méridien Yin)

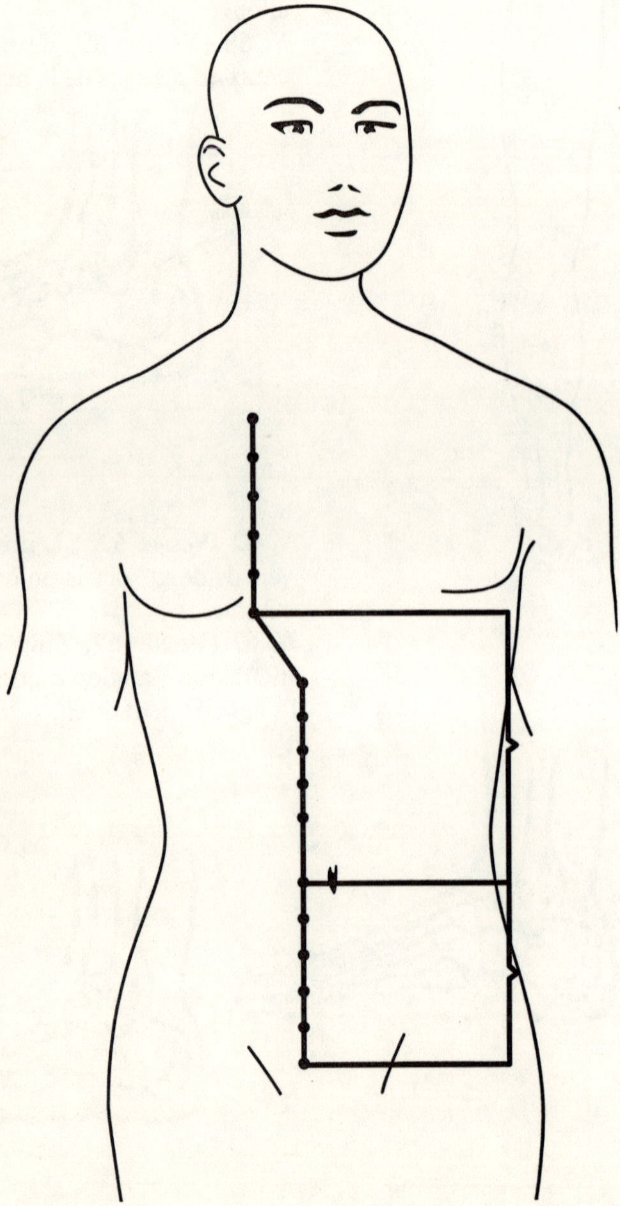

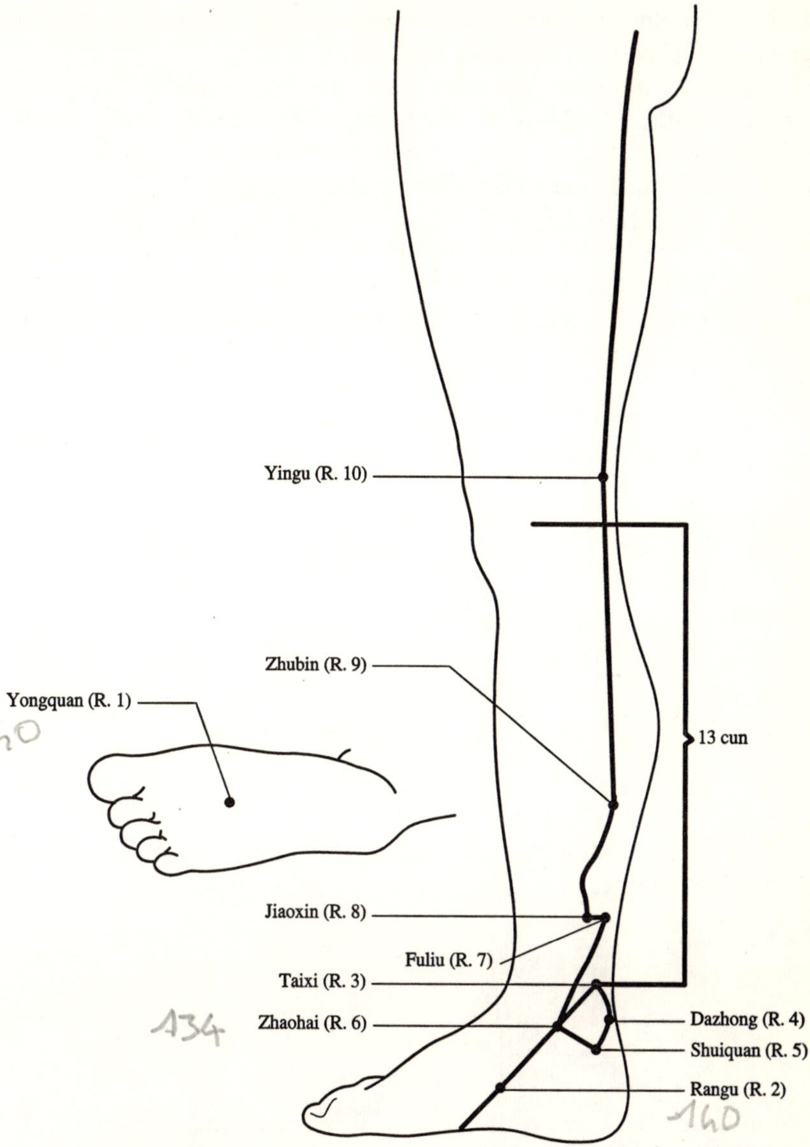

Les troubles de la sexualité, qu'ils soient d'ordre physique ou psychologique, trouvent souvent leur origine dans une dysfonction des reins. Il en va de même pour les affections de l'oreille. Le mauvais fonctionnement des reins donne une coloration noirâtre au teint et provoque l'apparition de cernes sous les yeux.

La peur, la timidité, une prudence excessive, la difficulté à s'arrêter de travailler, l'insomnie sont d'autres manifestations d'un problème rénal.

Voici les points que vous utiliserez sur ce méridien :

R. 1 (Rein 1, Yongquan) – Dans la dépression qui se forme sous le pied lorsque vous fléchissez les orteils.

R. 2 (Rein 2, Rangu) – Sur l'os situé à mi-distance entre le bout du gros orteil et le talon, à la rencontre de la peau de la plante du pied et de celle du dessus du pied.

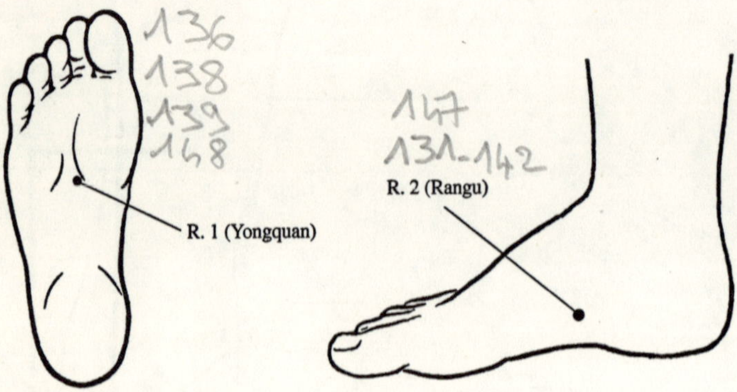

R. 3 (Rein 3, Taixi) – A mi-chemin entre la pointe de la malléole interne et le talon d'Achille.

R. 6 (Rein 6, Zhaohai) – Dans une dépression juste en dessous de la malléole interne.

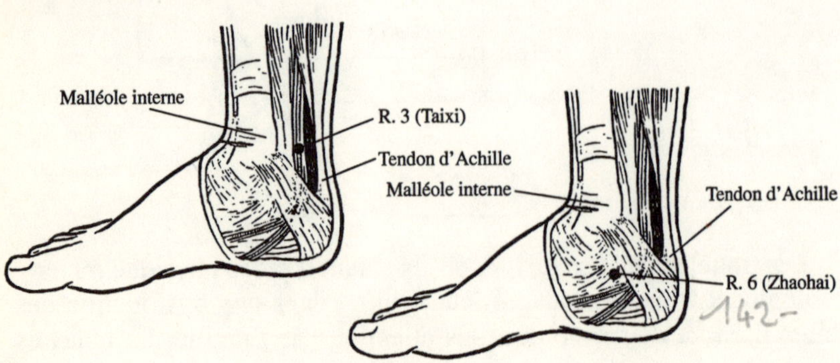

9. Le méridien « Maître Cœur » ou « M.C. » (méridien Yin)

Le péricarde a pour fonction d'unifier l'énergie vitale des différents organes du corps. Il gère les émotions et la circulation.

Un déséquilibre du péricarde s'accompagne souvent de douleurs dans la région du cœur, de palpitations, d'hypertension, de colites, etc.

Sur le plan psychologique, un déséquilibre du Maître Cœur se manifeste par de l'hystérie, de la nervosité dans les relations, un sommeil léger et souvent entrecoupé de rêves, des émotions excessives, etc.

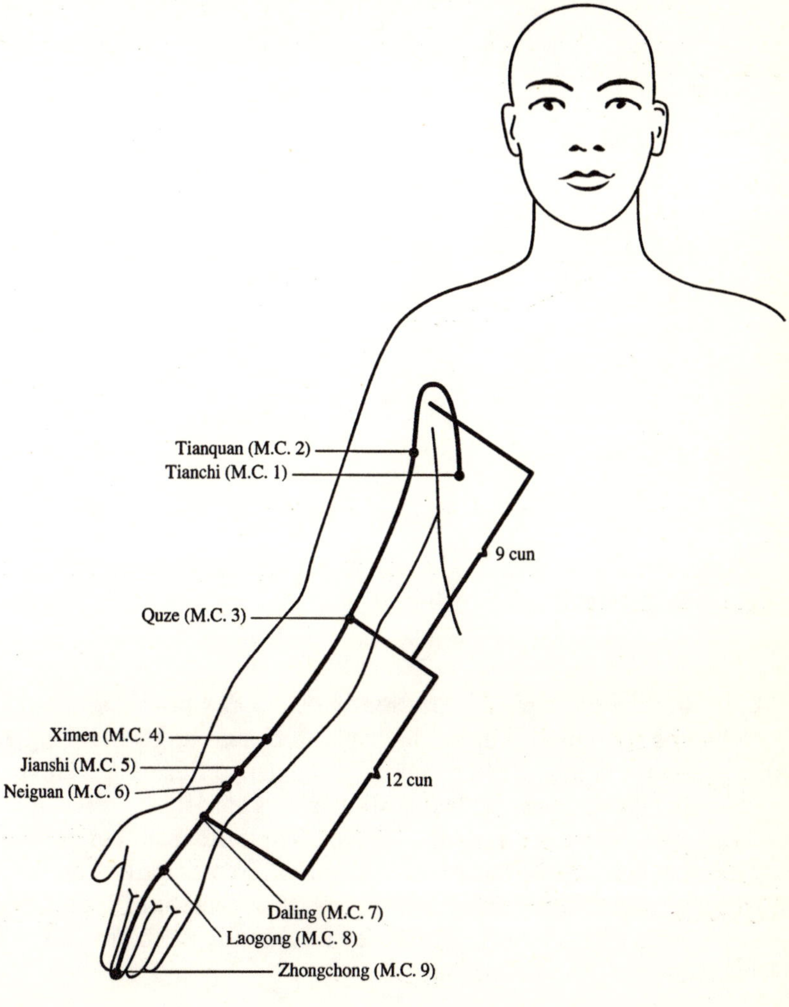

Voici les points que vous utiliserez sur ce méridien :

M.C. 5 (Maître Cœur 5, Jianshi) – A trois travers de doigt au-dessus du milieu du pli externe du poignet, entre les deux os de l'avant-bras.

M.C. 6 (Maître Cœur 6, Neiguan) – A deux travers de doigt au-dessus du centre du pli interne du poignet.

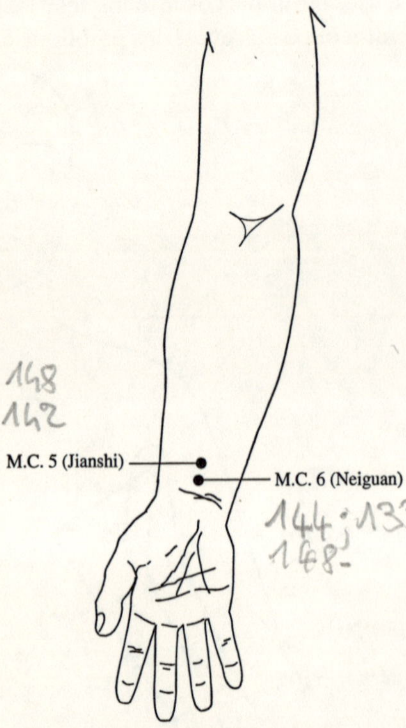

10. Le méridien « Triple Réchauffeur » ou « T.R. » (méridien Yang)

Comme son nom l'indique, le Triple Réchauffeur gère la température du corps. C'est lui qui recueille et régularise l'énergie vitale provenant de la respiration, de la digestion et de l'activité sexuelle.

Les symptômes d'un déséquilibre du Triple Réchauffeur sont une différence marquée de température entre différentes parties du corps, la difficulté à s'adapter aux changements de température, des bouffées de chaleur ou des coups de froid, des troubles de mémoire, des douleurs dans le milieu du dos, etc.

Sur le plan psychologique, un déséquilibre du méridien donne lieu à une tendance à l'isolement.

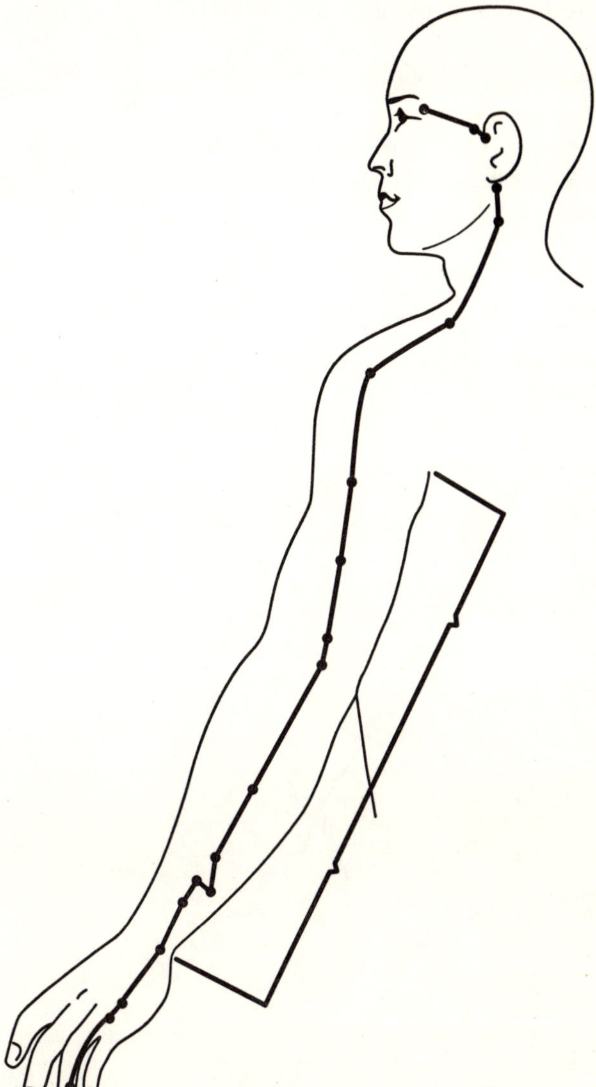

Voici le point que vous utiliserez sur ce méridien :

T.R. 5 (Triple Réchauffeur 5, Waiguan) – A deux travers de doigt au-dessus du pli dorsal du poignet, entre les deux os, le radius et le cubitus.

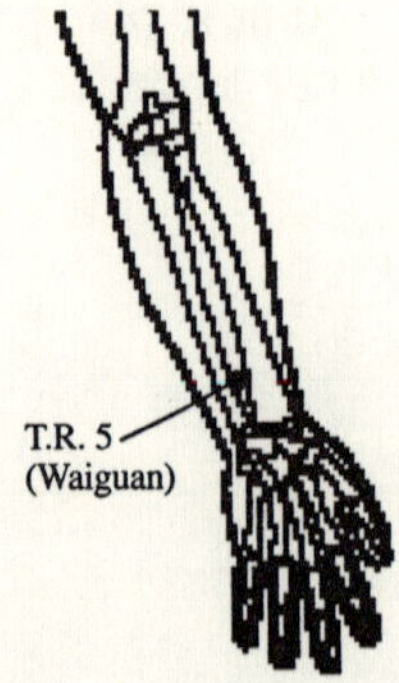

11. Le méridien « Vésicule biliaire » ou « V.B. » (méridien Yang)

La vésicule biliaire emmagasine la bile. Elle intervient dans le processus digestif et dans celui de l'élimination des déchets.

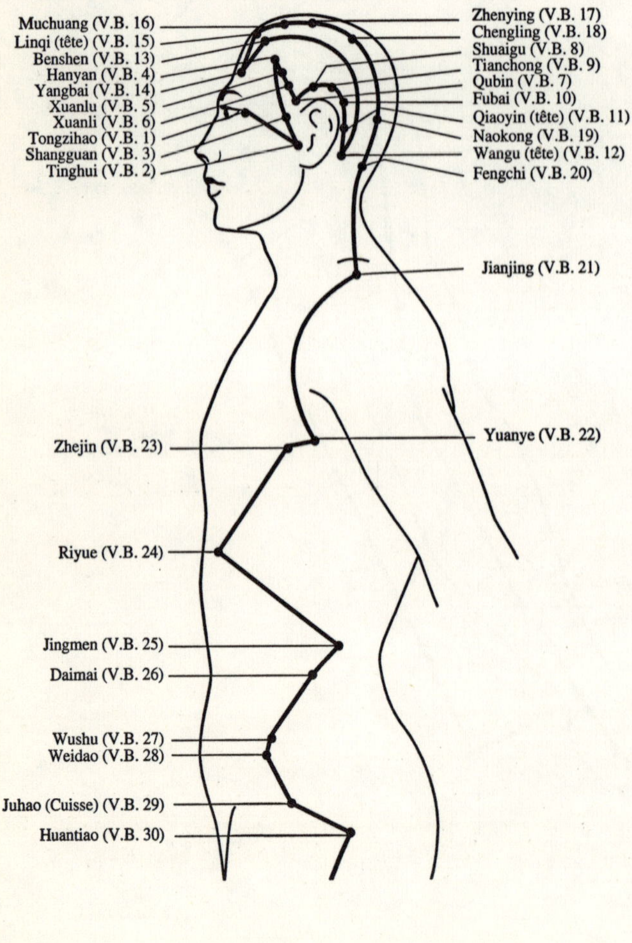

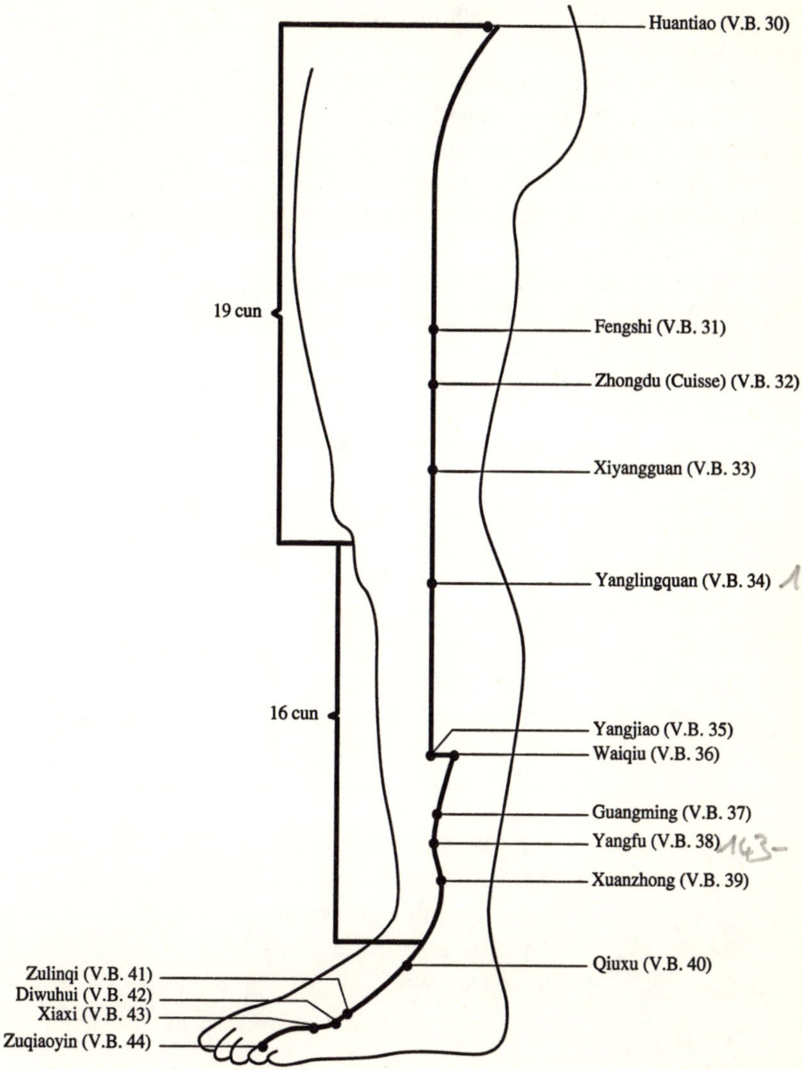

Vous pouvez reconnaître un mauvais fonctionnement de cet organe à un teint livide de la peau, à un goût amer dans la bouche, à des douleurs sous le foie et aux articulations, à une transpiration excessive, etc.

Sur le plan psychologique, une vésicule biliaire en mauvais état porte à l'impatience, à la colère, à une concentration exagérée, etc.

Voici les points que vous utiliserez sur ce méridien :

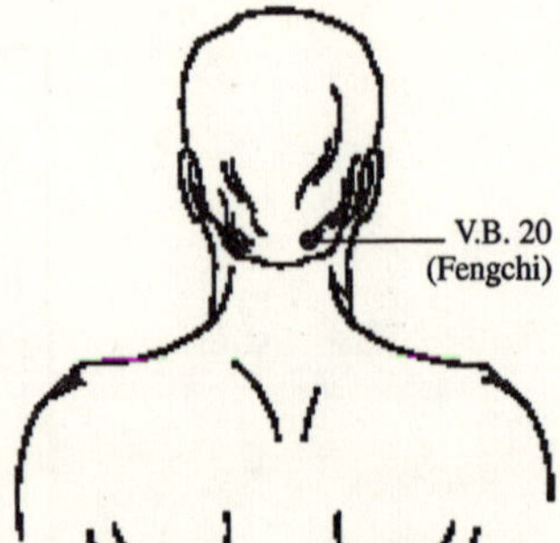

V.B. 20 (Vésicule biliaire 20, Fengchi) – Sous l'os du crâne, dans la dépression entre les deux principales bandes musculaires qui s'attachent à la base du crâne, les muscles trapèze et sterno-cléido-mastoïdien.

V.B. 21 (Vésicule biliaire 21, Jianjing) – Au sommet de l'épaule, sur le bord antérieur du gros muscle qui court à cet endroit juste au début de la courbure de la nuque.

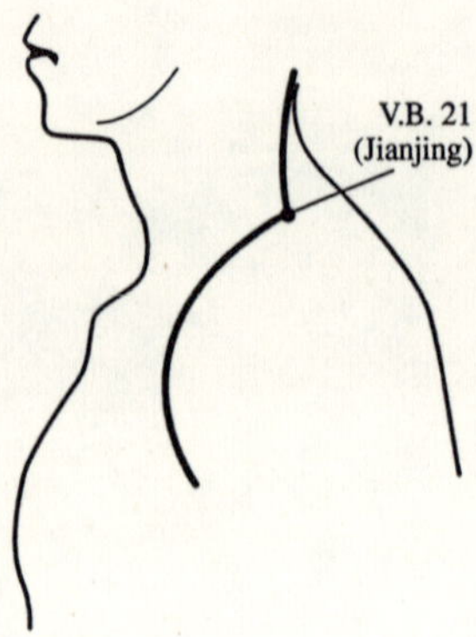

V.B. 34 (Vésicule biliaire 34, Yanglingquan) – Dans une dépression située sur le bord externe de la jambe, à trois travers de doigt sous la rotule, au-dessous de la bosse dure à la tête du péroné, en avant d'un gros tendon qui s'attache à cet endroit.

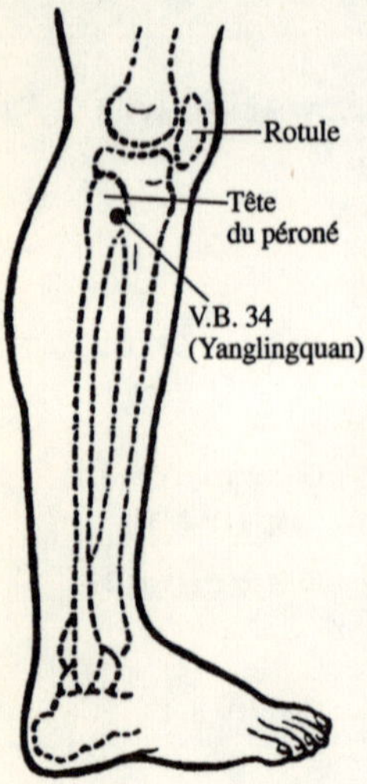

V.B. 38 (Vésicule biliaire 38, Yangfu) – A cinq travers de doigt au-dessus de la pointe de la malléole externe.

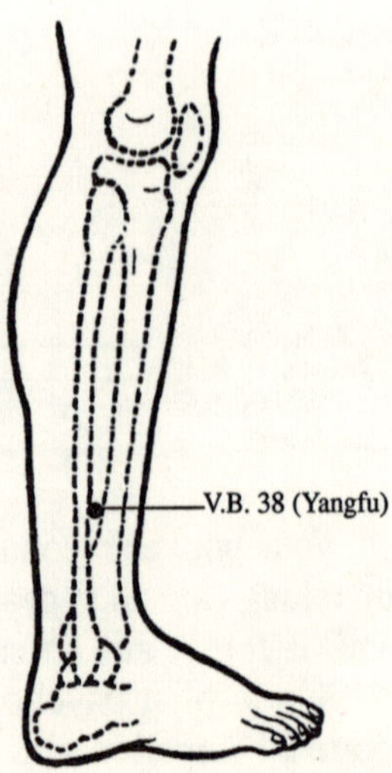

V.B. 41 (Vésicule biliaire 41, Zulinqi) – A deux travers de doigt au-dessus de la commissure des quatrième et cinquième orteils.

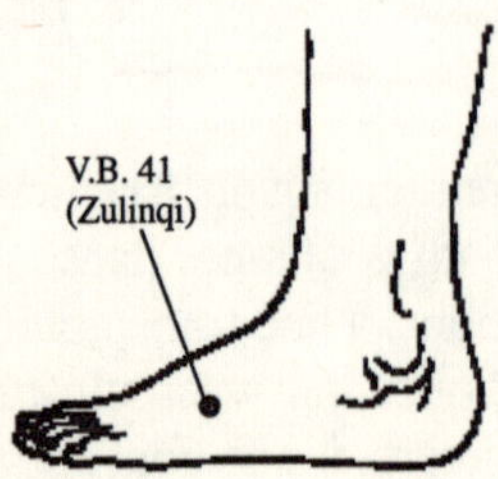

12. Le méridien « Foie » ou « F. » (méridien Yin)

Le foie possède de multiples fonctions. Il intervient, entre autres, dans le processus de la digestion, il filtre le sang, il veille au développement et à la santé des muscles, des ongles et des yeux.

Un foie malade entraîne, outre des douleurs au niveau du foie, des maux de tête, de la fatigue oculaire, des tensions au niveau des

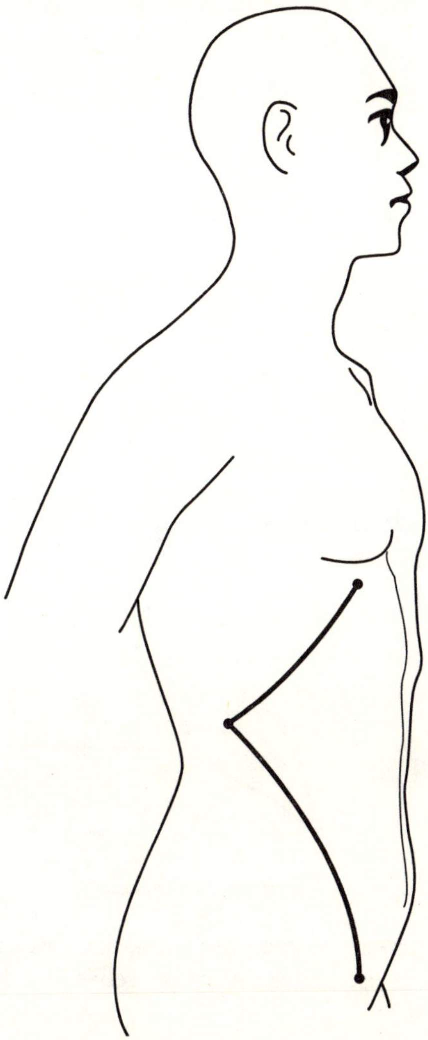

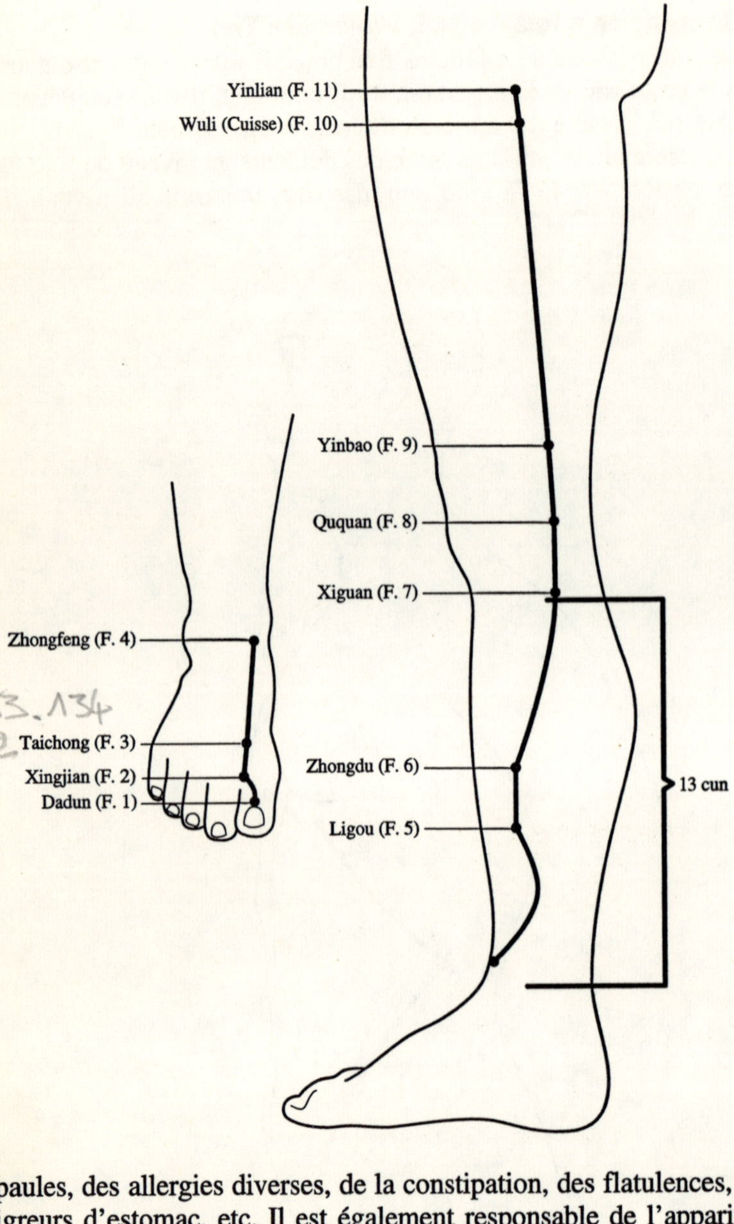

épaules, des allergies diverses, de la constipation, des flatulences, des aigreurs d'estomac, etc. Il est également responsable de l'apparition de rides entre les sourcils.

Sur le plan psychologique, un déséquilibre du foie incite à la colère, à l'agressivité et à la dépression. Il crée de la confusion mentale, porte à l'ironie, à l'ennui, à l'impulsivité, etc.

Voici les points que vous utiliserez sur ce méridien :

F. 2 (Foie 2, Xingjian) – Remontez d'un demi-travers de doigt depuis la commissure du premier et du deuxième orteil.

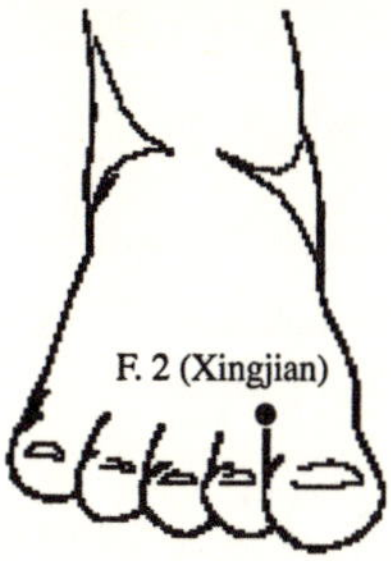

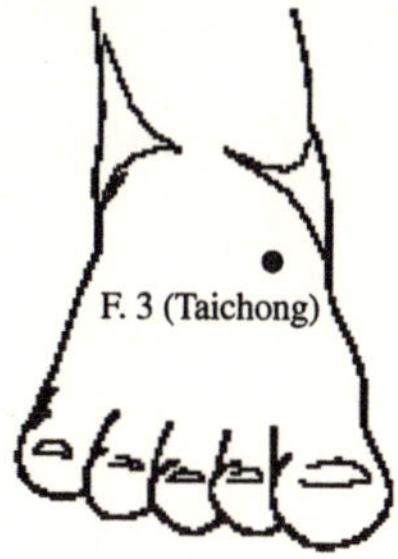

F. 3 (Foie 3, Taichong) – A deux travers de doigt au-dessus de la commissure des premier et deuxième orteils.

F. 8 (Foie 8, Ququan) – Dans la cavité située à l'extrémité interne du pli de flexion du genou.

F. 14 (Foie 14, Qimen) – Sur la ligne verticale passant sur le mamelon, dans l'espace intercostal des sixième et septième côtes.

Le point allergie – au sommet et à l'avant de l'oreille sur le repli cartilagineux.

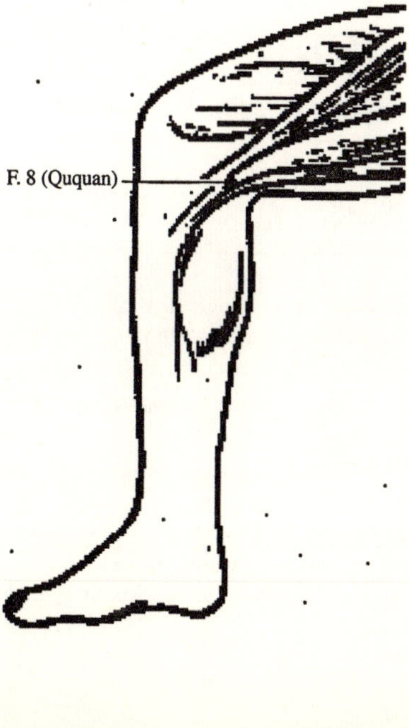

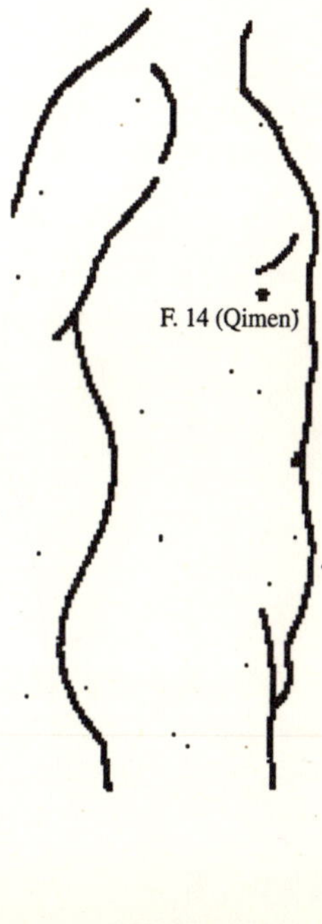

B. LES DEUX MÉRIDIENS IMPAIRS

Outre les douze méridiens pairs susmentionnés, la médecine chinoise traditionnelle distingue deux méridiens impairs : le méridien du Vaisseau Gouverneur et le méridien du Vaisseau Conception. Ces deux méridiens – avec le méridien du Maître Cœur et du Triple Réchauffeur – permettent une synthèse des activités physique, mentale et spirituelle.

1. Le méridien « Du Mai » ou « D.M. » (méridien Yang)

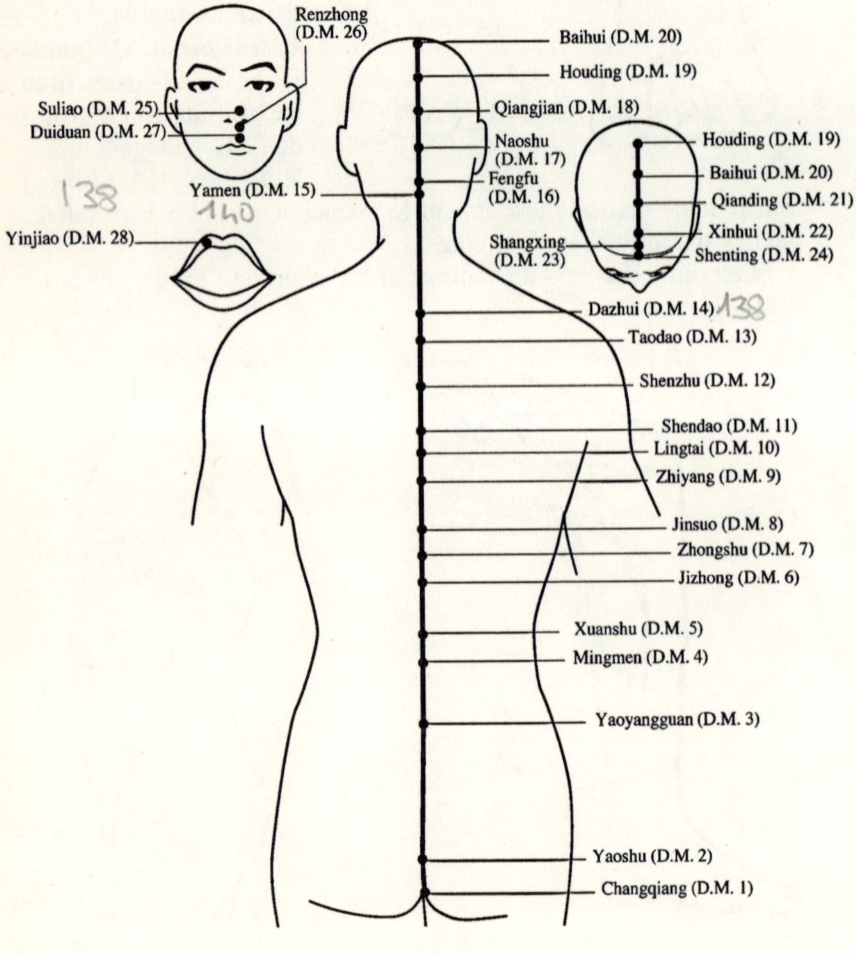

(Ce méridien peut également être appelé « Vaisseau Gouverneur » ou « V.G. ».)

Voici les points que vous utiliserez sur ce méridien :

D.M. 2 (Du Mai 2, Yaoshu) – A la base de la colonne vertébrale, entre la pointe du coccyx et l'anus.

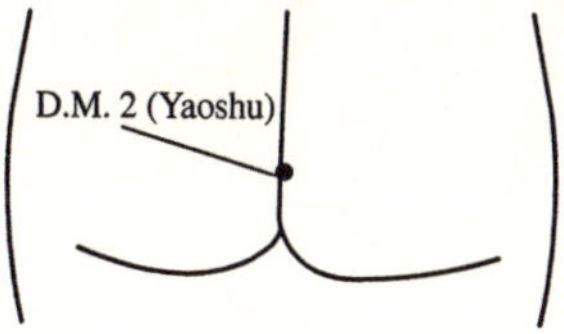

D.M. 4 (Du Mai 4, Mingmen) – A l'extrémité inférieure de la deuxième vertèbre lombaire, sur la ligne horizontale passant par le nombril.

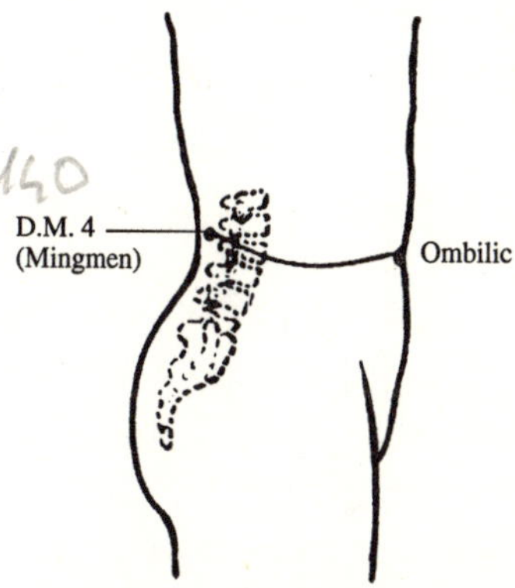

D.M. 14 (Du Mai 14, Dazhui) – Dans le creux sous la septième vertèbre cervicale. Cette vertèbre fait saillie en haut du dos lorsque la tête est penchée vers l'avant.

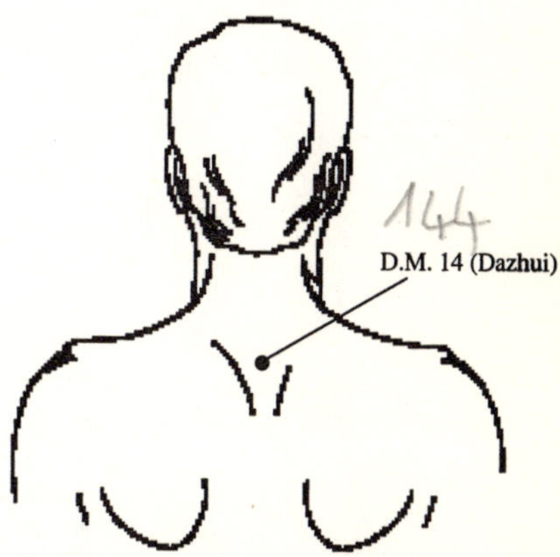

D.M. 15 (Du Mai 15, Yamen) – En dessous de l'os du crâne, sur la ligne médiane.

D.M. 20 (Du Mai 20, Baihui) – Au sommet du crâne.

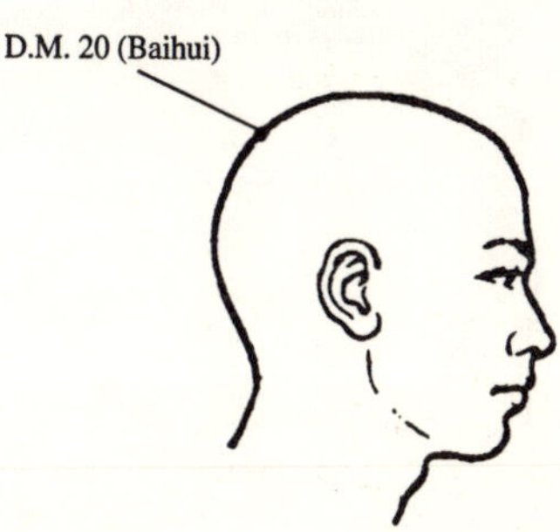

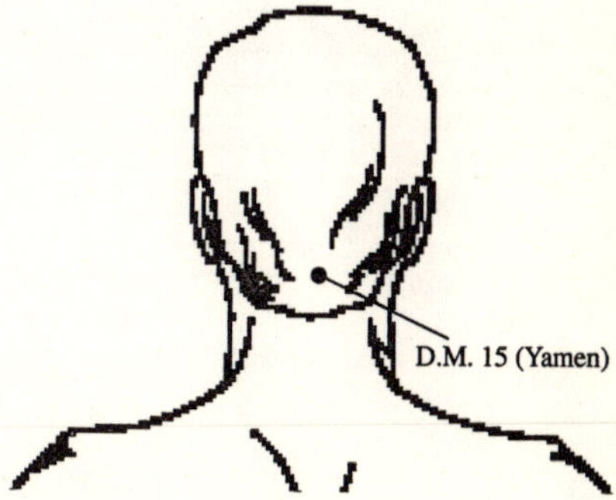

D.M. 26 (Du Mai 26, Renzhong) – A la base de la cloison cartilagineuse qui sépare les deux narines.

D.M. 27 (Du Mai 27, Duiduan) – Au milieu du sillon entre la base du nez et le bord de la lèvre supérieure.

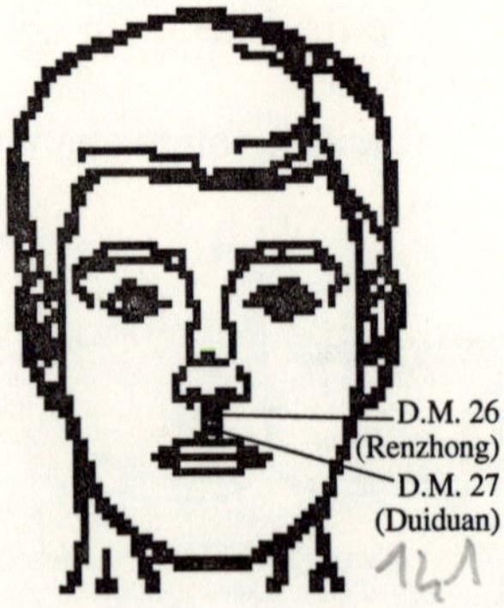

2. Le méridien « Ren Mai » ou « R.M. » (méridien Yin)

(Ce méridien peut également être appelé « Vaisseau Conception » ou « V.C. ».)

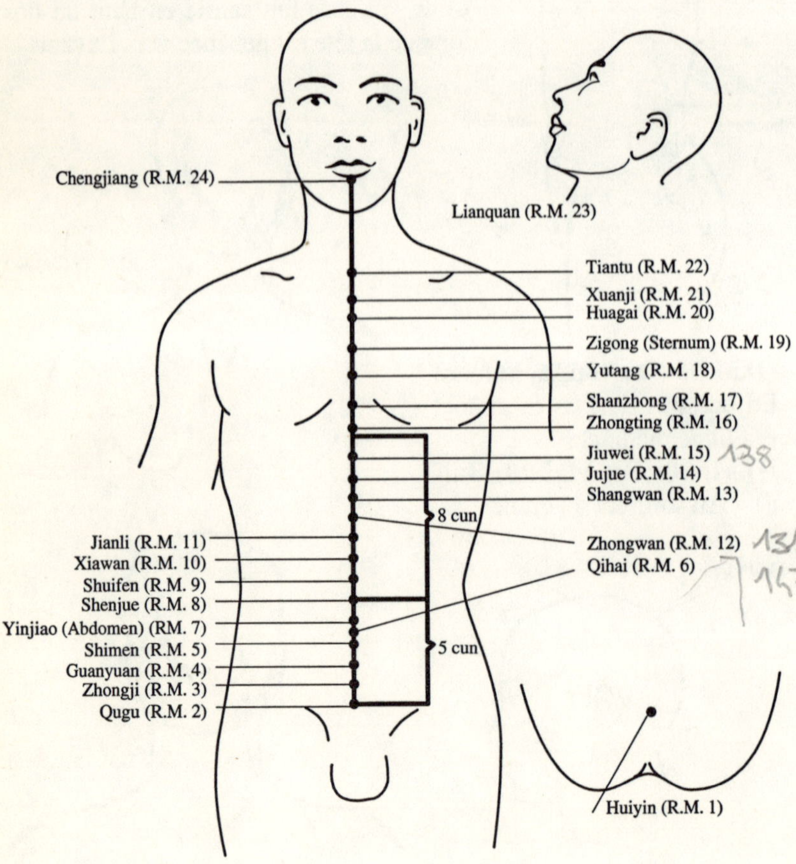

Voici les points que vous utiliserez sur ce méridien :

R.M. 2 (Ren Mai 2, Qugu) – Au milieu du bord supérieur de l'os pubien.

R.M. 6 (Ren Mai 6, Qihai) – Deux travers de doigt en dessous du nombril.

R.M. 12 (Ren Mai 12, Zhongwan) – A mi-distance entre le nombril et la base du sternum.

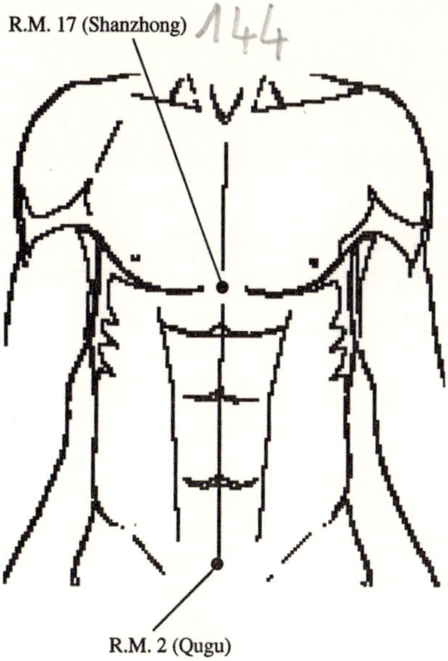

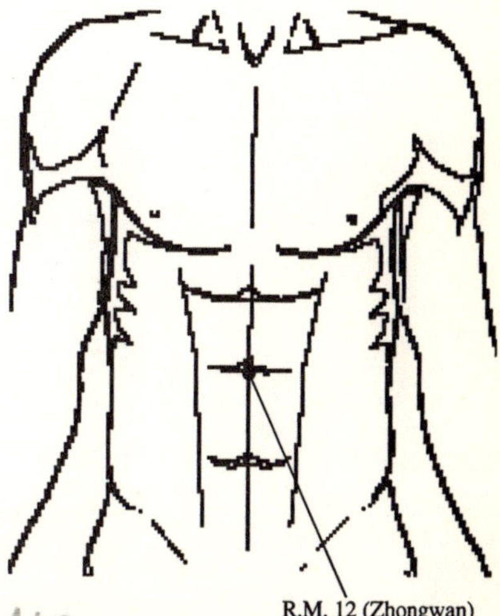

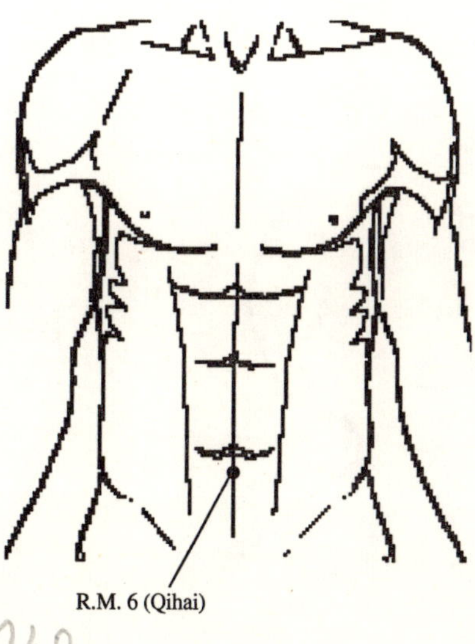

R.M. 17 (Ren Mai 17, Shanzhong) – Sur une ligne horizontale entre les deux mamelons, au milieu du sternum. Pour repérer ce point, les femmes doivent être couchées. En position debout, les mamelons peuvent descendre un peu.

R.M. 22 (Ren Mai 22, Tiantu) – Dans la dépression juste au-dessus du sternum.

R.M. 23 (Ren Mai 23, Lianquan) – Au-dessus de la pomme d'Adam, à la rencontre du cou et du plancher de la bouche.

Vous êtes maintenant prêt à aborder le lexique médical. Pour chacune des entrées, vous trouverez :

* une description sommaire des causes et des symptômes de la maladie ;

* les points d'acupression qui en favorisent la guérison ;

* enfin, quelques trucs de santé très efficaces malgré leur grande simplicité.

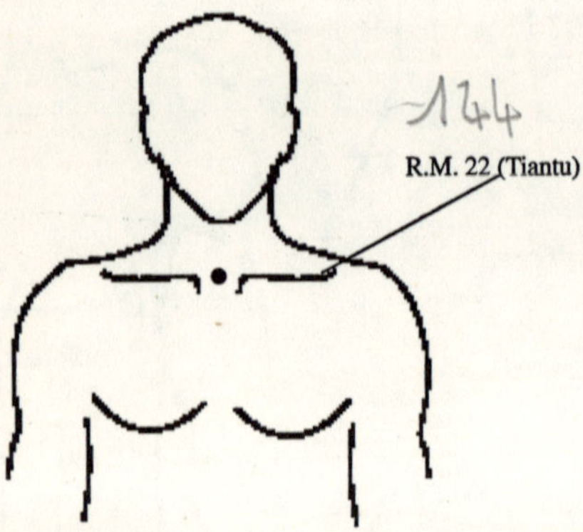

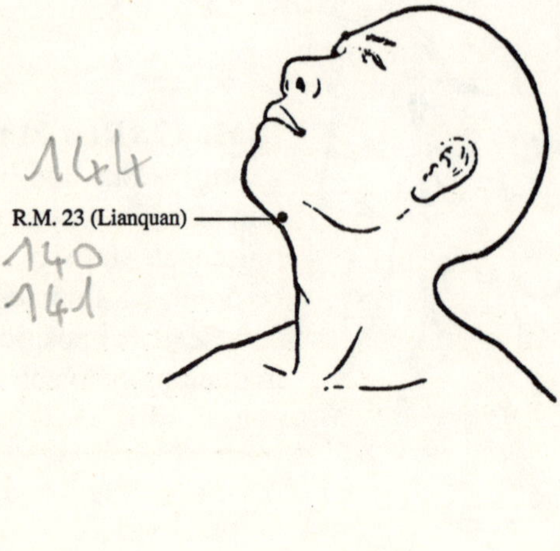

RAPPEL : TECHNIQUES DE BASE DU DO-IN

1. La tonification

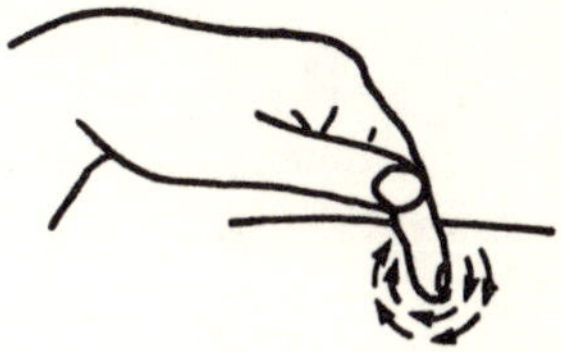

• Pour tonifier un point, vous appuyez par pressions rapides et énergiques en décrivant des rotations centripètes dans le même sens que celui des aiguilles d'une montre.

• Les tonifications ont pour but de :
– stimuler la circulation sanguine ;
– augmenter le tonus musculaire ;
– fortifier les organes internes et le système immunitaire ;
– accroître les sécrétions glandulaires ;
– favoriser l'élimination des toxines ;
– renforcer l'énergie physique, psychique et intellectuelle.

2. La dispersion

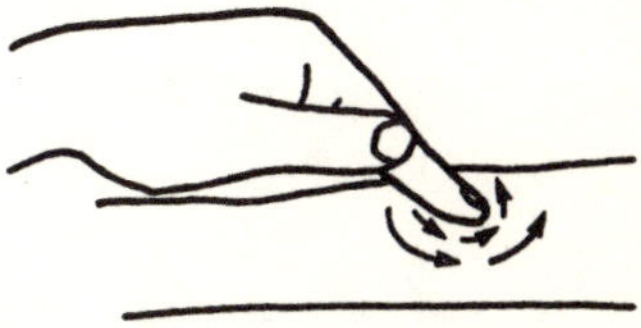

• Pour disperser un point, vous appuyez par pressions lentes et profondes en décrivant des rotations centrifuges contraires à celle des aiguilles d'une montre.

• Les dispersions ont pour but de :
– remettre en circulation l'énergie bloquée dans un méridien ;
– favoriser la détente physique ou psychique ainsi que le sommeil ;
– calmer les émotions violentes ;
– calmer la douleur physique.

3. Le massage

• Dans bien des cas, je vous indique tout simplement de « masser » un point, sans plus de précisions. C'est alors à vous de déterminer la façon de travailler qui vous convient le mieux.

• En guise de référence, souvenez-vous que la pression peut provoquer une légère douleur, mais elle ne doit jamais entraîner une réaction de défense du corps. Si les muscles se tendent par besoin de protection, c'est que vous appuyez trop fortement ou que vous insistez

LEXIQUE D'AUTOGUÉRISON

A

ACIDITÉ STOMACALE

L'acidité stomacale se manifeste par des sensations de brûlure au niveau de l'œsophage. Elle résulte d'un déséquilibre acido-basique de l'organisme. Bien que l'hérédité prédispose à ce déséquilibre, d'autres facteurs entrent également en jeu. Le stress, l'alimentation et certaines fluctuations hormonales dues à la grossesse et aux menstruations peuvent aussi modifier votre équilibre acido-basique.

Traitement

• Massez les points R.M. 12, R. 2 et P. 7.

• Massez le bord inférieur des côtes de part et d'autre de la base du sternum. Vous y sentirez quelques points particulièrement sensibles :

– deux points à 1 centimètre et demi de la ligne médiane tout près du sternum ;

– deux autres à trois travers de doigt de cette même ligne.

• Pour les régurgitations acides, travaillez le point V.B. 34.

Autres mesures

• Pour rétablir votre équilibre acido-basique, vous devez adopter une alimentation plus alcaline. Les amandes, les pommes de terre et le chou sont particulièrement indiqués.

En revanche, il est préférable que vous consommiez avec modération les fruits, le sucre, les viandes rouges, l'alcool et les boissons contenant de la caféine.

• Evitez également les repas lourds. Mieux vaut prendre plusieurs petits repas que deux ou trois repas importants.

ACNÉ, COMÉDONS

Les peaux acnéiques sont souvent l'indice d'un mauvais fonctionnement des reins, du foie et, dans une moindre mesure, des poumons.

Lorsque ces organes ne suffisent plus à évacuer les toxines du corps, c'est alors la peau qui s'en charge. Celle-ci devient grasse, ce qui favorise l'accumulation d'impuretés qui finissent par bloquer les pores de la peau. Les follicules, ces petites cellules à la base des poils, s'infectent et des boutons apparaissent.

Chez les adolescents, l'acné est principalement causée par un changement hormonal. Elle disparaît généralement au bout d'un an ou deux.

Traitement

• Dispersez le point V. 60.

• Tonifiez les points G.I. 4 et F. 3.

• Massez le point qui se trouve juste au milieu du pli antérieur du poignet.

Autres mesures

• Attention aux aliments qui épuisent le foie : les sucres, les corps gras et l'alcool. Buvez votre litre d'eau tous les jours et respirez à fond.

• Prenez le temps de vous relaxer. Surtout lorsque vous traversez des périodes stressantes. Le stress exerce une influence importante sur l'acné.

AÉROPHAGIE

L'aérophagie est la déglutition d'air dans l'œsophage ou dans l'estomac. Elle se manifeste souvent suite à un repas avalé à la hâte. L'air se mêle alors à la nourriture mal mastiquée. Il pénètre ainsi dans l'estomac puis provoque des gargouillements et des renvois désagréables, quoique sans gravité.

Chez les nourrissons, l'aérophagie est très fréquente. C'est pourquoi il est toujours nécessaire de faire roter bébé après la tétée.

Traitement

Massez les mêmes points que pour l'acidité stomacale en insistant sur ceux qui sont plus sensibles.

Autres mesures

• Mangez plus lentement et mastiquez bien vos aliments.
• Evitez de boire durant les repas.

ALCOOLISME

L'alcool conduit souvent à des abus qui n'ont rien à voir avec la douce ivresse libératrice de Dionysos. Les maux de tête, les nausées et les vomissements se chargent alors de nous rappeler qu'avec l'alcool « il vaut mieux savoir jusqu'où aller trop loin » (pour paraphraser le mot de Jean Cocteau sur les femmes).

Malheureusement, ces inconvénients ne suffisent pas à décourager les gros buveurs, qui récidiveront immanquablement. Les conséquences sociales aussi bien que celles sur la santé de l'individu sont tout simplement catastrophiques.

Traitement

• Pour vous clarifier les idées lorsque vous êtes en état d'ébriété, utilisez l'ongle du pouce pour exercer une bonne pression sur le point V.G. 25, situé exactement sur le bout du nez, ainsi que sur le point M.C. 6 au poignet.

• Pour favoriser la désintoxication du gros intestin, stimulez le point G.I. 20 à la racine des ailes du nez.

• Pour le foie, massez le point F. 3 et le rebord inférieur de la cage thoracique, spécialement l'extrémité des deux dernières côtes à droite et à gauche.

Autres mesures

• En cas d'alcoolisme, une assistance psychologique est généralement nécessaire pour se sortir du marasme.

• Des recherches démontrent qu'un régime alimentaire approprié aide à lutter contre la propension à l'alcoolisme. Un tel régime se compose d'une quantité importante de protéines, de légumes et de fruits, tandis qu'une alimentation à base de sucres raffinés et d'hydrates de carbone exerce un effet contraire.

ALLAITEMENT

Différents problèmes peuvent survenir lors de l'allaitement maternel. La production de lait peut être trop abondante, ce qui rend les seins durs et sensibles, ou, au contraire, trop faible pour bien alimenter le bébé. La fatigue, une mauvaise alimentation, le stress, etc. sont autant de facteurs qui influent sur la production de lait de la mère.

Traitement

• Si vous désirez mettre un terme à l'allaitement ou si vos montées de lait sont trop fortes, travaillez le point R. 6.

• Si votre montée de lait est insuffisante :

– massez profondément la région située entre le milieu du bord interne de l'omoplate et la colonne vertébrale et le point situé au milieu de l'omoplate ;

– massez plus doucement le point R.M. 17 au milieu du sternum au niveau des mamelons ;

– tonifiez le point E. 36 ;

– effectuez un massage rotatif sur toute la surface des seins, afin de dégager les canaux lactifères et de permettre ainsi l'évacuation du lait.

Autres mesures

• Selon une étude américaine [5], si vous prenez 1 gramme et demi d'extrait d'ail deux heures avant d'allaiter votre bébé, ce dernier sera porté à téter plus longuement et il absorbera plus de lait. En plus de parfumer agréablement votre lait – il semblerait que les bébés aiment l'arôme – l'ail diminue les coliques du bébé.

• Les flocons d'avoine ont la réputation d'accroître la production de lait. Il en va de même du houblon. Consommez-le sous forme de bière – sans alcool.

---

[5] Cette étude, qu'ont réalisée des chercheurs du *Monell Chemical Senses Center* à Philadelphie, a été rapportée par Sid Kirchheimer dans *The Doctors Book of Home Remedies*, Editions Rodale, Etats-Unis, 1993, p. 57.

ALLERGIE À LA NOURRITURE

Les symptômes d'une allergie alimentaire sont multiples. Celle-ci peut se manifester par des éternuements, des maux de tête, des sautes d'humeur, une congestion des voies nasales, des vertiges, de la dépression, de la difficulté à vous concentrer, etc.

Si vous constatez qu'une ou plusieurs de ces réactions tendent à se répéter après que vous ayez mangé un aliment donné, vous risquez fort d'être allergique à cet aliment.

Autre signe révélateur, les aliments allergènes créent souvent une dépendance. Vous vous retrouvez donc dans un cercle vicieux. Vous êtes porté à manger un certain aliment qui, en retour, vous rend malade. Parmi les aliments les plus allergènes, on trouve les fruits de mer, les œufs, le blé, le lait, les arachides, le chocolat et la caféine.

Traitement

Massez les points G.I. 4, F. 3 et un troisième se situant juste au milieu du cou-de-pied en avant des malléoles externe et interne entre les deux tendons.

Autres mesures

• Tentez d'identifier l'aliment ou les aliments auxquels vous êtes allergique et faites-les disparaître de votre assiette.

• Fortifiez votre système immunitaire par une alimentation et un mode de vie équilibrés.

ALLERGIE RESPIRATOIRE

Voir aussi l'article *Rhume des foins*.

Les allergies les plus courantes sont sans doute les allergies au pollen et aux poils de chat. Mais, pour ces allergies comme pour les autres, les causes restent difficiles à cerner. Il semble toutefois qu'un ensemble de facteurs (alimentation déficiente, air vicié, stress, etc.) contribuent à affaiblir le système immunitaire, ce qui ouvre la porte à une multitude de problèmes de nature allergique et autres.

Traitement

• Pour toutes formes d'allergies, massez les points G.I. 4, G.I. 11 et V. 13.

• Si vous avez le nez congestionné, massez de part et d'autre du nez en remontant depuis les ailes jusqu'au coin interne de l'œil. Massez également la région entre le nez et la lèvre supérieure.

Autres mesures

• Autant que faire se peut, éliminez les tapis, les peluches, les fauteuils poussiéreux, etc.

• Plusieurs matériaux de construction contiennent des produits chimiques nocifs pour le système immunitaire. Les plus polluants sont ceux qui produisent des émanations de vapeurs toxiques (panneaux d'agglomérés fabriqués avec de la colle à base de formaldéhyde, mousse d'urée-formol, les matériaux traités aux insecticides et aux fongicides, etc.). Soyez donc attentif à votre environnement.

• Adoptez un régime de vie équilibré : une bonne alimentation, de bons amis, une respiration adéquate, suffisamment de loisirs et de repos.

ALOPÉCIE

Consultez l'article *Calvitie*.

AMPOULE

Les ampoules aux pieds ou aux mains peuvent être gênantes, mais elles restent le plus souvent bénignes. Traitez-les toutefois sans tarder afin d'éviter qu'elles ne s'infectent et pour en activer la cicatrisation.

Traitement

Voici quelques points qui favorisent la régénération tissulaire et qui soulagent la douleur. Comme il est difficile de masser directement la zone affectée, travaillez ces points par correspondance. Pour cela :

• Massez vigoureusement l'endroit qui correspond à l'emplacement de l'ampoule sur le membre opposé. Par exemple, si l'ampoule se situe sur la face externe du petit orteil gauche, massez la face externe du petit orteil droit.

• Massez vigoureusement l'endroit qui correspond à l'ampoule sur l'autre membre du même côté du corps. Par exemple, pour la même ampoule située sur la face externe du petit orteil gauche, massez la face externe du petit doigt gauche.

Autres mesures

• Faites des applications de gel d'Aloe vera ou d'onguent de consoude.

• Pour prévenir les ampoules aux pieds, portez deux paires de chaussettes plutôt qu'une si vous envisagez de faire une longue promenade. Le frottement se fera sur les deux chaussettes plutôt que sur la chaussette et votre pied.

AMYGDALITE

L'amygdalite est une inflammation des petites glandes situées de part et d'autre de la gorge : les amygdales. Plus fréquente chez les jeunes enfants, cette inflammation s'accompagne de symptômes très semblables à ceux de la grippe. Mais, dans le cas d'une amygdalite, le fond de la gorge rougit et enfle, la région du cou et celle située sous la mâchoire deviennent également sensibles au toucher.

Traitement

• Explorez les points sensibles sur le côté du cou, dans et en arrière du muscle sterno-cléido-mastoïdien.

• Massez les points G.I. 4, R. 1 et P. 11, situés à la base externe de l'ongle du pouce.

Autres mesures

• Gargarisez-vous souvent avec des infusions de sauge ou de réglisse.

• Réchauffez la gorge en la frictionnant avec une pommade à l'eucalyptus.

ANÉMIE

L'anémie s'accompagne d'une sensible diminution du taux de globules rouges dans le sang. Les symptômes sont variables : impression de fatigue constante, évanouissement, souffle court, mauvaise concentration, trous de mémoire, etc. Les causes les plus fréquentes sont les carences en fer et en vitamine B12.

Traitement

• Stimulez le point V. 17. Massez en profondeur toute la région qui s'étend de la 7e vertèbre dorsale à l'extrémité inférieure de l'omoplate.

• Tonifiez le point E. 36 et le point R. 6.

• En cas de mononucléose, ajoutez les points G.I. 4, G.I. 11 et M.C. 5.

Autres mesures

• Consultez un bon naturopathe. Il saura vous recommander des suppléments vitaminiques et minéraux pour combler une éventuelle carence alimentaire. Le fer et la vitamine B12 sont à surveiller.

• Ajoutez un filet de jus de citron à vos plats. Grâce à sa richesse en vitamine C, le jus de citron favorise une meilleure absorption du fer.

ANGINE

L'angine est une infection et une inflammation de la gorge qui peut facilement s'étendre aux amygdales et au pharynx si elle n'est pas soignée assez vite. Elle s'accompagne souvent de fièvre et d'une difficulté à avaler.

Traitement

• Massez les mêmes points que pour l'amygdalite, soit les points G.I. 4, R. 1 et P. 11, situés à la base externe de l'ongle du pouce.

• Ajoutez aussi les points D.M. 14 et D.M. 15.

Autres mesures

• Gargarisez-vous plusieurs fois par jour avec de l'eau additionnée de sel de mer non raffiné ou avec des infusions de sauge ou de thym.

• Appliquez des cataplasmes d'argile sur la gorge.

ANGOISSE

Vous êtes pris d'une nervosité incontrôlable à la veille d'un événement important ? Vous vous faites un sang d'encre au sujet de vos finances ? Vous suez d'angoisse lorsque vient le temps de prendre une décision ? Votre cœur bat trop vite et vous tremblez lors de certaines circonstances ?

Voilà autant de symptômes d'angoisse, de stress ou de trac. Bien que certaines de ces manifestations portent parfois à rire, elles sont loin d'être cocasses pour la pauvre victime. Si ces états tendent à se répéter trop souvent, ils méritent que vous y prêtiez attention.

Traitement

• Pour vous sentir plus solide sur vos pieds et mieux enraciné, travaillez les points R. 1 et R. 2. Massez également les vertèbres lombaires au niveau de la taille, et plus particulièrement celle qui se situe à la hauteur du nombril.

• Massez dans le sens des aiguilles d'une montre le point R.M. 15.

• Si vous avez des palpitations cardiaques, massez la région de l'appendice xiphoïde et les points C. 7 et M.C. 6.

• Essayez de localiser la région de votre corps où vous éprouvez une sensation d'angoisse. Le ventre, la poitrine et le cou sont des régions particulièrement propices. Par tâtonnements, trouvez le ou les points les plus sensibles. Massez-les tout en respirant lentement et en profondeur.

Autres mesures

• Si vous souffrez d'angoisse et de stress chroniques, apprenez sans tarder à rire, à vous relaxer et à vous offrir du bon temps. Si vous n'y arrivez pas seul, demandez de l'aide.

• La visualisation est une technique de travail sur soi tout à fait salutaire pour surmonter l'angoisse ou la peur.

ANOREXIE

Il faut distinguer deux formes d'anorexie. Une première forme, plus courante et plus passagère, est souvent liée au stress. La personne perd l'appétit pour quelque temps et les choses reviennent ensuite à la normale.

La deuxième forme, l'anorexie nerveuse, est plus pathologique. Elle peut se manifester par une perte de l'appétit, mais aussi par un refus systématique de s'alimenter. Cette forme d'anorexie, plus fréquente chez les jeunes filles, alterne souvent avec des périodes de boulimie durant lesquelles la personne mangera de façon excessive.

Traitement

• Pour un manque d'appétit passager, stimulez les points E. 36, R.M. 12 et le milieu du cou-de-pied.

• Quand il s'agit d'un manque d'appétit grave ou d'un refus délibéré de se nourrir suivi d'un affaiblissement général, travaillez le nombril et la région avoisinante (deux travers de doigt tout autour), ainsi que les points D.M. 4, E. 30, R.M. 6, R. 1 et R. 2. Ce sont les points fondamentaux de l'énergie vitale.

Autres mesures

En cas d'anorexie nerveuse, ayez recours aux services d'un psychologue ou d'un thérapeute qui vous aidera à résoudre les difficultés psychologiques sous-jacentes.

APHONIE

Vous ouvrez la bouche pour parler mais aucun son ne sort. Vous avez tout simplement perdu la voix. L'aphonie ou « extinction de voix » résulte souvent d'une inflammation de la gorge, mais aussi d'abus d'alcool, de tabac ou tout simplement... d'avoir crié ou parlé trop fort ou trop longtemps.

Traitement

• Posez l'index de la main droite sur le point R.M. 23 et l'index de la main gauche sur le point D.M. 15. Attendez ainsi quelques minutes. Déplacez la main droite sur le point R.M. 22 et attendez encore quelques minutes.

• Massez le milieu du pli interne du poignet et le point C. 7.

Autres mesures

• Buvez des infusions d'herbe au chantre. Cette plante, qui porte particulièrement bien son nom, exerce une action très positive sur les cordes vocales.

• Evitez de forcer votre voix. Vous ne ferez qu'empirer votre situation.

APHTES

Les aphtes sont de petits ulcères de la bouche sans gravité mais quelque peu embarrassants. Plus fréquents chez les adolescents et les jeunes adultes, ils peuvent être liés à un problème de stress ou de digestion.

Traitement

• Vous pouvez vous aider avec les points R.M. 23 et D.M. 27.

• Massez aussi :

– l'extérieur de la commissure des lèvres ;

– les muscles des mâchoires.

• Si les aphtes tendent à revenir souvent, adoptez une alimentation moins acide.

Autres mesures

• Mastiquez longuement de la propolis d'abeille.

• Faites des bains de bouche avec de l'eau additionnée de jus de citron ou de sel.

ARTÉRIOSCLÉROSE

Voir l'article *Athérosclérose*.

ARTHRITE

Après la grippe et les maux de dos, les maladies articulaires comptent parmi les plus fréquentes. Bien que le mal s'installe souvent dans la deuxième moitié de la vie, il arrive quelquefois que des enfants en soient victimes.

L'arthrite se manifeste souvent de façon sporadique. Elle se caractérise par des inflammations aiguës souvent douloureuses au point d'empêcher tout mouvement impliquant la partie atteinte.

L'arthrite infantile que provoque parfois une poussée de croissance rapide n'est que passagère. Mais, chez les adultes, l'arthrite revêt plus souvent un caractère permanent, surtout si elle s'attaque aux articulations.

Traitement

• En appuyant profondément, dispersez :

– au poignet, les points P. 7, M.C. 6 et M.C. 5 ;

– à la cheville, les points V.B. 38, R. 6, V. 60, V. 62 et R. 2.

• Dans le dos, tonifiez le point situé au niveau de la 1re vertèbre dorsale à un travers et demi de pouce de la ligne médiane.

Autres mesures

• Evitez les aliments acidifiants tels les viandes rouges, les fruits acides (oranges, pamplemousses, citrons, pommes, etc.), le sucre et l'alcool.

• Buvez un litre d'eau tous les jours pour mieux évacuer les toxines du corps.

ARTHROSE

Au début de la maladie, l'arthrosique se sent raide, « rouillé ». Il a l'impression de devoir bouger pour assouplir ses articulations, mais celles-ci ne sont pas forcément douloureuses. Ce n'est qu'au deuxième stade d'évolution que la douleur s'installe peu à peu.

L'arthrose résulte soit :

– de traumatismes (accidents, petits chocs à répétition – dans les sports de compétition par exemple –, mauvaise posture de travail) ;

– d'une irrigation sanguine insuffisante ;

– d'une malformation articulaire ;

– d'un mauvais fonctionnement des glandes ;

– d'une déficience héréditaire, etc.

Traitement

• Massez en profondeur les points Rte 5, V.B. 38 et V. 60.

Autres mesures

• Pour prévenir et soulager l'arthrose du pied, portez des chaussures confortables avec un support pour la voûte plantaire.

• Si vous souffrez d'arthrose dans les hanches ou les genoux, évitez de vous agenouiller ou de vous accroupir. Les prêtres et les ménagères, souvent obligés de s'agenouiller, comptent parmi les principales victimes de maladies articulaires des genoux.

• Pour ménager vos épaules, allégez votre sac à main ou votre porte-documents.

• Pour soulager les articulations de la main, portez des gants molletonnés du côté de la paume de la main lorsque vous manipulez des outils de travail. Recouvrez les manches de vos outils de jardinage de tubes en caoutchouc mousse destinés à l'isolation des tuyaux.

ASTHÉNIE

Voir l'article *Fatigue générale*.

ASTHME

On distingue trois types d'asthme : l'asthme nerveux, l'asthme bronchique et l'asthme cardiaque.

Dans tous les cas, l'asthme se manifeste par une gêne respiratoire accompagnée de troubles de la circulation et d'abondantes sécrétions de mucus.

Les crises d'asthme surviennent souvent la nuit. Le malade se réveille avec une sensation d'étouffement qui va en s'accentuant. Cette phase est suivie d'une toux pendant laquelle le malade crache du mucus. La respiration redevient ensuite normale et tout rentre dans l'ordre.

Traitement

• Dans le haut du dos, dispersez les points V.13 et D.M. 14.

• En haut de la poitrine, dispersez les points R.M. 17, R.M. 22 et R.M. 23.

• Au poignet, dispersez le point P. 7.

• Massez le point *Allergie* au sommet de l'oreille sur le pli cartilagineux.

Autres mesures

Portez une attention toute spéciale à votre souffle. Une respiration profonde exerce un véritable massage thoracique qui stimule et fortifie les poumons. De plus, ce travail respiratoire contribue à évacuer de grandes quantités de toxines, dont celles qui peuvent déclencher les crises d'asthme. N'oubliez pas que l'asthme est principalement une maladie allergique.

ATHÉROSCLÉROSE

L'athérosclérose se caractérise par la formation de dépôts de gras et de calcium sur la paroi interne des artères. Du coup, ces dernières se durcissent et risquent de se bloquer. L'athérosclérose entraîne donc des risques élevés d'infarctus du myocarde ou d'angine de poitrine.

Traitement

Le rôle des points mentionnés consiste surtout à protéger le cœur.

• Dans le dos, massez soigneusement de part et d'autre des 4e et 5e vertèbres dorsales. Insistez sur les points situés à trois travers de doigt de la ligne médiane.

• Massez le point R.M. 17. Ce point se situe sur la ligne médiane à la hauteur des mamelons quand vous êtes étendu sur le dos.

• Massez également l'extrémité du sternum.

• Au poignet, massez les points C. 7 et M.C. 6, ainsi que le milieu du pli interne du poignet.

• Voyez l'article *Désordres cardiaques* pour vous aider à équilibrer votre pression sanguine.

• Pour aider votre organisme à éliminer de lui-même les toxines et le cholestérol qui s'accumulent dans vos artères :

– massez profondément en arrière du tibia à 6 ou 7 centimètres au-dessus du sommet de la malléole interne ; insistez sur les points douloureux de cette région ;

– stimulez aussi les points E. 36, Rte 6 et G.I. 4 ;

– massez souvent toute la région du pli poplité (creux interne du genou).

Autres mesures

Evitez les principaux facteurs de risque : le tabac, l'alcool, la pilule contraceptive, le manque d'exercice, l'embonpoint, le stress et, bien sûr, les aliments trop riches.

B

BOULIMIE

En psychologie, la boulimie est considérée comme un phénomène compensatoire. Pour combler un manque affectif ou une insécurité profonde, la personne boulimique se jette sur la nourriture et ce, souvent, jusqu'à s'en rendre malade.

Chez certaines personnes, des périodes de boulimie alternent avec des périodes d'anorexie. Il s'agit là d'une double expression d'un même malaise affectif.

La boulimie s'accompagne aussi d'un déséquilibre organique. Un suivi médical reste donc nécessaire dans le traitement de la maladie.

Traitement

• Dispersez le point E. 36 et le point situé au milieu du cou-de-pied. Massez les points R. 2 et R.M. 12.

• Massez longuement le tragus de votre oreille pour calmer les fausses faims et la soif exagérée. Le tragus est le petit bout cartilagineux situé juste en avant de l'oreille dont il protège l'orifice.

Autres mesures

• La boulimie – tout comme l'anorexie psychologique – nécessite le plus souvent l'aide d'un psychologue ou d'un thérapeute.

• Surveillez votre apport en zinc. Selon le Dr Laurie Humphries, de l'Université du Kentucky, « il a été prouvé qu'une déficience en zinc provoque l'anorexie ». Une telle carence atrophie le goût et l'odorat, ce qui entraîne une perte de l'appétit.

BOURDONNEMENTS D'OREILLE (OU ACOUPHÈNES)

Les bourdonnements d'oreille peuvent parfois atteindre une intensité sonore de 80 décibels.

Dans certains cas, une simple irritation du nerf auditif ou un bouchon de cérumen suffit à expliquer les bourdonnements d'oreille. Mais ne négligez pas la possibilité d'une cause plus sérieuse : hypertension, troubles hépatiques, contracture vertébrale, artériosclérose, etc.

Traitement

• Massez le pourtour de l'oreille, en particulier le point I.G. 19, situé devant et au milieu de la partie antérieure du tragus, ainsi que le point T.R. 17, situé derrière et à la base du lobe de l'oreille, entre la mastoïde et l'angle mandibulaire.

• Massez les points M.C. 6 et M.C. 5, situés sur la face extérieure du poignet.

• A la cheville, les points V. 60 et tous les points douloureux que vous pouvez trouver autour de la malléole externe.

• Massez également le point R. 1 sous la plante du pied.

Autre mesure

• Si vos oreilles ont tendance à produire beaucoup de cérumen, appliquez une goutte de jus de citron dans votre oreille une fois par semaine.

BRONCHITE

Comme son nom l'indique, la bronchite est une affection des bronches et en particulier de la muqueuse. La bronchite se déclare souvent à la suite d'un rhume ou d'une grippe. Elle peut être aiguë et passagère, mais aussi chronique. Dans le premier cas, la personne aura des accès de toux grasse, souffrira de fièvre et de douleurs localisées dans le haut de la poitrine.

La bronchite chronique résulte souvent d'une bronchite aiguë mal soignée. Les quintes de toux se manifestent surtout au lever et s'accompagnent d'expectorations.

Traitement

• Stimulez et réchauffez le point V. 13 à deux travers de doigt de la ligne médiane au niveau de la 3e dorsale ainsi que tous les points douloureux dans le haut du dos.

• Tonifiez les points R.M. 12, R.M. 17, R.M. 22 et R.M. 23.

• Pour les bronchites chroniques, dispersez les points P. 7 et V. 13 trois fois par jour. Si vous n'arrivez pas à atteindre le point V. 13, demandez à un proche de le masser pour vous.

Autres mesures

• Appliquez des cataplasmes d'argile tiède sur la poitrine et le haut du dos.

• Buvez du bouillon de poulet, des infusions de thym ou de sauge.

BRÛLURES

Qu'il s'agisse de brûlures thermiques, électriques, chimiques ou par radiation, la gravité des brûlures reste variable. On distingue trois degrés d'intensité.

Dans le cas d'une brûlure du deuxième degré, la peau devient rouge et se couvre de cloques suintantes.

Dans les brûlures du troisième degré, la peau devient blanchâtre ou brune selon le type de brûlure, mais aussi indolore.

Les brûlures du deuxième et du troisième degré nécessitent des soins médicaux.

Dans le cas d'une brûlure du troisième degré, une greffe est indispensable pour remplacer la chair brûlée en profondeur. De plus, les complications sont fréquentes : infection, état de choc, œdème et gêne respiratoire.

Traitement

• Les points proposés exercent un double effet : ils soulagent la douleur et activent la cicatrisation.

• Pour une brûlure située sur un membre, massez les zones anatomiquement correspondantes sur le membre opposé ainsi que l'autre membre du même côté du corps.

Par exemple, si vous vous êtes brûlé le dessus de la cuisse droite, massez :

– le dessus de la cuisse gauche,

– la face antérieure en haut du bras droit.

• Si la brûlure est sur le tronc, massez exactement la même région du côté opposé et la région correspondante sur l'autre face du corps.

Par exemple, pour une brûlure sous le sein gauche, massez sous le sein droit et, dans le dos, la région à la base de l'omoplate gauche.

Autres mesures

Appliquez du gel d'Aloe vera sur la plaie. Vous pouvez vous procurer ce gel dans une boutique diététique, mais si vous possédez cette variété d'aloès à la maison, c'est encore mieux. Il vous suffit alors de couper un bout de branche, d'en extraire le gel et de l'appliquer *au plus vite* sur la brûlure. (Notez que cette plante est surnommée à juste titre la « plante des brûlures », comme l'ont bien démontré plusieurs études américaines.)

C

CALCULS BILIAIRES OU HÉPATIQUES

Les calculs biliaires sont formés par des dépôts minéraux dans le foie. Cette accumulation forme des concrétions qui, si elles grossissent trop, portent atteinte à la santé. La petite pierre ainsi formée peut obstruer le canal biliaire. La bile s'accumule alors dans la vésicule biliaire, donnant lieu à d'intenses crises de douleurs abdominales, des nausées, des vomissements et des accès de fièvre. Les calculs peuvent être éliminés par l'organisme qui les fait « fondre » ou les évacue, mais ce n'est pas toujours le cas. Il faut alors avoir recours à la médecine afin d'éviter des complications plus sérieuses.

Traitement

• Pour faire fondre les calculs ou pour accélérer la guérison après une intervention chirurgicale :

– Tonifiez les points V.B. 34, V.B. 41 et dispersez les points G.I. 4 et E. 36.

– Massez le rebord inférieur de la cage thoracique sur une ligne verticale partant du mamelon et se terminant à l'extrémité des deux côtes flottantes à droite comme à gauche.

• Lors d'une crise aiguë causée par un calcul qui essaie de passer, massez entre les côtes situées sous les mamelons ainsi que la région correspondante dans le dos.

Autre mesure

Les personnes grasses risquent deux fois plus de développer des calculs biliaires que les autres. Le fait de perdre les kilos superflus est donc une bonne mesure préventive. Vous devez cependant opter pour un régime en douceur, car une perte de poids qui dépasse un demi-kilo par semaine provoque l'effet contraire. Elle accroît les risques plutôt qu'elle ne les réduit.

CALCULS DE L'APPAREIL URINAIRE

Tout comme les calculs biliaires, les calculs de l'appareil urinaire sont des formations de minéraux non assimilés par l'organisme. Lorsqu'un calcul atteint une taille suffisante, il bloque les voies urinaires, ce qui provoque une douleur brutale et des plus intenses dans le dos et au niveau des reins. Ces douleurs sont accompagnées d'une difficulté à uriner, de fièvre et de vomissements.

Traitement

• Sur le ventre, massez sur deux lignes verticales situées à 10 centimètres de part et d'autre de la ligne médiane.

• Massez les points E. 36 sur la face antérieure du tibia et V. 60 derrière et sous la malléole externe.

Autres mesures

• Buvez beaucoup d'eau. Elle aide à dissoudre et à évacuer les calculs.

• Mangez souvent de la betterave. Ce modeste légume a une action des plus bénéfiques sur la santé de vos reins.

CALVITIE

Il existe différents types de calvitie, dont une qui est héréditaire et pour laquelle l'acupression ne peut guère vous aider. La calvitie (généralement partielle) qui s'installe progressivement sur le tard est, elle aussi, quasi inévitable. Vous pouvez à la rigueur freiner quelque peu ce processus naturel en observant une bonne hygiène de vie.

En revanche, lorsque votre calvitie résulte d'un déséquilibre organique (stress, mauvais fonctionnement du foie, des reins ou des intestins, mauvaise irrigation du cuir chevelu, etc.), l'acupression peut vraiment vous aider. Mais cela n'exclut pas la nécessité d'améliorer vos habitudes de vie.

Traitement

• Le massage régulier du cuir chevelu aide à contrer la perte des cheveux. En détendant le cuir chevelu, il permet une meilleure irrigation sanguine et active la repousse des nouveaux cheveux. De plus, le massage redonne du lustre et de l'éclat aux cheveux déjà en place.

Renversez votre tête vers l'avant, collez le bout des doigts sur le cuir chevelu et effectuez des mouvements circulaires. Vous sentirez alors votre cuir chevelu glisser sur votre boîte crânienne. Insistez particulièrement sur la ligne médiane du crâne, depuis le front jusqu'à la nuque. Après quelques minutes, redressez-vous lentement afin d'éviter les étourdissements.

Répétez l'opération au moins une fois par jour.

• Massez les points V. 40 ainsi que les points D.M. 2 et R. 2.

Autres mesures

• Veillez à ce que votre alimentation vous procure tous les nutriments dont vous avez besoin. Les protéines, les vitamines E et B, la lécithine et la silice sont particulièrement importantes pour la santé de vos cheveux.

• Allez-y doucement avec la brosse et le peigne.

CANCER

Le cancer revêt un si grand nombre de visages qu'il nous est ici impossible de tous vous les décrire. Notons cependant que les nombreuses facettes de cette maladie possèdent toutes un dénominateur commun. Dans toutes les formes de cancer, on retrouve un foyer de cellules pathogènes qui gagne du terrain au détriment des cellules saines. Pour une raison ou une autre, le système immunitaire ne peut plus assurer la protection du corps. Pour toutes les formes de cancer, il s'avère donc important de fortifier le système immunitaire.

Traitement

• Pour réveiller la vitalité du corps, tonifiez :

– les points R. 2, R. 1 aux pieds ;

– les points D.M. 4 et V. 23 dans le bas du dos ;

– le point R.M. 6 dans le bas-ventre.

• Massez les points correspondants à l'organe atteint. Par exemple, s'il s'agit d'un cancer des poumons, référez-vous aux articles consacrés aux désordres pulmonaires et traitez les mêmes points.

Autres mesures

• Repensez votre mode de vie. Vous connaissez les grands coupables : la cigarette, l'abus d'alcool, une carence alimentaire, le manque d'exercice, le stress, etc. Ne pas négliger non plus : les facteurs psychologiques tels que la tristesse, l'aigreur, la résignation et toutes les autres émotions mal vécues.

• Apprenez à vivre en harmonie avec vous-même et votre entourage. Toute une littérature médicale montre bien que les pensées négatives, la haine et l'amertume finissent vraiment par miner la santé.

CELLULITE

La cellulite est nettement plus fréquente chez les femmes, à cause de la plus grande quantité de tissus adipeux dont celles-ci sont pourvues. Ces cellules grasses qui capitonnent volontiers les fesses et les membres inférieurs ont tendance à emprisonner l'eau, ce qui provoque l'apparition de placards cellulitiques.

Quoique sans danger, la cellulite peut devenir parfois très sensible – surtout pour l'ego féminin.

Traitement

• La pratique régulière du Do-In est une aide précieuse pour la prévention de la cellulite. Elle régularise le fonctionnement des glandes qui veillent à la bonne santé des tissus.

• Dans les cas où la cellulite serait déjà implantée, effectuez des massages par pressions modérées et soutenues sur le trajet des méridiens suivants : estomac, vésicule biliaire, rate, foie, de même que sur celui de la vessie.

Pour connaître la trajectoire de ces méridiens, référez-vous à l'illustration ci-contre. Les flèches indiquent le sens dans lequel vous devez

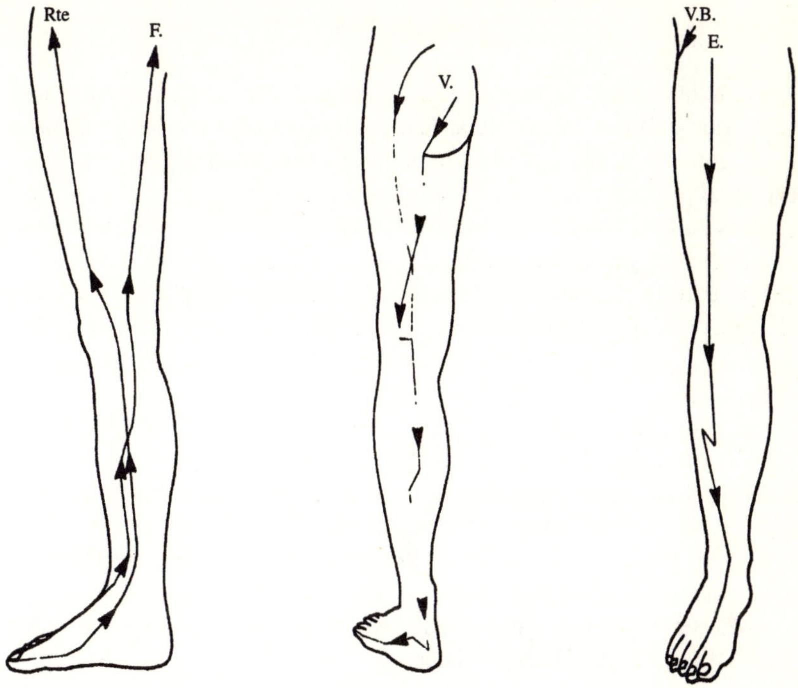

Jambe droite
Face interne

Jambe gauche
Face postérieure

Jambe droite
Face antérieure

effectuer les massages. Pratiquez ces massages tous les jours durant une quinzaine de minutes.

Autres mesures

• Certains types de cellulite peuvent disparaître en même temps que les kilos superflus. Si vous comptez sur l'exercice pour faire fondre vos réserves – ce qui est une excellente idée –, vous devez vous entraîner durant au moins vingt minutes à chaque séance. Ce n'est qu'après ce délai que le corps commence à puiser son énergie dans les tissus adipeux.

• Adoptez une alimentation saine, dépourvue d'additifs chimiques, de fritures et de sucres raffinés.

CIRRHOSE

Maladie du foie, la cirrhose se caractérise par la destruction d'une partie des cellules hépatiques. L'alcoolisme constitue sa principale cause, mais l'exposition répétée à des polluants chimiques est aussi responsable d'un nombre non négligeable de cirrhoses du foie. Les peintres en bâtiment, constamment exposés aux toxines des peintures, font partie des groupes à risque.

La cirrhose peut aussi faire suite à différentes affections des voies biliaires ou à une hépatite virale.

Traitement

• Tonifiez le point F. 3.

• A partir du mamelon, mesurez la largeur d'un travers de main vers le bas et massez le point qui se situe à cette hauteur – entre la 9e et la 10e côte – et à l'aplomb des mamelons. Il s'agit du point F. 14.

• Stimulez la pointe de la 7e vertèbre dorsale. Cette vertèbre se situe à la hauteur de l'angle inférieur de l'omoplate.

• Massez les points situés à une largeur de pouce de part et d'autre des 9e, 10e et 11e vertèbres dorsales.

Autres mesures

• Matin et soir, buvez une tasse d'infusion de gratiole que vous aurez préparée en jetant de 6 à 10 grammes de sommités fleuries dans un litre d'eau bouillante.

• Consultez un(e) diététicien(ne) afin de planifier un régime alimentaire approprié. Les problèmes de cirrhose s'accompagnent souvent de carences vitaminiques et minérales considérables.

COLIQUE HÉPATIQUE

Voyez l'article *Calculs biliaires ou hépatiques*.

COLIQUE NÉPHRÉTIQUE

Voyez l'article *Calculs de l'appareil urinaire*.

CONGESTION DU FOIE

La congestion hépatique donne lieu à une augmentation du volume du foie qui provoque une sensation de lourdeur et une sensibilité de l'organe lorsque vous palpez sur le rebord inférieur des côtes flottantes, du côté droit.

La congestion du foie est souvent causée par des abus alimentaires, et plus particulièrement les abus de matières grasses et d'alcool. La congestion du foie peut également être en rapport avec une insuffisance cardiaque.

Traitement

- Massez le bord inférieur des côtes flottantes en insistant sur les points douloureux. Travaillez aussi les zones intercostales sur la ligne à l'aplomb des mamelons.
- Massez les points D.M. 4, V.B. 41 et F. 3.

Autres mesures

- Si votre congestion est d'origine alimentaire, faites une cure de désintoxication. Mettez l'accent sur les légumes verts. Les artichauts sont particulièrement indiqués.
- Le jus de radis noir est également un bon décongestionnant pour le foie. Avant d'entreprendre une cure, vous avez toutefois avantage à consulter un naturopathe. Un nettoyage trop drastique du foie peut avoir des répercussions négatives sur les reins.

CONGESTION PULMONAIRE

Les congestions pulmonaires se reconnaissent à des bruits incongrus provenant de la poitrine et aux expectorations sanguinolentes qu'entraînent les quintes de toux.

Les congestions pulmonaires sont un important indicateur de troubles cardiaques ou pulmonaires. Elles devraient vous inciter à consulter un médecin.

Traitement

- Pour rééquilibrer les poumons, massez le point P. 1.
- Dispersez les points E. 14, M.C. 6 et P. 7.

Autres mesures

• Appliquez des cataplasmes de lin et de moutarde sur la poitrine ou sur le haut du dos.

• Prenez des bains de pieds chauds additionnés de 150 grammes de moutarde.

CONJONCTIVITE

La conjonctivite est une inflammation de la membrane recouvrant l'œil et la partie intérieure de la paupière, la conjonctive. Cette inflammation, généralement d'origine infectieuse, donne une coloration rouge à votre paupière, provoque une sensation de brûlure et d'irritation, de même que la sécrétion plus ou moins abondante d'un pus jaunâtre qui s'accumule le long de la paupière.

Traitement

• Massez les points G.I. 4, V.B. 20 et F. 3.

• Massez également les points douloureux autour de l'œil sur le rebord de l'os ainsi que l'arcade sourcilière. Insistez sur les points situés à l'extrémité interne et au milieu du sourcil.

• Travaillez les points fondamentaux de l'énergie vitale : R. 1, R. 2, D.M. 4, R.M. 6, E. 30 et R.M. 2.

Autres mesures

• Ne vous frottez pas les yeux afin de ne pas les irriter davantage.

• Pour soulager les démangeaisons, faites des bains d'yeux avec des infusions de plantin ou de camomille.

CONSTIPATION

Bien qu'une constipation passagère n'entraîne pas de graves conséquences, il en va tout autrement de la constipation chronique. A la longue, cette dernière peut engendrer des problèmes sévères. Les selles qui séjournent dans l'intestin se putréfient et intoxiquent le corps. De plus, la constipation occasionne souvent l'apparition d'hémorroïdes.

On distingue plusieurs causes de constipation : faiblesse des muscles abdominaux (lorsque le ventre manque de tonus, les intestins s'affaissent, ce qui entrave leur bon fonctionnement), cancer, tumeur, alimentation désordonnée, stress, grossesse, manque d'exercice, etc.

Traitement

Vous travaillerez les points de façon différente en fonction de la cause de votre constipation.

Si votre constipation est due à la nervosité ou au stress, vous devrez disperser l'énergie à l'endroit des points mentionnés.

Si, au contraire, votre constipation résulte d'une atonie des intestins, d'une difficulté à ressentir les réflexes de défécation, il faut alors tonifier les points.

Si vous ne pouvez pas identifier la cause de la constipation, contentez-vous alors de masser en profondeur, en exerçant une pression continue.

- Deux lignes verticales vont de bas en haut du ventre à une main de part et d'autre de la ligne médiane. Explorez ces deux méridiens d'énergie. Travaillez les points les plus sensibles.
- Massez sur une ligne horizontale qui passe par le nombril. Insistez sur le point E. 14.
- Massez les points G.I. 4, T.R. 5 et le point V. 26 qui, outre celui de la vessie, commande le fonctionnement de tout le gros intestin.

Autres mesures

- Mangez suffisamment de fruits et de légumes. Les pruneaux, la betterave, la rhubarbe sont particulièrement recommandés. Le pop-corn est également laxatif.
- Pour les nourrissons et les jeunes enfants, massez le ventre en exerçant une pression continue dans le sens des aiguilles d'une montre.

CONTUSIONS, LUXATIONS, FOULURES

Toutes ces appellations servent à désigner un traumatisme physique impliquant un déplacement ou un écartement des os.

Les luxations peuvent être occasionnées par un accident ou par la répétition de mouvements traumatisants. Parfois, elles sont d'origine congénitale.

Les symptômes sont la douleur, la déformation de l'articulation et la difficulté à bouger normalement. Dans tous les cas, consultez un médecin qui ordonnera une radiographie afin d'obtenir un diagnostic sûr.

Traitement

L'acupression vous sera très utile pour soulager la douleur et pour activer la guérison. Elle pourrait même diminuer de moitié votre temps de convalescence. Il est donc dans votre intérêt d'effectuer les massages indiqués, et ce même si vous devez suivre un traitement médical.

• Pour connaître les points à travailler, reportez-vous à l'article *Brûlures*. De plus, massez le point V.B. 34.

• A l'endroit où la douleur se fait sentir, massez avec une pression moyenne en dispersion entre deux et trois minutes trois fois par jour jusqu'à ce que la douleur disparaisse.

• Si la blessure affecte une articulation, massez les articulations voisines de celle qui est blessée. Par exemple, si c'est le coude qui a subi une foulure, massez l'épaule et le poignet. Si c'est le poignet, travaillez le coude.

Autres mesures

• Appliquez de la glace immédiatement après le traumatisme pour éviter l'enflure des tissus.

• Appliquez des cataplasmes de consoude (« la plante qui soude »), d'argile froide ou de feuilles de chou froissées. Durant le jour, renouvelez les cataplasmes toutes les deux ou trois heures.

CONVULSIONS

Les convulsions sont souvent provoquées par des crises d'épilepsie, mais elles peuvent aussi survenir en d'autres circonstances. Ainsi, chez les jeunes enfants, la spasmophilie représente une cause importante. Mais, chez les adultes aussi bien que chez les enfants, un coup à la tête, une insolation, un choc électrique, une maladie infectieuse, une piqûre venimeuse, une morsure, etc. sont autant de causes possibles.

Traitement

En attendant les soins d'urgence, travaillez les points suivants. Dans bien des cas, ils suffisent à stopper les convulsions.

• Avec le bout de l'ongle, appuyez fermement sur l'extrémité de chacun des dix doigts ainsi que sur le point V.G. 26 situé à la base de la cloison cartilagineuse qui sépare les deux narines.

Ces pressions aident beaucoup, surtout si la personne est victime de troubles respiratoires ou d'un arrêt cardiaque.

• Massez le point juste à la base du sternum.

• Chez l'enfant, si les convulsions accompagnent une forte poussée de fièvre, massez les points F. 3, G.I. 4 et R. 1.

Autres mesures

• Immergez la personne prise de convulsions dans un bain d'eau tiède additionné de 200 grammes de menthe, de mélisse ou de tilleul.

• Appliquez des compresses de moutarde sur les pieds et les jambes.

COQUELUCHE

En général, la coqueluche crée plus de peur que de mal.

Elle se manifeste par de fortes attaques de toux en « chant de coq » qui se terminent souvent par des vomissements.

Chez les enfants et les rares adultes qui l'attrapent, la maladie suit son cours normal et disparaît le plus souvent sans laisser de séquelles.

En revanche, si c'est un nourrisson qui en est affecté, vous devez consulter un médecin. Les risques sont alors beaucoup plus sérieux.

Traitement

• Travaillez d'abord :

– les points V. 13 et D.M. 14 dans le dos ;

– les points R.M. 23, R.M. 22, P. 2, E. 14 et R.M. 17 dans le haut de la poitrine et dans le cou.

Massez doucement en dispersion plusieurs fois par jour durant environ deux minutes.

• Ajoutez le point P. 7, dans le pli interne du poignet.

Autres mesures

• Mettre l'enfant en quarantaine. La coqueluche est contagieuse durant une période de quatre à six semaines. Si l'enfant a de la fièvre – ce qui est fréquent durant les dix premiers jours – obligez-le à garder le lit. Pendant les quintes de toux, redressez l'enfant afin de faciliter le rejet du mucus.

• Un séjour d'une heure en avion à 2500 mètres d'altitude accélère la guérison du petit malade.

COUPURES ET ÉRAFLURES

Le plus souvent bénignes, les coupures et les éraflures peuvent tout de même être gênantes si elles sont mal situées. Lorsqu'il y a une ou plusieurs coupures et que celles-ci sont profondes ou saignent abondamment, rendez-vous au plus vite dans un centre hospitalier.

Traitement

L'acupression active la cicatrisation et soulage la douleur. Consultez les indications données à l'article *Brûlures* pour connaître les points à traiter.

Autres mesures

• Après avoir nettoyé la plaie à l'eau claire, appliquez une pommade de consoude ou du gel d'Aloe vera. Répétez les applications trois ou quatre fois par jour au moins.

COURBATURES, RAIDEURS MUSCULAIRES

Les raideurs musculaires sont généralement dues à un manque ou à un excès d'exercice, à des tensions nerveuses ou à la maladie. Leur cause détermine quelle(s) partie(s) du corps elles affecteront.

Traitement

• Identifiez d'abord la cause de vos courbatures. Si elles sont liées à une maladie, référez-vous à l'article correspondant afin de connaître les points qui aident à la guérison de cette maladie.

• Pour bien des gens, les zones de prédilection des tensions nerveuses et musculaires sont la nuque et les épaules. Pour soulager ces tensions, massez l'ensemble des muscles dans cette zone. Puis dispersez les points D.M. 15, V.B. 20, V.B. 21, D.M. 14, I.G. 13 et I.G. 9.

• Le plexus solaire est également une zone où le stress tend à s'accumuler. Pour vous soulager, longez le bord inférieur de la cage thoracique en massant doucement les points douloureux que vous rencontrez. Dispersez le point R.M. 12 et tous les points sensibles entre ce point et la base du sternum.

• Les points D.M. 20, D.M. 14, D.M. 2 et V.B. 34 permettent de relâcher la tension nerveuse générale.

• Si la tension nerveuse se transforme en hystérie et provoque des palpitations cardiaques, massez le point C. 7.

• Dans tous les cas, vous pouvez également masser la partie douloureuse pour inciter les muscles à se détendre. Pour décupler l'effet du massage, utilisez une huile additionnée de quelques gouttes d'huile essentielle de lavande ou de camomille.

Autres mesures

• Un bain chaud auquel vous ajoutez quelques gouttes d'huile essentielle de camomille ou de lavande est tout à fait salutaire. Pour augmenter l'effet relaxant, débranchez le téléphone, écoutez une musique apaisante, éclairez-vous à la chandelle et respirez « par le nez ». Résultat garanti.

CRAMPES MUSCULAIRES

La principale victime des crampes musculaires est sans contredit le mollet, comme vous avez certainement déjà dû vous en rendre compte.

Les crampes peuvent notamment survenir à la suite d'un travail intensif du muscle ou résulter d'une circulation sanguine inadéquate. Les tissus mal oxygénés accumulent alors les toxines, ce qui provoque l'apparition de crampes.

Les crampes peuvent également dénoter une carence en calcium, en vitamine B6, en magnésium ou en potassium. A cause des besoins accrus de leur organisme, les femmes enceintes sont plus susceptibles d'entrer dans cette dernière catégorie.

Beaucoup d'autres facteurs expliquent aussi les crampes : souliers à hauts talons, médicaments, vieillissement, etc.

Traitement

• Massez les points G.I. 4, E. 36 et F. 3.

• Lorsque la crampe s'attaque au mollet, étirez la jambe correspondante et tirez la pointe du pied vers vous, tout en poussant le talon en même temps que vous exercez une pression sur le point V. 57.

• Massez les points E. 36, V. 40, R. 6 et V. 60. Durant une à deux minutes, effectuez des massages en dispersion avec une forte pression. La crampe devrait disparaître rapidement.

• Si la crampe survient dans un bras, ce qui est plus rare, massez les points P. 2, I.G. 9, G.I. 11, M.C. 5 et M.C. 6. Procédez comme pour les jambes.

Autres mesures

• Si vous êtes sujet aux crampes :

– aérez bien votre chambre avant votre sommeil et prenez des respirations profondes durant une dizaine de minutes ;

– disposez un coussin rempli de plants de licopode à la base du lit. Vous bénéficierez ainsi d'une double protection. La circulation de vos jambes sera activée par leur position surélevée et par l'action médicinale de la licopode.

• Si vous êtes amateur de jogging ou d'autres « sports du mollet », n'oubliez pas de faire vos étirements avant et après votre pratique.

CYSTITE

Urinez-vous au compte-gouttes ? Ou encore ressentez-vous une grosse envie d'uriner pour finalement constater que rien ne sort ? Ce sont là les symptômes d'une cystite. Mais, de plus, la cystite provoque des douleurs au moment de la miction et l'urine peut contenir du pus ou du sang.

Ces symptômes sont provoqués par une inflammation de la vessie déclenchée par une infection de l'urètre. Pour des raisons anatomiques, la cystite est plus fréquente chez les femmes que chez les hommes. D'une part, l'urètre féminin est plus court, ce qui accélère le passage des bactéries, mais il est également plus susceptible d'entrer en contact avec des matières fécales porteuses de bactéries.

Traitement

• Trois fois par jour, dispersez le point R. 3 durant environ trois minutes en exerçant une pression moyenne. Massez de la même façon le point M.C. 6 au poignet.

• De plus, massez :

– les points Rte 6 et R. 6 à la cheville ;

– les points R.M. 6, Rte 12, E. 30 et R.M. 2. au ventre.

• Enfin, massez doucement le dos et l'arrière des jambes là où la douleur se fait sentir.

Autres mesures

• Pour une cystite aiguë, les antibiotiques ont raison du problème en quelques jours. Mais vous pouvez également avoir recours aux approches « douces ». Elles vous seront particulièrement utiles dans les cas de cystite chronique.

• Afin d'éviter les risques d'infection, changez souvent de sous-vêtements et videz bien votre vessie lorsque vous urinez. Pour les femmes, il est indiqué d'uriner après une relation sexuelle.

• Les femmes doivent également faire attention de ne pas amener de matière fécale près de la vulve lorsqu'elles s'essuient après une selle.

D

DÉSORDRES CARDIAQUES

Les désordres cardiaques figurent au premier rang des maladies modernes. La course folle contre la montre, l'alimentation (riche en matières grasses saturées), le manque d'exercice ainsi que l'usage du tabac sont autant de facteurs qui contribuent au développement des maladies du cœur.

Traitement

• Pour les troubles liés à un excès de cholestérol, demandez à un proche de vous masser le point V. 17 dans le milieu du dos. Ce massage peut s'étendre vers la colonne vertébrale d'un côté et l'extrémité inférieure de l'omoplate de l'autre.

• Le point V. 40 en arrière du genou vous aidera à purifier votre sang. Consultez également l'article *Athérosclérose*.

• En cas d'hypertension artérielle, dispersez les points R. 3 et F. 2 avec la partie charnue du pouce.

• En cas d'hypotension, tonifiez les points C. 9 et P. 9 deux fois par jour durant environ quatre minutes. Pour mieux atteindre les points, utilisez le bout de l'ongle ou la pointe d'un stylo.

• En cas d'arythmie cardiaque, massez le point C. 7 et le pli interne du poignet sur toute sa longueur.

• En cas de crise cardiaque, comme mesure d'urgence ou durant la période de convalescence qui suit une crise, pincez le petit doigt à la base de l'ongle. Tonifiez le point situé dans le creux juste à la base du nez, de même que les points C. 7 et M.C. 6 au poignet et le point R. 1 à la plante du pied.

Autres mesures

• Après une crise cardiaque, le malade doit être réanimé le plus rapidement possible. Si aucune personne qualifiée ne se trouve sur place, transportez le malade dans un centre hospitalier sans tarder. C'est une situation d'urgence.

• Evitez tout ce qui favorise les désordres cardiaques : tabac, stress excessif, alcool, etc.

DÉSORDRES CUTANÉS

Pour soigner votre peau, les pommades appliquées localement ne résoudront pas à elles seules votre problème. En supposant que les pommades sont efficaces, ce qui n'est pas toujours le cas, elles n'éliminent tout au plus que les *symptômes* cutanés. Votre peau aura temporairement une plus belle apparence, mais vous ne serez pas en meilleure santé pour autant.

En fait, l'état de la peau est un bon indice de la santé générale du corps. Aussi, toute forme de désordre cutané devrait-il vous inciter à rechercher d'abord ce qui ne fonctionne pas dans votre organisme.

En plus de soigner votre peau avec des produits de bonne qualité, vous devez donc également soigner ou « entretenir » votre « terrain biologique » avec de bonnes habitudes de vie.

Traitement

• Pour tous les troubles de la peau qui provoquent un échauffement (abcès, zona, brûlures, coups de soleil, allergies de contact avec des produits chimiques), tonifiez le point P. 7.

• Travaillez doucement le point V. 40 au milieu du pli poplité ainsi que les points F. 8, V. 13, G.I. 11 et G.I. 4.

• Pour la couperose, ajoutez le point P. 2.

Autres mesures

• Offrez-vous une nourriture équilibrée, évitez les abus et apprenez à vous détendre.

• Soyez très sélectif pour tous les types de produits que vous appliquez sur votre peau (produits de beauté, insectifuges, crèmes solaires, etc.).

• Prenez garde aux expositions prolongées aux rayons solaires.

DIABÈTE

Le diabète résulte d'une paresse du pancréas. Celui-ci ne produit plus suffisamment d'insuline pour bien métaboliser le taux de sucre dans le sang. Un apport extérieur d'insuline est donc nécessaire. Les symptômes du diabète sont les suivants : prise de poids, perte de cheveux, peau sèche, eczéma, vertiges, fatigue, impression de soif permanente.

Traitement

Stimulez les points G.I. 11 et F. 3.

Bien que l'acupression ne puisse remplacer la prise d'insuline, elle améliore néanmoins le fonctionnement du pancréas.

Autres mesures

• Evitez les sucres – apparents ou cachés – et les aliments gras. Consommez des fibres à chaque repas et mangez des grains entiers plutôt que raffinés. Si vous buvez de l'alcool, ne le faites jamais l'estomac vide et allez-y très modérément.

• Si votre emploi du temps le permet, prenez l'habitude de faire une sieste après le déjeuner. Ou mieux, adonnez-vous à une séance de visualisation d'une quinzaine de minutes. Une étude de l'Université Duke aux Etats-Unis a démontré que la visualisation de scènes apaisantes (plage, océan, palmiers, etc.) après les repas augmente la tolérance au sucre chez les diabétiques.

DIARRHÉE CHRONIQUE OU PASSAGÈRE

La diarrhée se caractérise par des selles trop liquides et trop rapides. Ses causes sont multiples. La diarrhée reste le plus souvent sans gravité mais, parfois, elle est symptomatique d'une maladie grave. De plus, chez les jeunes enfants, la diarrhée peut provoquer un affaiblissement sévère et une déshydratation. Une consultation médicale, surtout pour les bébés et les jeunes enfants, s'avère souvent nécessaire.

Traitement

• Massez le point V. 26. Il aide à régulariser le gros intestin. Dans la même région, massez également les points D.M. 4 et V. 23.

• Plusieurs fois par jour, dispersez les points E. 25, E. 37 et E. 44.

• En cas de fièvre, ajoutez les points G.I. 11 et G.I. 4.

• En cas de vomissements, ajoutez le point M.C. 5 et insistez sur le point R.M. 12.

• En cas de douleurs abdominales, massez les points F. 3 et G.I. 4 aux pieds et aux mains.

Autres mesures

• Pour contrer la déshydratation imputable à la diarrhée, buvez plus de liquide. L'eau de riz et les soupes aux carottes sont tout à fait indiquées.

• Evitez les aliments qui ramollissent les selles (pruneaux, pommes, raisins, rhubarbe, etc.).

DIGESTION (TROUBLES DE LA)

Si une digestion normale exige beaucoup d'énergie de la part de l'organisme, une digestion lente risque vraiment de vous forcer à ralentir vos activités. Une mauvaise digestion peut effectivement entraîner des nausées, des maux de tête, des sueurs froides, des crampes abdominales, des ballonnements, etc., voire même des indigestions.

Les troubles de la digestion peuvent être dus à un excès de table, à un état de stress ou de fatigue excessive ou encore à un empoisonnement alimentaire.

Traitement

• Stimulez les points G.I. 4, E. 36, E. 44, D.M. 22 et Rte 12.

• Avec la partie charnue des pouces, longez – de haut en bas – les sillons de l'axe vertébral en exerçant une bonne pression. Tonifiez le point que vous rencontrez à l'angle que forme la rencontre de l'os iliaque avec la colonne vertébrale, le point V. 26.

• Consultez les articles *Angoisse*, *Nervosité* et ceux concernant la digestion : *Acidité stomacale, Calculs biliaires ou hépatiques, Congestion du foie, Constipation et Diarrhée chronique ou passagère.*

Autres mesures

• Prenez le temps de « décompresser » avant de vous mettre à table et mastiquez bien vos aliments.

• Terminez vos repas avec une tisane digestive : menthe, camomille, tilleul.

DOS (MAUX DE)

Les maux de dos revêtent de nombreuses formes. Qu'il s'agisse de scoliose, de lordose, de hernie discale, etc., les douleurs peuvent devenir fort pénibles. Et, malheureusement, la médecine allopathique doit souvent déclarer forfait devant le mal. Bien qu'il ne soit pas toujours facile d'en cerner la cause exacte, il apparaît évident que le stress, le surmenage et le fait de maintenir une même position durant de longues heures y soient pour beaucoup.

Traitement

• Demandez à un proche de vous masser le dos en insistant sur les points douloureux.

• Aux pieds, massez les points V. 60, R. 1, R. 6, R. 2 et V.B. 41.

• Aux poignets, massez les points M.C. 6, M.C. 5, P. 7 et I.G. 3.

• Terminez en massant le point D.M. 15 à la base du crâne.

• Si vous souffrez d'un mal de dos diagnostiqué de façon précise, référez-vous à l'article correspondant (*Sciatique*, etc.).

• Dans le cas contraire, massez l'arche du pied en profondeur en vous attardant sur les points douloureux.

Autres mesures

• Faites un peu d'exercice tous les jours (aérobic, yoga, tai-chi, etc.), mais en respectant vos limites. Dans bien des cas, cette pratique représente vraiment la meilleure solution.

• Essayez de ne pas vous en « mettre trop sur le dos ». Trop d'obligations et de responsabilités finissent par hypothéquer votre santé.

• Surveillez votre maintien. Consultez la section Position debout au *Chapitre 4*.

DOULEURS AUX SEINS

Outre les montées laiteuses en période d'allaitement, les fluctuations hormonales qui précèdent les menstruations, les kystes, les adénomes et autres pathologies du sein peuvent provoquer des douleurs aux seins.

Traitement

• Sur la poitrine, massez les points E. 14 et R.M. 17. Explorez les espaces intercostaux à la verticale des mamelons et dispersez les points sensibles.

• Aux poignets, massez les points C. 7, M.C. 6, P. 7 et, aux pieds, les points F. 3 et V.B. 41.

• Demandez à un proche de disperser le point situé au milieu de l'omoplate, point qui devrait être particulièrement sensible.

Autres mesures

• Une fois par mois, entre le cinquième et le dixième jour suivant le début des règles, palpez minutieusement toute la surface de vos seins afin d'y déceler des bosses ou des inégalités suspectes. Dès que vous notez la présence d'une anomalie au toucher, parlez-en à votre médecin.

• Choisissez un soutien-gorge qui offre un bon maintien sans toutefois comprimer ni vos seins ni votre cage thoracique.

• Evitez le café, le thé, le chocolat et le coca-cola. Ces produits contiennent une substance, appelée méthylanxthine, qui favorise la formation de kystes.

DOULEURS MENSTRUELLES

Une femme sur trois connaît des menstruations douloureuses. Les douleurs peuvent survenir dans les jours qui précèdent la période menstruelle ou durant les deux premiers jours des menstruations. Ces douleurs, localisées dans le bas-ventre et dans la région lombaire, s'accompagnent souvent de malaises supplémentaires, tels maux de tête, fatigue, état dépressif, nausées, insomnie, etc.

Dans certains cas, ces divers maux seront provoqués par de l'endométriose, par la formation d'un kyste ou d'une tumeur ovarienne, d'une salpingite ou même d'un cancer. Si vos menstruations s'accompagnent de douleurs importantes, vous devez donc consulter votre médecin.

Traitement

• Un massage dans la région du sacrum apporte souvent un soulagement instantané. Massez aussi le bas-ventre en vous attardant aux points R.M. 6, Rte 12, E. 30 et R.M. 2.

• Au niveau de la taille, massez les points D.M. 4 et V. 23.

• Aux chevilles, massez les points V. 60, Rte 6, R. 6 et R. 2.

• Pour diminuer un flot menstruel trop important, tonifiez le point V.B. 15.

• Pour les malaises associés aux menstruations (nervosité, maux de tête, etc.), massez les points indiqués à l'article correspondant.

Autres mesures

• Pour soulager les crampes trop douloureuses, recherchez la chaleur. Gardez vos pieds au chaud, appliquez des compresses chaudes sur le bas-ventre et buvez des infusions de sauge, de framboisier ou d'achillée. Ces trois plantes sont réputées pour leur action bienfaisante sur les organes génitaux de la femme.

DOULEURS OSSEUSES

Consultez les articles *Arthrite*, *Ostéoporose* et *Rhumatisme*.

E

ECZÉMA

L'eczéma est la plus fréquente des affections cutanées. Comme il est souvent d'origine héréditaire, il a tendance à récidiver tout au long de la vie. Il peut apparaître sur toutes les régions du corps. La partie affectée devient rouge, enfle légèrement et se couvre d'un prurit plus ou moins important. L'eczéma provoque des démangeaisons dont l'intensité va de pair avec la gravité du mal.

Traitement

• Rapportez-vous à l'article *Désordres cutanés* et traitez les points qui y sont indiqués.

• Massez aussi les points F. 3, G.I. 11 et G.I. 4.

Autres mesures

• Evitez de vous exposer à des matières allergènes telles que les vernis, le nickel, le ciment, etc. La chaleur, le soleil et le froid peuvent aussi être des éléments déclencheurs.

• Portez des vêtements de fibres naturelles et nettoyez-les avec un savon doux.

• Attention au surmenage. Trop de préoccupations, la fatigue et le stress favorisent les crises.

ÉJACULATION PRÉCOCE

Consultez l'article *Sexualité (Dysfonctions de la)*.

EMPHYSÈME PULMONAIRE

L'emphysème pulmonaire est une maladie chronique caractérisée par une infiltration de l'air dans le tissu pulmonaire. L'emphysème atteint principalement les hommes de plus de 50 ans.

Cette affection se reconnaît à une inspiration courte et rapide suivie d'une expiration longue, pénible et souvent bruyante, et à des signes d'essoufflement permanents. La cage thoracique d'un emphysémateux prend une proportion volumineuse en forme de baril.

Traitement

• Stimulez les points P. 7, M.C. 6, V. 13 et E. 36.

Autres mesures

• Adonnez-vous régulièrement à une séance de respiration. Cette gymnastique respiratoire est indispensable pour entretenir la musculature pulmonaire et drainer les sécrétions.

• Evitez les atmosphères polluées et le tabac.

ÉNURÉSIE

Ce sont le plus souvent les enfants qui ont tendance à faire pipi au lit. Chez les adultes, cette affection est évidemment plus rare. Mais, que ce soit chez les enfants ou chez l'adulte, les causes sont souvent similaires. L'énurésie peut être liée à une faiblesse de la vessie, à une lésion de l'appareil urinaire ou à une trop grande excitabilité du système nerveux pelvien. L'énurésie peut également être en relation avec des troubles affectifs, surtout dans les cas d'énurésie secondaire (c'est-à-dire lorsque l'enfant *recommence* à faire pipi au lit).

Traitement

• Massez de part et d'autre de la colonne vertébrale depuis les dernières côtes jusqu'au niveau de la ceinture. Massez également le sacrum et le coccyx.

• Dispersez les points E. 36, V.C. 4 et Rte 6.

• Lorsque les « pipis au lit » sont liés à des troubles affectifs, travaillez le point D.M. 20 au sommet de la tête et le point F. 3 sur le dessus du pied.

• Si les pipis surviennent durant les rêves, massez le point C. 7.

Effectuez tous ces massages deux ou trois fois par jour, vers la fin de l'après-midi et en soirée.

Autres mesures

• Lorsque l'énurésie tend à se perpétuer, consultez un médecin afin d'établir un diagnostic.

• Si le médecin ne découvre aucune cause physique, vous pouvez en déduire que l'énurésie de votre enfant dépend de facteurs psychoaffectifs. Aidez alors votre enfant à résoudre le conflit qui le pousse à agir ainsi. Amenez-le à prendre la responsabilité de son problème. Demandez-lui de marquer sur un calendrier les jours où il n'a pas mouillé son lit et récompensez-le pour ses succès.

ÉTAT D'ÉBRIÉTÉ

Consultez l'article *Alcoolisme*.

ÉTAT DE CHOC

Les états de choc sont déclenchés par un événement particulièrement traumatisant d'ordre physique (hémorragie, accident, déshydratation majeure, etc.) ou affectif (perte d'un être cher, etc.). La personne affectée accuse une baisse soudaine de la pression artérielle. Son organisme est ainsi plus ou moins privé d'oxygène selon le cas. Un état de choc violent peut même entraîner la mort.

Traitement

• Avec l'ongle du pouce, pressez fortement sur les points D.M. 2 juste à la base du nez, R. 1 sous le pied et C. 9 à l'angle intérieur de l'ongle du petit doigt.

• Massez également les points C. 7 et M.C. 6 afin de régulariser les battements cardiaques.

Autres mesures

• Demandez du secours ou transportez la personne affectée dans un centre hospitalier. C'est sans doute une question de vie ou de mort.

ÉTOUFFEMENT

Les étouffements (que ce soit par l'ingestion d'une arête ou de tout autre objet) peuvent être fatals. En présence d'une personne qui étouffe, vous devez donc réagir au plus vite.

Traitement

Avant de masser les points recommandés, appliquez immédiatement les mesures d'urgence mentionnées à la section *Autres mesures*.

Puis, quand l'objet a été rejeté :

• massez les points M.C. 6, P. 7 et M.C. 5 aux poignets ;

• tonifiez les points R.M. 23, R.M. 22, P. 2 sur le cou et la poitrine ;

• dispersez les points D.M. 15, D.M. 14 et V. 13 dans le dos.

Autres mesures

Dans les cas d'étouffement sans gravité, la victime tentera elle-même de se libérer par des haut-le-cœur et une toux spontanée. Elle peut cependant s'aider en se compressant l'abdomen contre un dossier de chaise ou le rebord d'une table.

Le mieux que vous puissiez faire alors est de « ne rien faire ».

En revanche, s'il s'agit d'un étouffement plus sérieux avec des suffocations et une impossibilité de parler, appelez immédiatement du secours. En attendant, procédez comme suit :

• S'il s'agit d'un bébé ou d'un enfant de moins de 1 an, posez-le à plat ventre sur votre cuisse, la tête plus basse que le tronc. Pour les enfants plus âgés, suspendez-le la tête en bas en le retenant avec un bras passé sous le bassin. S'il s'agit d'un adulte, faites-le se pencher vers l'avant avec ou sans appui selon qu'il est conscient ou pas. La tête doit toujours être plus basse que le tronc.

• Dans tous les cas susmentionnés, tapez ensuite à quatre reprises entre les omoplates, avec des coups secs. Puis retournez la personne en lui maintenant toujours la tête en bas. Avec le talon de la main, faites alors quatre pressions consécutives sur la partie molle à la base du sternum.

• Si l'objet n'a pas été évacué et que la personne ne respire toujours pas, pratiquez la respiration artificielle.

• Répétez ce cycle jusqu'à ce que la respiration revienne ou que le secours arrive.

Attention ! Si la respiration redevient normale mais que l'objet n'a pas été rejeté, c'est qu'il est parvenu aux poumons. Il faut alors consulter un médecin. Une lésion et/ou une infection sont alors à craindre.

EXTRÉMITÉS FROIDES

Les extrémités froides sont associées à un excès de Yin. L'énergie Yang, plus près du soleil, de l'action et de la chaleur, est, quant à elle, insuffisante. Il n'est donc pas étonnant que les femmes soient en général un peu plus frileuses que les hommes. Mais d'autres facteurs peuvent également intervenir : le stress, l'anxiété, la prise de certains médicaments, les abus de tabac, de café ou d'alcool et tous les troubles de santé qui nuisent à la circulation sanguine.

Traitement

• Vous pouvez bien sûr vous frotter les mains l'une contre l'autre. Ce geste tout à fait instinctif active la circulation sanguine locale. De plus, vous avez la possibilité de masser les points P. 2, I.G. 9 et C. 7.

• Pour réchauffer les pieds froids, massez les points Rte 12, V. 40 et R. 2.

Autres mesures

• Pour améliorer votre circulation sanguine, ajoutez quelques gouttes d'huile essentielle de sauge sclarée, de romarin ou de fleur d'oranger à l'eau (chaude) de votre bain. Terminez votre bain par une douche froide.

• Marchez dans la rosée du matin.

F

FATIGUE GÉNÉRALE (ASTHÉNIE)

Que ce soit à la suite d'une maladie, d'une poussée de croissance rapide (chez l'adolescent par exemple) ou encore à la suite d'un surmenage physique, affectif ou intellectuel, les états de fatigue générale se traduisent toujours de la même façon. La personne affectée n'a plus le goût de faire quoi que ce soit. Elle n'a plus aucune force et n'aspire qu'à s'affaler dans un fauteuil ou à dormir.

Traitement

• Tonifiez les points E. 36, T.R. 5 et R.M. 6.

• En cas de dépression, tonifiez également les points R. 1, R. 2, D.M. 4 et V. 23.

Autres mesures

• C'est le moment idéal pour vous offrir un séjour santé dans un centre approprié, des vacances, etc.

• Optez pour une alimentation riche en protéines.

• Une cure de ginseng vous fera le plus grand bien.

FÉBRILITÉ

La fébrilité est un état de surexcitation nerveuse plus ou moins déstabilisante. Disons que, lorsque vous vous sentez fébrile, vous avez cette impression que le moindre coup de vent pourrait vous emporter. Vous avez donc besoin de « prendre racine » plus profondément dans le sol de votre vie. C'est-à-dire retrouver votre centre de gravité existentiel (voyez ce qui est dit sur le hara au *Chapitre 6*).

Consultez également les articles *Angoisse* et *Nervosité.*

Traitement

• Aux pieds, massez les points R. 2 et R. 1 et, aux poignets, les points C. 7, M.C. 6 et M.C. 5.

Autres mesures

• Reportez-vous à la section *Comment fortifier votre hara grâce à la respiration.*

• Evitez les stimulants alimentaires : thé, café, coca-cola, chocolat, etc.

FIÈVRE

La fièvre est, en soi, tout à fait salutaire. C'est une soupape de sécurité indispensable lorsqu'il y a un foyer d'infection dans le corps. Il est donc bon, dans une certaine mesure, de laisser libre cours à ce processus physique.

Toutefois, puisque la fièvre est symptomatique d'un désordre organique sous-jacent, vous devez identifier ce problème puis y remédier par la médecine classique ou alternative.

Lorsque la fièvre devient excessive, elle comporte des risques et peut même entraîner la mort. Dans de telles situations, il est essentiel de faire baisser la fièvre en attendant les soins médicaux.

Traitement

• Massez en dispersion les points G.I. 11, G.I. 4 au bras et à la main. Demandez à un proche de masser le point D.M. 14 dans le dos au-dessus de la 1re vertèbre cervicale. Ces points aident à faire descendre une fièvre excessive.

• Massez de chaque côté de la pomme d'Adam. Vous stimulerez ainsi la glande thyroïde et celle-ci régularisera la température de votre corps.

• A la gorge, massez encore les points R.M. 23 et R.M. 22. Aux poignets, le point C. 7 et, à la base du sternum, le point D.M. 15.

Autres mesures

• Buvez beaucoup de liquide. Les limonades maison préparées avec du citron frais et sucrées au jus d'ananas ou de poire sont riches en vitamine C. Parmi les tisanes bénéfiques, vous avez le choix entre l'eucalyptus, la sauge, le thym, le romarin, la camomille, la verveine et l'églantier.

• Appliquez des compresses d'eau froide sur le front et la nuque.

FLATULENCES

Parfois drôles, souvent embarrassantes, les flatulences sont d'abord et avant tout un signe de mauvaise digestion. Lorsque les aliments sont mal assimilés par l'organisme, ils donnent lieu à une fermentation qui produit des gaz « explosifs ».

Par ailleurs, l'air que vous avalez en mangeant ou en buvant doit également être évacué. Si ce n'est par des rots, ce sera forcément par des flatulences.

Consultez également les articles *Constipation, Diarrhée chronique ou passagère* et *Gastro-entérite*.

Traitement

• Massez les points D.M. 4 et V. 23 dans le dos.

• Aux jambes, massez les points E. 36 et Rte 6.

Autres mesures

• Evitez les aliments et les boissons les plus susceptibles de provoquer des gaz : les légumes de la famille des choux, les navets, les fèves, la bière, le seigle, etc.

• Si vous vous sentez ballonné, les plantes dites carminatives vous aideront à éliminer les gaz intestinaux. Parmi ces plantes, on retrouve l'angélique, l'aneth, l'anis, le basilic, la camomille allemande, la cardamome, le céleri, la chicorée, etc.

G

GANGLIONS LYMPHATIQUES

Les ganglions lymphatiques sont de petites bosses de la grosseur approximative d'un pois qui se forment le long des vaisseaux lymphatiques. Ceux-ci ont pour but de filtrer les particules étrangères véhiculées par la lymphe.

Bien que les ganglions ne soient pas douloureux, vous feriez bien de consulter un médecin, qui pourra en faire l'ablation au besoin, mais surtout déterminer la cause de leur présence.

Traitement

• Aux poignets, massez les points M.C. 6 et M.C. 5. A la cheville, les points R. 6 et V. 60. Demandez à un proche de masser simultanément les points F. 3 au pied et G.I. 4 à la main. Tous ces points aideront à désintoxiquer votre corps et, ce faisant, à lutter contre les infections.

• A la jambe, massez les points E. 36, Rte 6 et V. 40.

Autres mesures

Fortifiez votre système immunitaire en adoptant de bonnes habitudes de vie : alimentation adéquate, exercices, relaxation, respirations profondes, etc.

GASTRO-ENTÉRITE

Inflammation simultanée de la muqueuse de l'estomac et de l'intestin, la gastro-entérite se reconnaît à un ou plusieurs des symptômes suivants : crampes abdominales, nausées, vomissements et diarrhée.

Parfois légère, la gastro-entérite peut aussi prendre une tournure plus sévère. Elle est le plus souvent provoquée par un virus, une bactérie ou par l'ingestion de toxines provenant de l'eau ou de la nourriture.

Traitement

• Deux fois par jour, tonifiez les points E. 16 et Rte 6.

• Réchauffez les points R.M. 12, E. 25, R.M. 6., R.M. 15, Rte 4 et E. 45.

Autres mesures

• Recherchez la cause de l'inflammation afin d'éliminer les substances irritantes s'il y a lieu.

• Si les diarrhées sont abondantes, adoptez une alimentation liquide afin d'éviter une déshydratation. Ce point est particulièrement important pour les bébés et les jeunes enfants. Un litre d'eau chaude additionnée de deux cuillères à soupe de miel et d'une demi-cuillère à café de sel de mer non raffiné constitue un mélange tout à fait adapté.

GOUTTE

Comme toutes les maladies de type arthritique, la goutte se caractérise par un excès d'acide urique dans les tissus ou les articulations. La goutte, qui affecte surtout les hommes – vingt fois plus souvent que les femmes –, donne parfois lieu à des douleurs très intenses et souvent localisées dans les gros orteils.

Traitement

• Dispersez les points V. 60 et E. 41 ainsi que les quatre points situés à la commissure des orteils.

• Massez souvent vos pieds afin de leur procurer votre chaleur bienfaisante.

Autres mesures

• Evitez les aliments acidifiants : agrumes, sucre, alcool, fritures, café, etc. L'alimentation a un rôle important dans le traitement des maladies arthritiques.

• Prenez des bains chauds additionnés d'infusions de consoude ou d'ortie.

GRIPPE

La grippe est une maladie virale généralement bénigne, mais qui, à l'occasion, peut devenir assez dévastatrice. Au début du XXe siècle, une épidémie de grippe espagnole fit plus de victimes que la Première Guerre mondiale.

La grippe commence souvent par un simple rhume auquel peuvent s'ajouter différents malaises : courbatures, maux de tête, fièvre, douleurs musculaires et troubles respiratoires.

Consultez les articles *Maux de tête, Diarrhée chronique ou passagère* et *Fièvre.*

Traitement

• Vous massez les points D.M. 15 et V.B. 20 ainsi que la limite arrière du crâne jusqu'à l'articulation de la mâchoire.

• Aux bras et aux poignets, massez les points G.I. 11, M.C. 5, G.I. 4, M.C. 6 et P. 7.

Autres mesures

• Avec des soins appropriés incluant du repos, une diète liquide pour vidanger les intestins et de la vitamine C, vous pouvez généralement reprendre vos activités au bout de quelques jours.

GROSSESSE

La grossesse n'est évidemment pas une maladie. En revanche, elle fait souvent ressortir beaucoup de petits problèmes : maux de dos, constipation, circulation sanguine réduite, surcharge du foie, fatigue, etc.

Tous ces problèmes peuvent être considérablement réduits si vous pratiquez régulièrement le Do-In et le massage spécifique de deux principaux points.

Consultez les articles correspondant aux malaises que vous éprouvez. Exemples : *Nausées, Constipation, Dos (Maux de)*, etc.

Traitement

• Pour un bon déroulement de la grossesse et la santé du fœtus, dispersez les points C. 3 et M.C. 6.

• Durant toute la période de la grossesse, évitez de stimuler les points G.I. 4 et V. 67. En revanche, au moment de l'accouchement, la stimulation de ces points aide au bon déroulement du travail.

Autres mesures

• Une alimentation bien équilibrée est fondamentale pour la santé de la femme enceinte et celle de son bébé. Surveillez particulièrement votre apport en calcium, en fer, en zinc et en vitamines du complexe B.

• De fréquentes séances de relaxation, l'habitude de bien respirer et un peu d'exercice tous les jours vous feront le plus grand bien.

H

HÉMORROÏDES

Les hémorroïdes résultent de la stagnation du sang dans les petites veines qui irriguent l'anus et le rectum. Elles sont souvent dues à la constipation, à l'embonpoint ou à la grossesse. En cas de constipation, l'effort obligatoire pour évacuer les selles provoque la dilatation de petites veines qui, lorsqu'elles atteignent une taille plus importante, font saillie hors de l'anus. Elles donnent lieu à des démangeaisons avec ou sans saignements ainsi qu'à des fissures anales.

Traitement

• Consacrez quinze minutes par jour au massage suivant :

1. En commençant au niveau du talon d'Achille, massez simultanément la ligne médiane à l'arrière des deux jambes. Vous passez donc au milieu du mollet. Vous continuez derrière le genou (à cette hauteur, insistez sur le point V. 40). Puis vous remontez la cuisse pour enfin vous arrêter au pli de la fesse.

2. Dispersez ensuite les points Rte 6 et F. 2.

3. Avec le bout des doigts, massez en profondeur toute la région du bas-ventre en mettant l'accent sur la zone au-dessus du pubis, puis des aines. Pour vous faciliter la tâche, fléchissez le tronc vers l'avant. Dans cette position, votre ventre se relâche davantage.

Autres mesures

• Pratiquez régulièrement des contractions des sphincters de l'anus. Sur une inspiration, vous contractez les muscles du rectum et de l'anus. Vous maintenez la contraction quelques secondes, puis vous relâchez sur l'expiration.

Pratiqués régulièrement durant cinq minutes deux fois par jour, ces exercices régularisent le fonctionnement des intestins et stimulent la circulation sanguine locale.

• Evitez les aliments qui constipent, les kilos en trop et faites suffisamment d'exercice.

HÉPATITE VIRALE DE TYPE A

L'hépatite virale de type A, que l'on nomme également jaunisse, se rencontre surtout chez les enfants. C'est le plus souvent une maladie bénigne, mais elle dure néanmoins environ cinq semaines. Elle s'accompagne d'état de faiblesse, de nausées, de diarrhées, de douleurs abdominales et de fièvre légère.

Traitement

• Massez les points V. 17, D.M. 4 et V. 23 dans le dos.

• Massez le gros orteil en insistant à la base de l'ongle et sur le point F. 3.

• Sur la poitrine, tonifiez le point F. 14. De plus, massez soigneusement tout le rebord inférieur de la cage thoracique.

Autres mesures

• Evitez les aliments qui surchargent le foie : sucre, friture, etc. Privilégiez plutôt les artichauts, les asperges, le céleri, le chou, la laitue, les endives, la chicorée, les pommes, les prunes et les raisins.

• Buvez des décoctions de racines et de feuilles de pissenlit. Cette plante est réputée pour ses bienfaits sur le foie.

HERPÈS 1 ET 2

L'herpès 1 affecte la région buccale tandis que l'herpès 2 atteint la région génitale.

Les irruptions d'herpès peuvent se produire à la suite d'une période de fatigue, à une exposition prolongée au soleil ou à un changement hormonal.

Ces deux types d'herpès comptent au nombre des maladies virales. Après une éruption, le virus entre en latence pour une période variable.

Traitement

• Pour un herpès buccal, massez le point D.M. 27, les commissures des lèvres et le milieu du menton.

• Travaillez simultanément les points R.M. 23 et R.M. 22 d'une main et, de l'autre, les points D.M. 15 et V.B. 20.

• Pour un herpès génital, massez plutôt les points E. 25, R.M. 6, E. 30 et R.M. 2 sur le ventre et, à la base du dos, les points D.M. 4, V. 23 et D.M. 2.

• Pour les deux types d'herpès, dispersez les points V. 40, R. 1, D.M. 20, F. 8, ainsi que le point *Allergie* situé au sommet de l'oreille.

Attention ! Le virus de l'herpès est hautement contagieux. Lors d'un traitement, évitez de transporter le virus sur une autre partie du corps. Outre la bouche et les parties génitales, les *yeux* peuvent également être infectés.

Autres mesures

• Pour l'herpès buccal, l'application de glace dès l'apparition des premiers symptômes fait merveille.

• Pour l'un et l'autre type d'herpès, la consommation d'ail frais ou en capsules aide à lutter contre le virus.

HOQUET

Le hoquet est provoqué par une contraction involontaire du diaphragme et des muscles intercostaux. Si le hoquet devient chronique, suspectez certains problèmes : distension stomacale, problème cardiaque, urémie, pleurésie, etc.

Traitement

• Dans le dos, dispersez les points situés de part et d'autre de la 7e vertèbre dorsale au niveau de l'extrémité inférieure de l'omoplate. Dispersez également les points situés à l'extrémité inférieure de chaque omoplate.

• Dispersez les points R.M. 12, R.M. 15, R.M. 21 et R.M. 22.
• Terminez en dispersant le point G.I. 4 à la base du pouce.

Autres mesures

• Mastiquez bien vos aliments et évitez les boissons gazeuses.
• Avalez à sec une cuillère à café de sucre. Il s'agit d'un truc déjà mentionné dans le très sérieux *New England Journal of Medicine*.

HYGROMA

L'hygroma est une accumulation de liquide sous-cutané se situant à proximité d'une articulation ou sur une zone d'appui ou de frottement. La grosseur de la bosse ainsi formée varie de la taille d'une noisette à celle d'une noix de Grenoble.

Traitement

• Consultez les articles *Brûlures, Contusions, luxations, foulures* et *Arthrite*.
• De plus, massez les points V. 60, R. 6 et M.C. 6.

Autres mesures

Appliquez des cataplasmes de consoude, de chou ou d'argile sur la zone affectée.

HYPERACTIVITÉ

L'enfant hyperactif est un enfant au comportement agité et chaotique qui ne peut se concentrer sur quoi que ce soit.

S'il apparaît évident que les perturbations affectives conduisent parfois l'enfant à un comportement débridé, les causes physiologiques restent plus nébuleuses. On croit néanmoins que les allergies alimentaires y seraient pour quelque chose.

Consultez également l'article *Allergie à la nourriture*.

Traitement

• Aux poignets, dispersez les points C. 7 et M.C. 5. En partant du pli du poignet, massez en remontant vers le coude sur une longueur de deux largeurs de pouce. Tonifiez le point M.C. 6.

• Aux pieds, tonifiez le point R. 6 et dispersez le point V. 60. Massez soigneusement les points R. 2 et R. 1.

Autres mesures

• Le massage peut être un excellent moyen de tranquilliser l'enfant, mais vous devrez manifester suffisamment de patience pour apprivoiser ce dernier. Lorsque vous effectuez le massage, faites de votre mieux pour créer une atmosphère qui invite à la détente.

• Veillez à ce que l'enfant reçoive une alimentation équilibrée et épargnez-lui les situations traumatisantes autant que faire se peut.

HYPERTENSION ARTÉRIELLE

L'hypertension correspond à une pression artérielle trop élevée. Elle est souvent héréditaire, mais les personnes d'âge mûr y sont également plus enclines. Passé les 50 ans, environ une personne sur dix souffre d'hypertension.

Lorsque l'état d'hypertension s'accentue, les symptômes suivants peuvent se manifester : maux de tête – dans la région de l'occiput en particulier –, palpitations, éblouissements, crises d'oppression nocturnes, douleurs thoraciques, etc.

Traitement

• A la cheville, dispersez le point R. 3.

• A un demi-travers de doigt de la commissure du 1er et du 2e orteil, dispersez le point F. 2.

Autres mesures

• Ne salez que très peu vos aliments. Utilisez *uniquement* du sel de mer non raffiné. Si ce n'est pas encore fait, diminuez votre consommation de viande.

• Evitez les stimulants, tels le café, le thé, l'alcool et le tabac, et adonnez-vous régulièrement à des activités apaisantes.

HYPOTENSION ARTÉRIELLE

L'hypotension artérielle se caractérise essentiellement par une faible pression du sang dans les vaisseaux et dans certaines cavités. Elle se manifeste de façon aiguë ou chronique.

En cas d'hypotension aiguë, vous devez absolument consulter votre médecin.

L'hypotension chronique, qui est nettement moins sévère, peut être permanente ou récurrente. Les chutes de pression artérielle provoquent différents malaises tels que vertiges, troubles visuels, accès de faiblesse, etc.

Traitement

Aux poignets, tonifiez le point P. 9 et, sur le coin interne de l'ongle du petit doigt, le point C. 9.

Autres mesures

- Consommez des aliments énergétiques. Si vous ne constatez pas d'amélioration, demandez à votre naturopathe de vous recommander un bon stimulant.
- Faites de l'exercice tous les jours.

I

IMPUISSANCE GÉNITALE

L'impuissance génitale est la difficulté d'obtenir et de maintenir une érection. Dans 50 % des cas, elle peut être causée par des troubles organiques (mauvaise circulation sanguine, intoxications, diabète, fatigue, vieillissement, médication particulière). Dans 20 % des cas, elle résulte de troubles affectifs ou nerveux. Les 30 % de cas restants proviennent d'une combinaison de facteurs physiques et psychologiques.

Dans les thérapies classiques, on ignore le plus souvent l'aspect énergétique de l'impuissance. Pourtant, l'impuissance sexuelle est une des conséquences les plus directes d'un déséquilibre entre les énergies Yin et Yang, plus précisément d'un excès de Yin par rapport au Yang.

Consultez également l'article *Sexualité (Dysfonctions de la).*

Traitement

Tonifiez :

- les points D.M. 4, V. 23 et D.M. 2 dans le bas du dos ;
- les points R.M. 6, Rte 12, E. 30 et R.M. 2 sur le bas-ventre ;
- le point E. 36 à la jambe.

Autres mesures

• Prenez des suppléments de ginseng ou de spiruline. L'avoine est également réputée pour son effet stimulant en cas d'impuissance.

• Pratiquez régulièrement l'« exercice du cerf » (mieux connu en Occident sous le nom d'« exercice de Kegel »). Il s'agit de contracter et de relâcher alternativement le périnée.

Synchronisez les contractions et les relâchements avec votre respiration.

INCONTINENCE

Une femme sur deux souffre d'incontinence urinaire. La majorité d'entre elles souffre d'une incontinence de l'effort. L'effort physique, les éternuements, les fous rires et la course donnent alors lieu à une émission incontrôlée d'urine.

Chez d'autres femmes, l'incontinence se traduit par un besoin fréquent d'uriner, par des mictions impératives ou par des fuites urinaires permanentes.

Il arrive également que l'incontinence soit liée à une pathologie rénale. Les hommes peuvent alors également en être affectés.

Traitement

Les points à traiter sont les mêmes que ceux mentionnés à l'article *Enurésie*.

Autres mesures

• Pour les nombreux cas où l'incontinence est liée à une faiblesse des sphincters vaginaux, la pratique quotidienne de l'exercice du cerf est indispensable. Cet exercice consiste tout simplement à contracter le périnée, comme si vous vouliez retenir une forte envie d'uriner, puis à le relâcher. Pratiquez cet exercice deux fois par jour durant cinq minutes.

• Etant donné que l'accouchement entraîne souvent des problèmes d'incontinence, les femmes enceintes devraient également pratiquer ces exercices tous les jours durant les huit premiers mois de la grossesse.

INDIGESTION

Consultez l'article *Digestion (Troubles de la)*.

INFECTIONS AUX CHAMPIGNONS

Parmi les infections aux champignons, celles qui se localisent dans le vagin sont de loin les plus fréquentes. Le fait de porter des maillots de plage mouillés, des sous-vêtements synthétiques, des jeans trop serrés ou tout autre vêtement qui empêche une bonne circulation d'air autour des organes génitaux crée des conditions idéales à la prolifération des champignons.

Les principaux symptômes sont la présence d'irritations lors des relations sexuelles et des mictions ainsi que des pertes odorantes et granuleuses.

Traitement

• Tonifiez les points :
– E. 25, R.M. 6, Rte 12, E. 30 et R.M. 2 sur le ventre ;
– D.M. 4, V. 23, V. 26 et D.M. 2 dans le dos ;
– Rte 6, R. 6, R. 2 et V. 60 aux pieds ;
– M.C. 6, P. 7 et I.G. 3 aux mains.

Autres mesures

• Aussi souvent que possible, portez des vêtements et sous-vêtements qui permettent à votre corps de respirer. Ne portez que des sous-vêtements en fibres naturelles et de couleur blanche.

• Evitez les produits hygiéniques parfumés ou désodorisants (serviettes hygiéniques, tampons, vaporisateurs, etc.) et le papier hygiénique coloré.

INFECTION DE LA VESSIE

Consultez l'article *Cystite*.

INSOMNIE

Un sommeil réparateur est essentiel à la santé du corps et à l'équilibre psychique. Vous ne pouvez pas vous permettre d'être insomniaque très longtemps sans que ne surviennent des problèmes plus sérieux.

Selon la médecine chinoise, l'insomnie peut être causée par un déséquilibre au niveau du cœur, du foie, de la vésicule biliaire, ou par une paresse des reins.

Traitement

Dispersez :

• les points M.C. 7 et M.C. 6. aux poignets ;

• le point F. 2 aux pieds.

Autres mesures

• La teinture de valériane vient souvent à bout de l'insomnie et, contrairement aux somnifères pharmaceutiques, elle ne crée aucune accoutumance. En revanche, elle est contre-indiquée pour les femmes enceintes.

• Grâce à leurs propriétés sédatives, le tilleul, la camomille et la fleur d'oranger peuvent également vous aider à « tomber » dans les bras de Morphée.

K

KYSTE

Consultez l'article *Polype*.

M

MAUVAISE HALEINE

S'il est désagréable de devoir supporter un collègue à l'haleine fétide, il l'est encore plus de constater l'embarras de son interlocuteur si l'on s'adresse à lui d'un peu trop près. Mais, en plus d'être embarrassante pour tout le monde, la mauvaise haleine dénote certains troubles de la santé. Si vous en êtes victime :

➤ consultez votre dentiste pour un examen (les caries ou les gingivites en sont souvent la cause) ;

➤ demandez à votre médecin de vérifier l'état de santé de vos systèmes gastro-intestinal et pulmonaire.

Traitement

Si ce sont des troubles digestifs qui vous donnent mauvaise haleine, massez les points :

– G.I. 11, G.I. 4, E. 25 et V. 26 pour régulariser les intestins ;
– R.M. 12 et E. 25 pour l'estomac ;
– R. 2 et F. 3 pour le foie et le pancréas.

Autres mesures

Surveillez votre hygiène dentaire de près. Pour cela :

• Brossez-vous soigneusement les dents après chaque repas et avant de vous coucher. Passez le fil dentaire plus souvent.

• Soir et matin, gargarisez-vous avec de l'eau additionnée de sel de mer non raffiné.

• Au moins une fois par semaine, nettoyez votre langue :

– A l'aide d'une cuillère à café renversée, raclez-vous la langue en commençant vers l'arrière de la bouche et en ramenant la cuillère jusqu'à l'avant de la langue.

– Raclez ensuite sur le côté droit jusqu'au côté gauche.

Vous serez sans doute surpris de constater la quantité d'impuretés que votre langue peut accumuler.

MAUX DE TÊTE

Les maux de tête affectent à peu près tout le monde un jour ou l'autre. Et, bien qu'un ou deux analgésiques réussissent souvent à calmer cette douleur, il n'en reste pas moins important de rechercher la véritable cause du mal et de l'enrayer.

La mauvaise digestion et le stress sont souvent responsables des maux de tête ; ceux-ci peuvent aussi dépendre d'une multitude d'autres facteurs : hypertension artérielle, changements hormonaux, allergies, malformations vertébrales, etc.

Consultez également les articles *Grippe, Allergie à la nourriture, Congestion du foie, Constipation, Digestion (Troubles de la)* et *Vue (Troubles de la).*

Traitement

Quand vous en êtes rendu à vouloir vous « taper la tête contre les murs », le Do-In se révèle d'une étonnante efficacité. C'est une véritable « aspirine manuelle ».

• Massez vos pieds en insistant sur les orteils. Veillez au confort de vos pieds et gardez-les au chaud.

• Si la douleur se situe à la nuque, massez les points D.M. 15, V.B. 20, V.B. 21, I.G. 13 et I.G. 9.

• Si la douleur se situe au sommet de la tête, massez les points D.M. 20 et V. 40.

• Si la douleur se situe aux tempes, massez les points G.I. 11, M.C. 5, G.I. 4, V.B. 34, V. 60, V.B. 20, V.B. 21 et V.B. 41.

• Si la douleur se situe au front, massez les points V. 1, M.C. 6, M.C. 5 et G.I. 4.

Autres mesures

• Placez de la glace sur votre tête. C'est un des remèdes les plus simples et les plus efficaces.

• Si votre mal de tête résulte d'une tension de la nuque, posez une bouillotte chaude sur celle-ci.

• Etendez-vous dans une chambre sombre et paisible. Vous avez sans doute déjà remarqué que le bruit et la lumière sont souvent difficiles à supporter lorsqu'on souffre d'un mal de tête.

MÉNOPAUSE

Les changements hormonaux qui caractérisent la ménopause s'effectuent souvent sans problèmes, contrairement à ce que bien des gens pensent. En fait, 80 % des femmes ne ressentent en effet que de légers ennuis (entre autres les fameuses bouffées de chaleur, un des symptômes les plus courants) lors de leur ménopause.

Avec certaines méthodes naturelles comme le Do-In, vous pouvez faciliter considérablement ce « passage » incontournable de votre vie.

Traitement

• Aux pieds, tonifiez les points Rte 2 et F. 2.

• Au ventre, massez les points R.M. 6, Rte 12, E. 30 et R.M. 2.

• Aux mains, massez les points C. 7, M.C. 6, P. 7, M.C. 5 et G.I. 4.

Autres mesures

• Gardez le moral. C'est souvent vers la cinquantaine, alors que les responsabilités familiales diminuent et qu'une certaine sagesse s'installe, que plusieurs femmes se découvrent plein de ressources et de possibilités.

• Si ce n'est déjà fait, adoptez un régime alimentaire à faible teneur en matières grasses.

• Faites un peu d'exercice tous les jours. Le mouvement est indispensable pour lutter contre la dégénérescence osseuse, malheureusement trop courante chez les femmes ménopausées.

N

NAUSÉES

Comme la majorité des gens, vous avez certainement déjà éprouvé cette désagréable impression de haut-le-cœur que provoque la nausée. La grossesse, le transport et l'engorgement du foie en sont les principales causes.

Si votre estomac n'est pas trop fragile, la nausée peut n'être qu'une expérience exceptionnelle. Dans le cas contraire, elle risque de vous dérober un temps précieux en vous enlevant le goût de faire quoi que ce soit.

Traitement

• Dispersez les points M.C. 6 et R.M. 15.

• En cas de vomissements nerveux, massez les points D.M. 20, V. 17 et R.M. 12.

• Si vos nausées ont tendance à durer, vous pouvez vous fabriquer un « bracelet antinausées ». Voici comment faire :

Procurez-vous un ruban de tissu légèrement élastique. Ce ruban doit avoir la longueur de votre tour de poignet plus deux centimètres supplémentaires. Aux extrémités de cette bande, fixez deux carrés de velcro et, au milieu de la bande, un petit bouton légèrement bombé. Ce bouton doit être placé de façon à créer une pression sur le point M.C. 6 lorsque vous portez votre bracelet.

Ce point est en relation directe avec le centre du vomissement dans le cerveau.

Autres mesures

• La médecine chinoise traditionnelle recommande de consommer du gingembre dans les périodes critiques.

• Ajoutez de la levure alimentaire sur vos salades. Un apport en vitamine B6 est souvent efficace pour faire disparaître les nausées.

NERVOSITÉ

Nous avons tous une région donnée de notre corps qui sert de bouc émissaire à nos tensions nerveuses. Et, dans des situations de stress, c'est immanquablement dans cette partie que les tensions s'accumulent.

Survient alors un mal de dos, un mal de tête, un affaiblissement du foie, etc. Tout dépend de la pauvre victime sur qui s'abat le fardeau !

Consultez également les articles *Angoisse* et *Fébrilité*.

Traitement

• Pour soulager le trac, massez le point Rte 6.

• Si vous êtes victime de palpitations nerveuses, massez les points C. 7, M.C. 6, G.I. 4.

• Pour vous aider à mieux dormir, tonifiez le point R. 6 et dispersez le point V. 60.

Autres mesures

• Après avoir identifié vos nœuds de tensions, massez soigneusement la partie concernée. Terminez le massage par une « imposition des mains ». Pour cela, vous placez tout simplement les mains à proximité de la zone traitée et vous faites passer une énergie de guérison à travers celles-ci. Cette technique est d'une grande simplicité, mais elle fonctionne à merveille.

• Vous avez peut-être besoin de transformer certaines conditions de vie. Accordez-vous suffisamment de repos et prenez soin de vos proches. Les relations disharmonieuses drainent beaucoup d'énergie et sont une excellente source de tensions.

O

OBÉSITÉ

Le plus souvent perçue uniquement comme un problème esthétique, l'obésité reste d'abord et avant tout un problème de santé. Et non le moindre. Un excès de poids prédispose à des troubles cardio-vasculaires, hépatiques, vasculaires, rénaux, etc.

L'embonpoint – de même que la maigreur excessive – est directement lié au mauvais fonctionnement de l'organisme. Des études récentes démontrent qu'une activité trop faible de l'hypophyse, de la glande thyroïde, des testicules et des ovaires joue un rôle déterminant sur l'obésité, tandis qu'une trop grande activité de ces glandes produit l'effet contraire.

Traitement

• Dispersez les points V. 65, F. 3 et R. 7.

Autres mesures

• Ajoutez des fèves à votre menu. En plus d'être bourratives, elles sont très pauvres en calories et en matières grasses. Elles remplacent avantageusement les viandes.

• Faites des exercices d'aérobic *modérés* tous les jours après avoir mangé. Les calories ingérées seront alors immédiatement brûlées.

• Buvez de l'eau pour tromper votre faim.

OREILLONS

Le virus ourlien – le virus des oreillons – s'attaque surtout aux enfants d'âge scolaire et il est très contagieux. L'enfant qui souffre des oreillons présente un gonflement des glandes salivaires. D'autres symptômes peuvent également se manifester :

– douleurs d'une intensité variable devant l'oreille ;
– fièvre ;
– maux de tête et de ventre.

Les rares mais graves complications pouvant survenir justifient une visite médicale.

Traitement

• Massez la nuque, le cou et la base du crâne en insistant sur les points D.M. 15 et V.B. 20. Terminez le massage à l'articulation de la mâchoire.

• Massez les points C. 7, M.C. 6, P. 7, V. 60, V.B. 41 et R. 1.

Autres mesures

• Evitez de donner des boissons acides (limonade, jus d'agrumes, etc.) au petit malade, ainsi que des mets épicés. Ces aliments stimulent la salivation et contribuent ainsi à augmenter la douleur.

• Appliquez de la chaleur sur les glandes salivaires pour soulager la douleur.

ORGELET

L'orgelet est une infection localisée dans une des petites glandes responsables de la lubrification de l'œil. D'abord petit, le furoncle grossit, devient rouge et sensible et peut laisser s'écouler le pus qu'il contient.

Traitement

• Massez le point V. 1 de l'œil opposé. Avant et après avoir effectué le massage, lavez-vous bien les mains afin de ne pas transmettre l'infection ailleurs.

• Derrière la tête, massez les deux points situés vis-à-vis des yeux.

• Massez aussi les points suivants :

– V.B. 20, à la nuque ;
– M.C. 5, G.I. 4 et M.C. 6 aux mains ;
– F. 3, V.B. 41 et R. 1 aux pieds ;
– P. 2, E. 14, E. 25, Rte 12, E. 30 et R.M. 2 sur l'avant du corps.

Autres mesures

• Plusieurs fois par jour, appliquez des compresses tièdes et humides sur l'œil affecté pendant une dizaine de minutes. Vous obtiendrez un meilleur effet si vous additionnez du gel d'Aloe vera ou quelques fleurs de camomille à l'eau des compresses.

• Evitez de presser l'orgelet.

OSTÉOPOROSE

La ménopause a une conséquence non négligeable sur le squelette féminin. La chute d'œstrogènes qui se produit vers la cinquantaine combinée à d'autres facteurs (hérédité, mauvaise alimentation, manque d'exercices, etc.) provoque une diminution de la substance osseuse.

C'est ce qu'on appelle l'ostéoporose. Atteints d'ostéoporose, les os deviennent friables et cassants, ce qui entraîne un nombre élevé de fractures souvent difficiles à guérir. Les fractures du bassin sont à cet égard particulièrement redoutables.

Traitement

• Tonifiez les points suivants :

– R. 6, R. 2, R. 1 et V. 60 aux pieds ;

– M.C. 6, P. 7, M.C. 5 et I.G. 3 aux poignets ;

– R.M. 12 et R.M. 6 au ventre ;

– D.M. 4 et V. 23 dans le dos.

• Du bout des doigts, « percutez » l'ensemble du corps, et plus particulièrement les parties osseuses. Ces percussions aident vos os à se fortifier.

• Pour stimuler la glande thyroïde, responsable de la fixation du calcium :

– Tapotez doucement le cou tout autour de la pomme d'Adam en même temps que vous prenez des respirations lentes et profondes par la bouche et la gorge largement ouvertes.

– Tonifiez les points R.M. 22 et R.M. 23.

– Massez les points V.B. 20 et V.B. 21, la colonne cervicale et les muscles qui la longent.

Autres mesures

• Si, après la ménopause, vous ne prenez pas d'œstrogènes de remplacement, votre ration de calcium devrait être de 1500 milligrammes par jour. Mais, dans une optique de prévention, il est fortement recommandé de veiller à un apport suffisant (1000 milligrammes par jour) de calcium dès l'âge de 30 ans. Après cet âge, l'organisme a plus de difficulté à fixer ce minéral si précieux.

• Faites de l'exercice tous les jours. L'exercice même léger aide considérablement le squelette à garder sa force et sa vigueur.

• Avant la ménopause, l'exercice régulier combiné avec un apport suffisant en calcium est la meilleure façon de prévenir l'ostéoporose.

OTITE

L'otite est une infection de l'oreille des plus courantes chez les enfants. Le tympan devient rouge et bombé, tandis que la douleur souvent intense provoque des hurlements que vous ne pouvez ignorer. Consultez votre médecin de famille avant que l'infection ne s'aggrave.

Traitement

Pour soulager la douleur :

– massez derrière le lobe de l'oreille dans la cavité qui se forme lorsque l'on ouvre la bouche ;

– sur les mains, massez les points M.C. 5 et G.I. 4 ;

– sur les pieds, massez les points V. 60, V.B. 41, R. 1, ainsi que le tour des malléoles externes et les dessus de pied au niveau des métatarses.

Autres mesures

La chaleur soulage grandement les maux d'oreilles. Remplissez une bouillotte d'eau chaude, enveloppez-la d'une serviette et utilisez-la comme oreiller.

P

PELLICULES

Une pluie de miniconfettis s'abat-elle sur vos épaules chaque fois que vous vous peignez ? Voilà qui est quelque peu embarrassant. Et si les pellicules sont trop abondantes, elles peuvent même dénoter un problème de psoriasis, un mauvais fonctionnement du système digestif et/ou du foie.

Consultez également l'article *Alopécie*.

Traitement

• Massez votre cuir chevelu tel qu'indiqué dans la séance de Do-In (cf. *Chapitre 5, Exercice 5*), mais avec un peu d'huile d'olive au bout des doigts.

• Massez le pli intérieur du poignet sur toute sa longueur ; à la base du crâne, massez les points D.M. 20, D.M. 15 et V.B. 20 et, dans le dos, le point V. 13.

Autres mesures

• Faites un usage modéré de produits en aérosol, de gel et de mousse.

• Utilisez un shampooing médicalement conçu pour lutter contre les pellicules et rincez bien vos cheveux après chaque lavage.

PERTE DE CHEVEUX

Consultez l'article *Alopécie*.

PERTES DE MÉMOIRE

Bien que les pertes de mémoire se produisent surtout chez les personnes âgées, les personnes plus jeunes peuvent aussi en souffrir, quoique de façon bénigne et passagère dans la plupart des cas. Le phénomène peut accompagner une fatigue extrême, des troubles psychologiques, la grossesse, ou encore compter au nombre des symptômes prémenstruels.

Traitement

• Massez le dessus de vos doigts et de vos orteils. Insistez sur la base et les côtés des ongles, de même que sur l'extrémité des phalanges.

• Massez les points E. 36 et le milieu du cou-de-pied.

• Dans le dos, stimulez les points D.M. 15, D.M. 14 et D.M. 4 et, à la tête, le point D.M. 20.

Autres mesures

• Votre mémoire est un bon miroir de votre santé générale. Si elle vous fait trop souvent défaut, il est sans doute temps de reprendre votre santé en main.

• La mémoire est une faculté qui oublie, certes, mais qui se développe également. Exercez-la en essayant de retenir des noms, des visages, des numéros de téléphone, etc.

• Ecrivez d'abord ce que vous voulez retenir. Vous aurez ensuite plus de facilité à mémoriser l'information.

PHLÉBITE

Les phlébites sont des douleurs – généralement localisées dans les jambes – résultant d'une inflammation ou de la formation d'un caillot dans une veine. Lorsque la douleur persiste, vous devez absolument contacter votre médecin, car il arrive qu'un caillot localisé dans une veine profonde de la jambe puisse provoquer une embolie pulmonaire.

Traitement

• Evitez de masser directement la zone affectée. Vous risquez ainsi de mettre en circulation un caillot de sang qui pourrait se rendre au cœur et provoquerait une embolie.

• Procédez comme pour les brûlures. Massez le membre opposé de celui qui est malade, à l'endroit même de la phlébite. Massez aussi la zone correspondante au niveau des bras.

• Dans le dos, massez les points V. 17 et V. 23 et, à la jambe, les points R. 6 et V.B. 38.

Autres mesures

• Restez en mouvement afin d'assurer une bonne circulation sanguine dans vos jambes. Si votre travail vous oblige à rester assis, évitez de croiser les jambes, faites tourner vos pieds et bouger les orteils, toujours dans le but d'activer votre circulation sanguine.

• Lorsque la phlébite a disparu, prenez l'habitude de surélever vos jambes lorsque vous lisez, lorsque vous regardez la télévision, etc.

PIED D'ATHLÈTE

Le champignon qui donne le pied d'athlète ne se rencontre pas seulement dans les salles publiques. Vous pouvez l'attraper partout, y compris sur le plancher de votre salle de bains. Il lui suffit d'un milieu chaud et humide pour se développer. Le meilleur moyen d'épargner vos pieds consiste à les garder au *sec* où que vous soyez.

Traitement

En médecine chinoise, on considère que le pied d'athlète se développe dans un organisme où l'élément « feu » n'est pas assez fort. Le traitement a donc pour but de réanimer votre feu intérieur.

• Dans le bas du dos, massez les points D.M. 4, V. 23 et V. 26.

• Massez aussi souvent que possible vos pieds et vos mains en insistant dans les espaces entre les doigts.

Autres mesures

• Gardez vos pieds au sec. Si vous avez tendance à transpirer abondamment, changez souvent de chaussettes. Ne portez que des souliers qui permettent une bonne aération.

• Ne portez pas la même paire de chaussures deux jours consécutifs. Celles-ci auront ainsi le temps de sécher à fond. Si vous devez porter les mêmes chaussures deux jours de suite, faites-les sécher au moyen d'un sèche-cheveux.

• Durant la belle saison, marchez pieds nus ou en sandales.

PNEUMONIE

Les pneumonies sont des inflammations pulmonaires provoquées par différents virus ou bactéries. Si vous êtes doté d'un système immunitaire vigoureux, certains de ces virus ou bactéries peuvent séjourner dans vos voies respiratoires sans jamais provoquer d'inflammation. Mais si votre système immunitaire en vient à s'affaiblir, ceux-ci ne tarderont pas à se manifester.

Les symptômes varient en fonction de la bactérie contaminante, mais souvent la personne atteinte se sent fiévreuse, souffre de la toux, éprouve de la difficulté à respirer et ressent des douleurs au niveau de la poitrine. Consultez toujours un médecin.

Traitement

• A la figure et à la gorge, massez les points D.M. 27, R.M. 23 et R.M. 22.

• Au poignet, massez les points C. 7, M.C. 6 et P. 7.

• Massez soigneusement :

– tous les points de la cage thoracique, en insistant sur les points P. 2, E. 14 et R.M. 17 à l'avant ;

– les points V.B. 21, D.M. 14, I.G. 13, I.G. 9, V. 13 et V. 17 dans le dos.

• Massez également les bords inférieur et supérieur des clavicules et les points sensibles le long de la colonne vertébrale.

Autres mesures

• Fortifiez votre système immunitaire : alimentation saine et variée, exercices quotidiens, relaxation, pensées positives, etc.

• En cas de pneumonie, buvez beaucoup de liquide pour éviter la déshydratation.

• Le raifort est une excellente plante pour les poumons. Laissez macérer de 15 à 30 grammes de cette plante dans un litre d'eau préalablement bouillie. Après douze heures, filtrez et buvez deux tasses par jour de la préparation obtenue.

POLYPE

Les polypes sont des tumeurs bénignes qui se logent au niveau des muqueuses naturelles : nez, bouche, intestins, rectum, vagin, col de l'utérus. Selon leur localisation, vous pouvez les voir ou les toucher. Des saignements anormaux peuvent aussi vous révéler la présence d'un polype. Dans bien des cas, les polypes passent toutefois inaperçus.

En médecine chinoise, les polypes, comme toutes les autres formes de tumeurs, indiquent que l'énergie circule mal dans l'endroit affecté.

Traitement

Pour favoriser l'élimination des toxines, massez :

– les points V.B. 34, E. 36, V. 40, V. 60, R. 6, F. 3, V.B. 41 et R. 1 aux pieds et aux jambes ;

– le point G.I. 4 aux mains.

Autres mesures

• Appliquez des cataplasmes d'argile afin d'accélérer le mûrissement du polype.

• S'ils sont facilement accessibles, appliquez de la vitamine E sur les polypes. Dans le cas contraire, prenez la vitamine par voie orale.

PROBLÈMES DE CIRCULATION

Consultez l'article *Phlébite*.

Si vos extrémités ont tendance à rester froides ou que vous souffrez d'irritations nerveuses (impatiences) dans les jambes, massez les coudes, les genoux, les mains et les pieds.

PROBLÈMES DENTAIRES

Les caries, les gingivites, le déchaussement des dents sont autant de problèmes faciles à prévenir si vous consacrez tous les jours un tant soit peu de temps à votre dentition. Vous le savez sans doute aussi bien que votre dentiste. Mais, en plus des brossages réguliers et du fil dentaire, saviez-vous que l'acupression peut vous aider à conserver une bonne dentition ?

Traitement

• Pour garder vos dents en bonne santé mais également pour soulager une rage de dents, massez les points D.M. 27, E. 6, ainsi que le point situé dans le creux sous l'os du maxillaire inférieur, un pouce en avant de l'orifice de l'oreille, et celui situé au centre du menton.

• Massez le lobe de l'oreille en utilisant la pointe arrondie d'un crayon à mine. Insistez sur les endroits douloureux. Si vous êtes sur le fauteuil du dentiste, contentez-vous de masser le lobe de l'oreille entre le pouce et l'index.

• Si l'idée même d'aller chez le dentiste vous terrorise, massez les points E. 14 et C. 7. Ils vous aideront à vous détendre.

• Pour soulager la douleur qui suit une extraction, dispersez les points G.I. 4, R. 3 et E. 44.

• Pour le déchaussement dentaire, dispersez les points E. 6, G.I. 4 et E. 44.

Autres mesures

• Ne laissez pas le tartre s'accumuler sur vos dents. C'est là le meilleur moyen d'endommager vos gencives.

• Si vous aimez le coca-cola et les jus acides, buvez-les avec une paille. Vous réduisez le contact entre vos dents et la boisson « corrosive ».

• Si vous ne pouvez pas brosser vos dents après un repas, nettoyez votre bouche avec de l'eau ou terminez votre repas par un morceau de fromage.

PROSTATITE

Comme l'indique le suffixe « ite », la prostatite est une inflammation, en l'occurrence celle de la prostate. Les symptômes qui accompagnent la prostatite peuvent facilement vous mettre sur la piste : mictions douloureuses, fréquentes et de couleur anormale, fièvre, frissons, douleurs à la base du dos et du pénis. La prostatite aiguë est provoquée par un germe infectieux qui arrive à l'urètre par l'intermédiaire du sang.

Pour ce qui est de la prostatite chronique, elle fait souvent suite à une blennorragie (infection vénérienne) mal soignée. Votre état vous incitera sans doute à consulter votre médecin, ce qui est une excellente idée.

Traitement

• Aux pieds, massez les points R. 6 et R. 2, ainsi que le tour de la malléole interne.

• Dans le bas du ventre, massez les points R.M. 6, Rte 12, E. 30 et R.M. 2.

• Dans le dos, massez les points D.M. 4, V. 23, V. 26 et D.M. 2.

• Massez aussi les points D.M. 1, D.M. 27, R.M. 23 et R.M. 22.

• Lors du bain, massez le périnée en arrière des organes génitaux et en avant de l'anus.

Autres mesures

• Buvez beaucoup de liquide, en excluant les boissons alcoolisées, le café et le thé. Buvez, entre autres, du jus de canneberge. Elle est particulièrement indiquée pour ses propriétés antibactériennes, mais aussi parce qu'elle empêche les bactéries d'adhérer à la paroi de la vessie.

• Evitez les aliments épicés tant que la guérison ne sera pas complète.

PRURIT ANAL

Les prurits sont des démangeaisons de la peau généralement en rapport avec une infection (eczéma, psoriasis, sécheresse de la peau, etc.). Le prurit anal, une forme très commune de prurit, peut être provoqué par une chaleur excessive et une humidité trop importante, accentuées par le port de sous-vêtements synthétiques. Il peut également indiquer une réaction allergène au savon, au colorant (papier hygiénique, sous-vêtements de couleur), aux serviettes sanitaires, ou être provoqué par des fissures anales ou des hémorroïdes.

Traitement

• Tonifiez les points D.M. 4, V. 26 et D.M. 2.

• Massez vigoureusement le sacrum avec le bout des doigts afin de le réchauffer.

• A la tête, tonifiez les points D.M. 20, D.M. 15 et, au pubis, les points E. 30 et R.M. 2.

• Pratiquez soir et matin un vieil exercice chinois, l'« exercice du cerf ». Il s'agit de contracter et de relâcher alternativement les muscles du plancher pelvien. Portez une attention spéciale aux sphincters de l'anus.

Autres mesures

• Même si l'envie de vous gratter devient irrésistible, évitez de succomber à la tentation. Vous ne feriez qu'empirer la situation. Appliquez plutôt des compresses d'Aloe vera, de cidre de pomme ou de camomille.

• Après avoir déféqué, nettoyez la région anale avec de l'eau, mais n'utilisez pas de savon.

PRURIT CUTANÉ

Consultez l'article *Désordres cutanés.*

PRURIT VAGINAL

A cause d'une tendance au dessèchement vaginal, les femmes ménopausées sont plus susceptibles de souffrir de prurit vaginal. Elles ne sont toutefois pas les seules, cette forme de prurit pouvant également se manifester chez les femmes plus jeunes, surtout si elles sont sujettes aux allergies.

Traitement

Tonifiez les points suivants :

• D.M. 20 et D.M. 27 à la tête et au visage ;

• R.M. 6, Rte 12, E. 30, R.M. 2 au bas-ventre ;

• D.M. 4, V. 23, D.M. 2 à la base du dos.

Autres mesures

• Remplacez les tampons hygiéniques par des serviettes non parfumées.

• Evitez les douches vaginales ; n'utilisez pas de savon dans la région génitale et portez des sous-vêtements de coton blanc. Attention également aux lessives. Optez pour des détergents plus doux.

• Pratiquez des exercices de contraction et de relâchement des muscles vaginaux afin de lutter contre l'assèchement vaginal (exercice de Kegel).

PSORIASIS

Souvent héréditaire, le psoriasis se caractérise par un encroûtement de la peau. Les plaques rougeâtres, qui apparaissent le plus souvent aux genoux et aux coudes, peuvent également se répandre sur toutes les parties du corps.

Le psoriasis provoque généralement assez peu de démangeaisons, mais il peut tout de même devenir gênant s'il se répand sur les mains ou les pieds.

Traitement

• Massez le point I.G. 3, G.I. 11, V. 13, V. 40 et V. 60.

• Les points proposés à l'article *Brûlures* conviennent également très bien pour soigner le psoriasis.

Autres mesures

• Une exposition graduelle et modérée aux rayons solaires a un effet bénéfique sur le psoriasis.

• Appliquez des cataplasmes d'argile sur les zones affectées.

• Evitez certains aliments (toujours les mêmes !) : le sucre raffiné, le café et les graisses.

R

RACHITISME

Le rachitisme est une faiblesse osseuse qui aboutit à une déformation du squelette. Il se manifeste généralement dès la prime enfance. Il résulte d'une mauvaise assimilation du calcium et du phosphore imputable à une carence en vitamine D. Autrefois assez répandue, cette maladie se fait beaucoup plus rare depuis la plus grande accessibilité aux soins préventifs.

Traitement

• Stimulez les glandes thyroïde et hypophyse en tonifiant les points D.M. 20, V. 1, D.M. 27, R.M. 23, R.M. 22, D.M. 15, V.B. 20 et V.B. 21.

• Tapotez doucement le cou tout autour de la pomme d'Adam, en même temps que vous prenez des respirations lentes et profondes par la bouche. Détendez bien la gorge.

• Massez la colonne cervicale et les muscles qui la longent.

• L'hypophyse est située profondément à la base du cerveau au centre de la tête, un peu plus haut et en arrière des yeux, au tiers de la distance entre l'avant et l'arrière de la tête. Concentrez-vous sur ce point en même temps que vous tapotez la boîte crânienne avec l'extrémité de vos doigts, sans oublier la nuque, les tempes, les arcades sourcilières et le nez.

• Posez vos annulaires au bord de l'angle externe de vos yeux. Vos index se placent alors naturellement dans un creux que vous tonifiez.

• Massez également les points R.M. 12, E. 25, R.M. 6, E. 36, R. 2, V. 17, D.M. 4 et V. 23.

Autres mesures

• La méthode la plus simple et la plus efficace, aussi bien pour prévenir que pour guérir le rachitisme, consiste à exposer l'enfant à la lumière solaire plusieurs heures par jour. Le soleil est une bonne source de vitamine D.

• Assurez-vous que l'enfant consomme suffisamment de calcium, de phosphore et de vitamine D. Au besoin, consultez un naturopathe.

REFROIDISSEMENT

En médecine, le mot « refroidissement » désigne un ensemble d'affections, d'origine virale ou bactérienne, des voies respiratoires supérieures. Vous reconnaîtrez ces affections aux symptômes suivants : éternuements, nez bouché ou qui coule, toux sèche, gorge sèche, etc.

Traitement

• Demandez à un proche de tonifier les points D.M. 15 et V.B. 20 à la base du crâne. En médecine chinoise, ces points correspondent aux portes d'entrée des « vents froids », qui sont considérés comme des entités pathologiques. Cette explication peut vous sembler étrange, mais elle débouche néanmoins sur une pratique efficace.

• Réchauffez les pieds, orteils compris, en stimulant les points R. 1, R. 6, R. 2 et V. 60.

• Pour aider l'organisme à se réchauffer, tonifiez les points D.M. 4, V. 23, R.M. 6, E. 30 et R.M. 2, ainsi que le nombril.

• Si le rhume ou la grippe semblent vouloir s'installer, stimulez les points G.I. 4, V. 13, M.C. 5, P. 2 et C. 7.

Autres mesures

• Ayez recours à ce vieux remède de grand-mère que la médecine moderne redécouvre : le bouillon de poulet.

• Le thym, la sauge, l'églantier et la cannelle en tisane vous feront le plus grand bien.

RETROUVER L'APPÉTIT

Consultez l'article *Anorexie*.

RHUMATISME

Consultez l'article *Arthrite*.

RHUME

Pas moins de deux cents virus différents peuvent vous transmettre un rhume. Bien que les enfants en soient les principales victimes, à cause de leur système immunitaire plus fragile, les adultes en attrapent, en moyenne, de deux à quatre par année.

Les rhumes s'en vont généralement comme ils sont venus, mais des complications sont toujours possibles. Vous avez donc avantage à les soigner sérieusement.

Consultez également les articles *Refroidissement* et *Grippe*.

Traitement

• Pour déboucher le nez, massez la ligne médiane du front jusqu'à un point situé à un travers de pouce en arrière de la ligne des cheveux.

• Massez les points V. 1 et D.M. 27, et de part et d'autre du nez près de la racine des ailes.

• A la nuque, tonifiez les points D.M. 15 et V.B. 27. Demandez à un proche de vous masser le point V. 13 ainsi que les deux sillons qui longent la colonne vertébrale.

• Pour accroître les résistances du corps, massez les points M.C. 5, G.I. 4 et E. 36.

Autres mesures

• Pour prévenir les rhumes, gargarisez-vous quotidiennement avec de l'eau additionnée de sel de mer non raffiné. Par la même occasion, aspirez un peu de la préparation saline par l'une et l'autre narine et recrachez l'eau par la bouche. Vous empêcherez ainsi une bonne kyrielle de microbes de s'installer dans vos fosses nasales. Des préparations d'eau de mer isotonique stérile sous pression sont en vente en parapharmacie et en pharmacie. Leurs résultats sont étonnants.

RHUME DES FOINS

A la fin de l'été, les « at... choum ! », les yeux rouges et larmoyants ainsi que les nez constamment bouchés dénotent souvent une allergie à l'un ou l'autre pollen, communément appelée « rhume des foins ». Mais, en médecine, on parle plutôt d'une rhinite allergique saisonnière.

Traitement

• Consultez les articles *Allergie respiratoire* et *Congestion du foie*, car le rhume des foins affecte toujours le foie.

• Pour dégager les poumons, massez les points R.M. 23, R.M. 22, P. 2, R.M. 17, E. 14 et P. 7.

• Dispersez les points V. 1, D.M. 27 et ceux en bordure des ailes du nez.

Autres mesures

• Demeurez à l'intérieur pour éviter de vous exposer aux divers pollens. Si vous désirez sortir, faites-le par temps pluvieux. Le pollen reste alors au sol. Evitez de faire sécher vos vêtements à l'extérieur.

RIDES

Les rides sont étroitement liées au vieillissement, mais elles révèlent plus que votre âge. Elles sont aussi un bon indicateur de votre santé. Par exemple, les rides qui se creusent entre les deux sourcils sont étroitement liées à une faiblesse du foie.

Traitement

En effectuant votre Do-In facial tous les jours, vous retardez certainement l'apparition de rides. Si vous désirez accroître l'effet de ce massage, voici quelques points spécifiques à ajouter à votre routine quotidienne :

• Massez le point V. 1 à l'angle interne de l'œil, l'angle externe de l'œil et le 3e œil.

• Sur la verticale de la pupille, massez le point situé à un travers de pouce au-dessus des sourcils et toute la ligne qui descend de l'œil à la commissure des lèvres.

• Massez aussi le creux en dessous des pommettes et les muscles de la mâchoire, spécialement sur l'angle de la mâchoire inférieure.

Autres mesures

• Dormez sur le dos. Vous éviterez ainsi que votre visage, appuyé sur l'oreiller, ne se plisse.

• Lorsque vous vous exposez au soleil, protégez votre peau avec une lotion solaire. Pour prévenir l'apparition de pattes-d'oie autour des yeux, portez des verres fumés.

• Utilisez des produits de beauté de bonne qualité.

ROUGEOLE

La rougeole se reconnaît aux symptômes suivants. L'enfant commence à faire de la fièvre et à tousser, son nez se met à couler, puis de petites taches blanches apparaissent dans sa bouche. Au bout de trois jours, le corps se couvre peu à peu de plaques rougeâtres. De plus, l'enfant supporte mal la lumière.

Bien que la rougeole soit le plus souvent bénigne, il arrive que les complications en soient fatales. Il est donc préférable de voir votre médecin de famille.

Consultez également les articles *Grippe* et *Fièvre*.

Traitement

• Dès le début de la maladie, tonifiez les points P. 7, G.I. 4, V. 13 et P. 2.

Autres mesures

• Mettez le petit malade en quarantaine (la rougeole est très contagieuse) et, si la lumière fatigue l'enfant, tirez les rideaux.

• Donnez-lui des tisanes d'eucalyptus plusieurs fois par jour.

• Ajoutez une poignée de thym ou de lavande à l'eau du bain.

• Adoptez un régime composé essentiellement de jus de fruits et de fruits frais.

S

SAIGNEMENT DE NEZ

Les saignements de nez sont très fréquents chez les enfants. Ils font souvent peur, mais, heureusement, ils sont en général sans gravité. Les chocs, les doigts dans le nez et le rhume en sont les principales causes.

Traitement

Contrairement à la croyance populaire, le fait de renverser la tête ou de lever le bras correspondant à la narine qui saigne est inutile.

Pressez plutôt de façon ferme et soutenue sur les points V.B. 20, D.M. 20, D.M. 15, D.M. 14, D.M. 27, G.I. 11 et G.I. 4.

Autres mesures

• Allongez l'enfant et, pour une durée de dix minutes, comprimez la narine qui saigne avec un doigt. Dans la majorité des cas, ce geste suffit pour arrêter l'hémorragie.

• Trempez un coton propre dans du jus de citron ou de l'eau argileuse et introduisez-le dans la narine. Au bout de quinze minutes, retirez doucement le coton.

SALPINGITE

La salpingite est une inflammation des trompes de Fallope aux conséquences non négligeables.

En plus de la fièvre, des saignements anormaux, des douleurs abdominales et dorsales qu'elle provoque, la salpingite pourrait être la cause de grossesses extra-utérines et – si elle est soignée trop tard – de stérilité.

Consultez votre médecin dès l'apparition de ces symptômes. Il vous fera sans doute passer un test pour établir un diagnostic.

La salpingite résulte souvent d'une chlamydia ou d'une blennorragie non traitée, mais une intervention chirurgicale au niveau de l'utérus (pose d'un stérilet, curetage, etc.) peut aussi en être responsable.

Traitement

• Demandez à un proche de masser les points D.M. 4, V. 23, V. 26 et D.M. 2 dans le dos.

• Au ventre, massez les points E. 25, R.M. 6, Rte 12, E. 30 et R.M. 2.

• Massez en profondeur toute la région du sacrum.

Autres mesures

• Si vous n'êtes pas sûre de votre partenaire sexuel, insistez pour qu'il porte un préservatif. S'il s'y oppose, comme c'est malheureusement trop souvent le cas, portez un diaphragme afin de vous protéger contre les maladies sexuellement transmissibles.

• En cas d'infection, appliquez des cataplasmes d'argile froide sur le bas-ventre.

• Fortifiez votre système immunitaire.

SCARLATINE

Consultez les articles *Rougeole, Grippe* et *Fièvre*.

SCIATIQUE

La sciatique est le plus souvent occasionnée par un pincement de la racine du nerf sciatique, lequel se ramifie entre la 4e et la 5e vertèbre lombaire.

Les mauvaises habitudes posturales en sont généralement la cause.

La sciatique se reconnaît facilement à la douleur très caractéristique qu'elle provoque sur le territoire du nerf. Cette douleur se fait d'abord sentir dans le bas du dos. Puis, selon l'importance de la sciatique, elle peut irradier dans la fesse, descendre sur la face externe de la cuisse, à l'arrière du mollet, gagner le talon et le gros orteil.

Traitement

• Demandez à un proche d'exercer une forte pression dans le creux de la fesse où passe le nerf. Vous pourrez identifier ce point à sa sensibilité.

Si vous êtes seul, allongez-vous au sol sur le dos et massez- vous à l'aide d'une balle de tennis que vous placez vis-à-vis du point sensible.

• Massez les points V. 40, V. 57, V. 60 et pincez le petit orteil, à la base de l'ongle.

• Demandez qu'on vous masse les points V. 23 et V. 26, ainsi que tous les points douloureux à proximité de ces deux points et sur le sacrum.

Autres mesures

• Evitez les souliers à talons hauts.

• Tous les exercices qui mobilisent le dos vous aideront à prévenir la sciatique, pourvu que vous ne dépassiez pas la juste mesure.

• Lors d'une crise aiguë, mieux vaut garder le lit. Attendez que la douleur s'estompe avant de reprendre vos exercices.

• Placez un cataplasme de moutarde dans le creux de la fesse douloureuse pendant une dizaine de minutes.

SENSIBILITÉ AU SOLEIL

Depuis que les chercheurs ont constaté un amincissement de la couche d'ozone, les expositions aux chauds rayons solaires sont devenues synonymes de danger. Les risques de développer un cancer de la peau sont suffisamment importants pour justifier l'usage systématique d'une protection solaire adéquate (crème, chapeau) et pour vous obliger à rester à l'ombre durant les heures les plus chaudes de la journée.

Ces recommandations sont particulièrement importantes :

– si vous avez les cheveux roux ou blonds, les yeux verts ou gris et une peau qui brûle facilement ;

– si des membres de votre famille ont déjà souffert d'un cancer de la peau ;

– si vous avez attrapé plus de deux coups de soleil importants avant vos 20 ans ;

– si vous avez une grande quantité de taches de rousseur et de grains de beauté sur le corps ;

– ou encore si vous avez déjà eu des mélanomes.

Traitement

Les points que nous vous proposons seront efficaces si, en plus de présenter une sensibilité au soleil, vous supportez mal la chaleur.

• Tonifiez les points R.M. 6, Rte 6, R. 2, M.C. 6 et P. 7.

• Dispersez les points E. 36, V. 60, G.I. 4 et I.G. 3.

Autres mesures

• Mangez moins gras. Une étude récente, menée au Baylor College of Medicine à Houston, aux Etats-Unis, a démontré qu'une diète faible en matières grasses peut réduire de 70 % les risques de cancer de la peau.

• Pour soigner la peau après un coup de soleil, utilisez du gel d'Aloe vera. En plus de soulager immédiatement la douleur, il régénère la peau de façon remarquable.

SEXUALITÉ (DYSFONCTIONS DE LA)

Les troubles de la sexualité dépendent généralement de deux principales causes : le manque d'énergie vitale ou un refus – souvent inconscient – d'assumer sa sexualité.

Ces troubles peuvent prendre plusieurs formes. Les hommes se retrouveront aux prises avec des problèmes d'impuissance et/ou d'éjaculation précoce, tandis que les femmes souffriront d'un manque de lubrification lors des relations sexuelles, de frigidité, de vaginisme et seront plus sujettes aux fausses couches.

Chez les deux sexes, ces troubles peuvent également s'accompagner d'un manque de désir sexuel, voire de stérilité.

Traitement

La Chine ancienne s'est beaucoup intéressée à la sexualité. Il n'est donc pas étonnant qu'en acupression il existe de nombreuses possibilités pour vous assister dans votre vie sexuelle.

• **Pour réveiller votre libido**

– Tonifiez les points D.M. 4, V. 23 et D.M. 2.

– Massez aussi tout le bas de la colonne vertébrale, le sacrum, le coccyx, l'anus et le périnée juste en arrière des organes génitaux.

• **Pour lutter contre l'impuissance sexuelle**

– Tonifiez les points Rte 6, R. 3, E. 30 et R.M. 6.

– Trouvez le point à mi-distance entre le nombril et l'os du pubis. A un doigt en dessous de ce point s'en trouve un autre, que les anciens Chinois appellaient « Océan ». La stimulation de ce point vous mettra en contact avec votre énergie mâle. Ce point aide également à contrer les éjaculations nocturnes.

• **Pour éviter l'éjaculation précoce**

– Massez les points Rte 6 et R. 3.

– Pour calmer l'angoisse sexuelle, massez aussi le point E. 34.

– En même temps que vous travaillez ces points, respirez profondément en expirant le plus lentement possible.

• **Pour lutter contre la frigidité et le vaginisme**

– Tonifiez les points Rte 6 et F. 8. Le point Rte 6 corrige un excès de sécrétion vaginale en dehors des rapports sexuels. Il vous permet d'éviter un avortement spontané.

– Massez le bord supérieur et les côtés de l'os du pubis en relaxant tous les points douloureux que vous rencontrez, et en particulier le point E. 30.

– Pour lutter contre la tension nerveuse, dispersez le point V. 23. Massez tout le bas-ventre pour le relaxer. Faites un massage à l'huile de toute la région du périnée entre les organes génitaux et l'anus. Prenez de profondes respirations.

Autres mesures

• Dans les cas d'impuissance sexuelle ou de frigidité chronique, vous auriez sans doute avantage à explorer du côté de la psychothérapie.

• La pratique chinoise de l'« exercice du cerf » est excellente pour tous les problèmes liés à la sexualité. Tout en fortifiant la musculature génitale, cette pratique permet de réveiller l'énergie sexuelle, mais également de mieux la gérer.

Pour exécuter l'« exercice du cerf », vous contractez et vous relâchez successivement le périnée en prenant des respirations lentes et profondes. Deux séances quotidiennes de cinq minutes suffisent.

SINUSITE

La sinusite est une infection (bactérielle ou virale) des sinus. Cette infection, qui peut être aiguë ou chronique, commence par un rhume auquel s'ajoutent de fortes sécrétions de mucus qui finissent par boucher le nez. De la fièvre et des maux de tête localisés dans la partie frontale peuvent encore envenimer l'affection.

Traitement

• A la tête, massez les points D.M. 20, D.M. 15 et V.B. 20 et, aux bras, les points G.I. 11 et G.I. 4.

• Demandez à un proche de vous masser le point V. 13 dans le dos.

• Massez profondément le dos des orteils et des doigts.

Autres mesures

• Evitez les hydrates de carbone (pâtes, pommes de terre, farine, etc.) et les produits laitiers. En revanche, le bouillon de poulet, comme dans tous les cas de congestions nasales, apporte un bon soulagement.

• Versez quelques gouttes d'huile essentielle de lavande aspic ou d'eucalyptus sur un coin de votre oreiller.

• Voyez aussi l'article *Rhume*.

SOINS DE LA PEAU (NORMALE, SÈCHE, GRASSE ET MIXTE)

L'état de santé général de votre corps exerce une grande influence sur votre peau. En d'autres termes, les soins que vous prodiguez à votre corps modifient l'apparence de votre peau.

Mais l'inverse est également vrai. Lorsque vous traitez votre peau, c'est tout votre corps que vous traitez.

D'où l'importance de n'utiliser que des produits de première qualité. Vous ne devez rien mettre sur votre peau que vous ne pourriez avaler, car la peau est un organe d'absorption au même titre que la bouche.

Si vous n'en êtes pas convaincu, frottez-vous la plante du pied avec une gousse d'ail. Vous constaterez que votre haleine prend alors une odeur d'ail.

Consultez également les articles *Acné, comédons, Eczéma* et *Zona*.

Traitement

• Pour une peau normale

– Massez l'intérieur du pli du poignet en insistant sur le milieu.
– Demandez à un proche de vous masser le point V. 13 dans le dos.

• Pour une peau grasse

– Massez les points V.B. 21, G.I. 11 et G.I. 4.
– Pour favoriser l'élimination des toxines, massez le point V. 40.

• Pour une peau sèche

Massez le point M.C. 5 et demandez à un proche de vous masser le point V. 13 dans le haut du dos.

Autres mesures

• Les bains de vapeur nettoient efficacement la peau en plus d'activer la circulation sanguine locale. Bien que tous les types de peaux en bénéficient, ceux-ci sont particulièrement indiqués pour les peaux grasses.

• N'appliquez que des produits de première qualité sur votre peau. Surveillez la date d'expiration de vos produits. Lorsqu'une crème ou une lotion commence à changer de couleur ou d'odeur, il est temps de la mettre à la poubelle.

SOINS DES CHEVEUX

Consultez l'article *Alopécie*.

T

TÉTANOS

Le tétanos est une infection très grave pouvant survenir lors d'une blessure. Les plaies profondes infligées par un objet ayant été en contact avec la terre – un clou, par exemple, qu'il soit rouillé ou non – sont particulièrement redoutables, compte tenu que le bacille du tétanos se retrouve surtout dans la terre.

Lors d'une telle blessure, si vous n'êtes pas absolument sûr d'avoir été vacciné contre le tétanos durant les cinq dernières années, consultez votre médecin dans les vingt-quatre heures. Le tétanos est souvent mortel.

Traitement

Pour mieux protéger votre système nerveux :

• Massez les points D.M. 20, D.M. 15, V. 13, D.M. 4 et D.M. 2.

• Tonifiez le point R. 6 et dispersez le point V. 60.

• Appuyez simultanément sur les points F. 3 et G.I. 4.

Autre mesure

• Désinfectez la plaie avec de l'eau oxygénée. Vous en trouverez en pharmacie.

TORTICOLIS

Vous n'attrapez pas nécessairement un torticolis parce que vous avez oublié de fermer la fenêtre de votre chambre par une nuit fraîche. En effet, le torticolis peut également résulter d'un excès de tensions.

Bien que le torticolis soit franchement désagréable, il est rarement grave et disparaît souvent le jour même ou le lendemain.

Traitement

• Massez doucement mais en profondeur :

– les points D.M. 15, V.B. 20, V.B. 21, D.M. 14 et I.G. 13 aux épaules ;

– les points R.M. 23, R.M. 22 et P. 2 au cou.

• Aux poignets et aux chevilles, massez les points Rte 6, R. 6, V. 60, C. 7, M.C. 6, P. 7, M.C. 5 et I.G. 3.

Autres mesures

• A l'aide d'une serviette, appliquez des compresses d'eau chaude durant une trentaine de minutes. Répétez au besoin. Vous pouvez aussi utiliser une bouillotte, mais le contact « humide » reste préférable.

• Dormez sur le dos en utilisant un oreiller qui offre un bon support à votre cou.

• Attention aux courants d'air.

• Prenez l'habitude de faire des exercices de relaxation lorsque vous avez trop de soucis. Faites aussi des mouvements d'assouplissement au niveau du cou dès que des tensions apparaissent.

TOUX

Bien des raisons peuvent expliquer la toux : une allergie parmi tant d'autres, l'abus de tabac, une infection des bronches ou, dans des cas plus rares, une tuberculose pulmonaire. Les toux matinales sont plus souvent liées à l'asthme. Si vous toussez surtout le soir, lorsque vous êtes étendu sur le dos, il s'agit plus probablement d'une toux provoquée par des sécrétions.

Traitement

• A l'avant du corps, massez les points D.M. 27, R.M. 23, R.M. 22, P. 2, E. 14 et R.M. 17.

• Dans le dos, faites-vous masser les points D.M. 15, V.B. 20, D.M. 14 et V. 13.

• Au poignet, massez les points M.C. 6, M.C. 5 et G.I. 4.

Autres mesures

• Si votre toux résulte d'un rhume, buvez de l'eau chaude additionnée de miel et de citron. Vous pouvez également verser quelques gouttes d'huile essentielle d'eucalyptus sur votre mouchoir ainsi que sur un coin de votre taie d'oreiller. L'eucalyptus aide à dégager les voies respiratoires.

• Pour les toux liées à l'asthme, consultez l'article en question.

TRANSPIRATION EXCESSIVE

La transpiration aide le corps à se maintenir à une bonne température et à éliminer les toxines. Elle est donc nécessaire. En revanche, le fait de suer à grosses gouttes à propos de tout et de rien devient anormal.

En ce qui concerne les odeurs corporelles, elles sont souvent plus abondantes et plus fétides lorsque le foie et les reins n'arrivent plus à assumer pleinement leur rôle de désintoxication.

Traitement

• Pour une transpiration nocturne excessive, massez les points C. 7, M.C. 5, V. 13, P. 2, R. 6 et V. 60.

• Pour les transpirations diurnes, massez les points G.I. 4, I.G. 3, C. 7, D.M. 15, D.M. 14 et V. 60.

• Pour activer le fonctionnement du foie et des reins, massez les points F. 3, R. 1, R. 6, V. 60, E. 36, V. 40, D.M. 4, V. 23 et V. 26.

Autres mesures

• Buvez des infusions de sauge. Cette plante est reconnue pour réduire la transpiration et éliminer les odeurs fétides.

• Evitez l'alcool, le café et autres stimulants.

TROUBLES RÉNAUX

Selon la médecine chinoise, les reins renferment votre « capital d'énergie » : l'*énergie héréditaire*, celle que vos parents vous ont transmise, et l'*énergie acquise*, celle que vous tirez de l'alimentation, de la respiration, de la lumière et de l'exercice.

Tant et aussi longtemps que vos reins contiennent de l'énergie, vous pouvez fonctionner normalement. Et, lorsque cette énergie s'épuise, c'est la mort. Vous comprendrez qu'il est donc capital de veiller à la bonne santé de vos reins.

Plusieurs signes peuvent vous indiquer un éventuel affaiblissement des reins : un teint noirâtre, des cernes sous les yeux, des douleurs dans le bas du dos, un excès de pellicules ou la perte importante de cheveux, des douleurs arthritiques, de l'hypertension, etc.

Traitement

• Pour fortifier vos reins, massez :

- les points R.M. 6, E. 30 et R.M. 2 dans le bas-ventre ;

- les points Rte 6, R. 6, R. 2, R. 1, V. 60, C. 7, M.C. 5 et I.G. 3 aux pieds et aux mains.

• Dans le dos, faites-vous masser les points D.M. 4 et V. 23.

Autres mesures

• Appliquez des cataplasmes d'argile froide, d'oignons broyés ou de feuilles de chou sur la région des reins.

• Le poireau, la betterave, la citrouille, les framboises et les groseilles sont de bons aliments pour les reins. Mangez-en souvent.

• Appliquez de la chaleur sur les reins et ménagez-vous.

TUBERCULOSE

La tuberculose, cette maladie contagieuse qui fit tant de ravage au début du siècle, refait surface. Les personnes qui ont déjà souffert de la maladie au cours de leur enfance et celles porteuses du HIV – le virus responsable du sida – comptent parmi les plus exposées en raison de la fragilité de leur système immunitaire.

Le bacille de la tuberculose, le bacille de Koch, se transmet généralement par les voies respiratoires. Le fait de vous trouver à proximité d'une personne atteinte vous expose d'emblée à la maladie.

Bien que la tuberculose affecte surtout les poumons, les os, le cerveau ainsi que la moelle épinière peuvent aussi en être atteints.

Traitement

Les points mentionnés traitent les poumons de façon plus spécifique, mais ils sont également utiles pour les autres formes de tuberculose.

• Sur la poitrine, massez les points R.M. 22, P. 2, E. 14 et R.M. 17.

• Dans le dos, demandez qu'on vous masse les points V. 13 et V. 17.

• Aux poignets, aux chevilles et aux pieds, massez les points M.C. 6, P. 7, Rte 6, R. 6, R. 2 et R. 1.

Autres mesures

• Si vous jouissez d'un système immunitaire vigoureux, les risques d'attraper une tuberculose sont considérablement réduits. Les règles d'or pour développer et maintenir un bon système immunitaire ? Grand air, relaxation, alimentation saine et variée, pensées positives, etc.

• En cas d'infection, l'inhalation de feuilles d'Aloe vera fraîche ou en extrait permet d'améliorer votre condition.

U

ULCÈRE CUTANÉ

Consultez les articles *Brûlures* et *Désordres cutanés.*

URTICAIRE

L'urticaire est une maladie cutanée généralement d'origine allergène. Les plaques roses ou brunâtres qui la caractérisent et qui peuvent couvrir toute la surface du corps provoquent des démangeaisons parfois très éprouvantes. Les crises ne durent généralement que quelques heures, mais elles ont tendance à se répéter souvent.

Traitement

Consultez les articles *Brûlures, Désordres cutanés, Eczéma* et *Zona.*

Autres mesures

• Essayez d'identifier les éléments qui provoquent les crises. Les viandes de porc, les charcuteries, les médicaments, les lotions, crèmes et parfums, les savons à lessive, le formaldéhyde présent dans une multitude de produits industrialisés (fibres synthétiques, colles, agglomérés, matelas synthétiques, etc.), sont particulièrement allergènes.

• Appliquez localement des pommades faites d'argile mélangée à de l'huile d'olive ou d'amande douce de première pression.

V

VARICELLE

Consultez l'article *Rougeole*.

VARICES

Les varices ne sont pas qu'inesthétiques. Elles sont souvent douloureuses et elles donnent lieu à des sensations de fatigue et de lourdeur au niveau des jambes. Ces malaises se manifestent plus particulièrement durant les menstruations et la grossesse, mais aussi lors de stations debout prolongées.

Dans les cas plus graves, les veines affectées peuvent se rompre et provoquer des hémorragies internes ou externes, des ulcères et de l'eczéma.

Traitement

• Dispersez les points Rte 5, V.B. 34 et V.B. 38, trois ou quatre fois par jour.

• Vous pouvez également masser très doucement les jambes, de bas en haut.

Autres mesures

• Selon le Dr Luis Navarro, fondateur et directeur du *Vein Treatment Center*, aux Etats-Unis, la prise d'une demi-aspirine le matin et le soir constitue l'un des moyens les plus faciles de combattre les varices. Non seulement l'aspirine aide à soulager la douleur, mais elle stimule la circulation sanguine.

• Le port de bas de soutien conçu à cet effet empêche le sang de stagner dans les veines. Vous devez les enfiler avant même de sortir de votre lit, tandis que vos jambes sont encore à l'horizontale.

• Evitez les stations debout prolongées. En position assise ou couchée, surélevez vos jambes.

VERRUES

Consultez l'article *Brûlures*.

VERS INTESTINAUX

Différents micro-organismes peuvent trouver refuge dans vos intestins. Outre une large variété de champignons, on retrouve, dans les cavités intestinales, différents types de vers. Les mieux connus sont l'oxyure, le ténia et l'ascaris.

Ces vers sont le plus souvent inoffensifs, mais ils peuvent toutefois provoquer de nombreux ennuis : démangeaisons anales, amaigrissement, nausées, douleurs abdominales, digestion lente, fatigue, irritabilité, etc.

Traitement

Les points que nous vous proposons ici sont efficaces pour enrayer tous les types de vers intestinaux, y compris le ver solitaire, mais également les champignons microscopiques intestinaux, vaginaux ou cutanés.

• Aux pieds, tonifiez les points V. 67, Rte 6 et la région immédiatement en dessous jusqu'au niveau de la malléole interne.

• Massez les points R.M. 17, R.M. 12, E. 25, R.M. 6 et Rte 12.

Autres mesures

• Mangez de l'ail. C'est un excellent vermifuge. Faites mijoter une gousse d'ail bien écrasée dans un demi-verre de lait durant une quinzaine de minutes. Buvez à jeun le matin.

• Parce qu'ils portent tout à la bouche, les enfants risquent davantage de contracter l'oxyure et l'ascaris. Comme mesure préventive, gardez leurs ongles coupés court, de sorte que la terre ne puisse s'accumuler en dessous.

• Pour vous préserver du ténia, cuisez bien vos viandes rouges.

VÉSICULE BILIAIRE

Consultez les articles *Calculs biliaires ou hépatiques* et *Congestion du foie.*

VOMISSEMENTS

Les vomissements sont un rejet par la bouche de nourriture, de bile ou de liquide gastrique sous l'effet de contractions du diaphragme et des muscles abdominaux. Les causes sont très variables. Il peut s'agir d'un empoisonnement bénin ou grave, d'un excès de table, d'une infection, d'une méningite, d'une tumeur cérébrale, etc.

Si vous vomissez du sang ou que le rejet présente une texture de café moulu, que les vomissements sont accompagnés de douleurs qui semblent sans relation ou d'une douleur localisée dans le côté droit du bas-ventre, rendez-vous rapidement dans un centre hospitalier. Les vomissements risquent alors d'être provoqués par un problème sérieux : appendicite, obstruction, etc.

Traitement

Pour soulager les vomissements bénins, l'acupression donne souvent des résultats immédiats.

• Avec une pression moyenne et soutenue, appuyez sur le point R.M. 12, à mi-distance entre le sternum et le nombril.

• Si ce point s'avère insuffisant, essayez les points R.M. 22, E. 14, R.M. 17 sur la poitrine et les points Rte 6, F. 3 et M.C. 6 aux pieds et aux poignets.

Autres mesures

• Il est toujours préférable de ne rien ingurgiter dans l'heure qui suit des vomissements. L'estomac peut ainsi se reposer. En revanche, au bout d'une heure, il est recommandé de boire, afin de pallier la perte de liquides.

• Une heure après avoir vomi, vous pouvez boire du gel d'Aloe vera pour apaiser la paroi de l'estomac quelque peu irritée par l'indigestion.

VOYAGE

Les voyages nous permettent de découvrir de nouveaux paysages mais aussi de nouveaux types de malaises ou d'inconvénients.

Pour la prévention des inconvénients (vol de porte-monnaie, perte de bagages, vols ratés, etc.), il n'existe malheureusement aucun point d'acupression ! En revanche, l'acupression vous sera d'un grand secours pour ce qui est de la nausée liée aux transports, des maladies tropicales, de la fatigue occasionnée par le décalage horaire, etc.

Traitement

• Si les voyages en automobile, en bateau ou en avion vous donnent mal au cœur, dispersez le point R.M. 12. Si ce point s'avère insuffisant, dispersez également les points M.C. 6 et V.C. 15 et massez les points D.M. 20 et V. 17.

• Pour passer plus facilement d'un fuseau horaire à un autre, massez les points F. 3 et G.I. 4. Si quelqu'un d'autre peut faire le massage, demandez qu'on vous masse simultanément ces deux points. L'effet en sera accru.

• Pour mieux vous défendre contre les infections tropicales, fortifiez les organes de la digestion en massant :

– les points R.M. 23, R.M. 22, R.M. 12, E. 25, R.M. 6, Rte 6 et E. 30 sur l'avant du corps ;

– les points D.M. 4, V. 23 et V. 26 au niveau du dos ;

– les points F. 3, V.B. 41, G.I. 11 et G.I. 4 aux pieds, aux bras et aux mains. Effectuez ces massages une ou deux fois par jour.

• Pour soulager les pieds fatigués après une longue randonnée ou suite à de longues attentes en station debout, tonifiez les points V.B. 34, E. 36 et V. 60.

Autres mesures

• Pour lutter contre les nausées, buvez une infusion de menthe avant votre départ. Vous pouvez également diluer une cuillère de poudre de gingembre et un peu de miel dans un verre d'eau chaude.

• Pour mieux vous adapter au changement horaire, modifiez vos heures de sommeil une ou deux journées avant votre départ, selon l'heure de votre destination.

• N'oubliez pas de vous faire vacciner avant de vous envoler sous les tropiques. Dans les régions à risque, ne mangez que des aliments cuits et ne buvez que des boissons en bouteilles capsulées.

VUE (TROUBLES DE LA)

Si les yeux sont le miroir de l'âme, la vue est, dans une certaine mesure, le miroir du corps. La santé des yeux est liée au bon fonctionnement général du corps, et en particulier à celui du foie.

C'est en effet dans cet organe que les yeux puisent une bonne partie de leur énergie. Dans bien des cas, les troubles oculaires indiquent donc un affaiblissement ou une dysfonction du foie.

Traitement

• Directement sur le globe oculaire, frictionnez délicatement avec un doigt, tapotez avec le pouce et l'index, appuyez sur l'œil dans tous les sens. Très lentement, insérez l'index entre les os de l'orbite et le globe oculaire. Faites-le successivement tout autour de l'œil. Cela détend en profondeur tous les muscles responsables du mouvement de l'œil. Pour finir, réchauffez vos mains en les frottant vigoureusement l'une contre l'autre. Puis appliquez-les sur vos yeux en formant une coupole, les index reposant sur le front et les poignets sur les joues.

• Travaillez avec des pressions profondes les os de l'orbite, en particulier aux angles externes et internes de l'œil, sur tout le sourcil et sur le bord de l'os exactement en dessous de la pupille quand vous regardez droit devant vous.

• La tête bien droite, trouvez les points à l'arrière de la tête, exactement à l'horizontale de vos yeux. Si vous portez des lunettes, ces points se trouvent dans le prolongement des branches en arrière du sommet des oreilles. Massez-les longuement. Ce massage est particulièrement bénéfique lorsque vos yeux sont soumis à un effort intense (suite à de longues heures de travail sur ordinateur ou de conduite de nuit, par exemple).

• Massez les points V.B. 20, V. 60, F. 3 et G.I. 4.

Autres mesures

• Avec l'amincissement croissant de la couche d'ozone, le port de verres fumés et d'un chapeau à larges bords est fortement recommandé par les spécialistes de la vue.

• Un apport suffisant en vitamines C et E, en zinc ainsi qu'en sélénium aide à maintenir un pH sanguin normal et contribue de la sorte à prévenir l'apparition de la cataracte.

ZONA

Le zona s'apparente beaucoup à la varicelle. C'est d'ailleurs le même virus latent qui, chez l'adulte, reprend du service sous un uniforme différent. D'où le nom populaire du zona : varicelle des adultes.

Le plus souvent bénin, le zona peut, dans de rares cas, s'aggraver et affecter les fonctions nerveuses ou les yeux. Il provoque une sensation de brûlure au niveau des côtes, soit sur la poitrine, soit dans le dos (mais toujours d'un seul côté du corps : à droite ou à gauche). Un peu de fièvre, des maux de tête et une certaine fatigue se font aussi sentir.

Traitement

• Massez les points R. 6 et R. 7.

• Comme pour le traitement des brûlures, massez les zones anatomiquement opposées.

Par exemple, si l'éruption apparaît sur la poitrine du côté gauche, massez le point équivalent du côté droit et dans le dos celui qui est vis-à-vis.

• Consultez également l'article *Désordres cutanés*.

Autres mesures

• Si les irruptions se forment à proximité des yeux, consultez un ophtalmologiste.

• Pour soulager les sensations de brûlure qui peuvent parfois être assez violentes, appliquez du gel d'Aloe vera.

PARTIE IV

PREMIERS SECOURS PAR LE DO-IN

LEXIQUE DES SOINS D'URGENCE

Il est important que vous sachiez quels sont les points d'acupression les plus utiles en situation d'urgence. Ce « savoir » pourrait même sauver une vie dans certains cas. Il vous évitera bien des complications et « adoucira » les durs moments que vous réserve parfois la vie.

Dans cette partie consacrée aux soins d'urgence, je vous mentionne donc, pour chacune des entrées énumérées, les points à traiter ainsi que l'emplacement approximatif de ces points. Et, afin de permettre une consultation rapide, vous trouverez également une illustration de ces points.

Vous serez ainsi en mesure d'agir sans tarder, ce qui est bien sûr essentiel en cas d'urgence.

Pour des soins ultérieurs ou des conseils supplémentaires, référez-vous au lexique de base dans la *Partie III*.

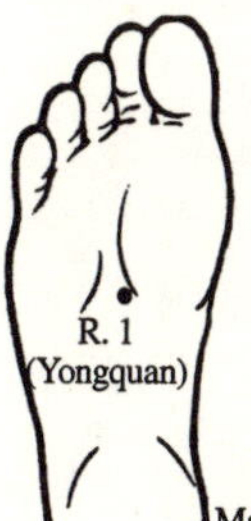

ATTAQUE D'APOPLEXIE

• Massez énergiquement les pieds en insistant sur les orteils.

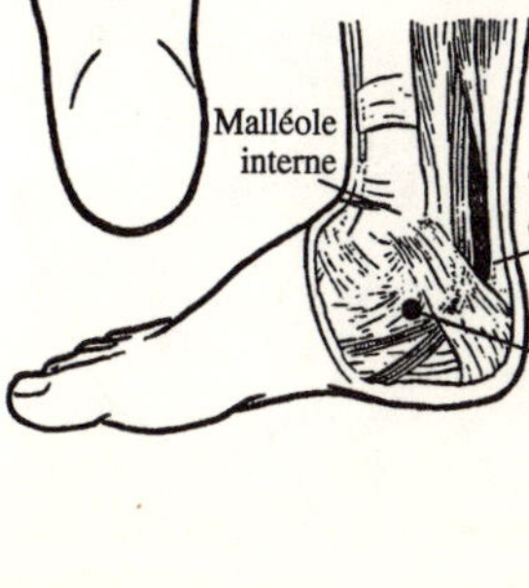

• Massez les points :
– R. 1 à la plante du pied ;
– R. 6 et V. 60 dans une dépression juste en dessous de la malléole interne et externe.

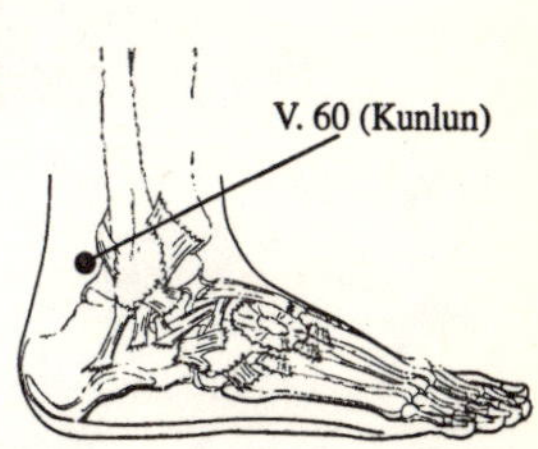

• Stimulez les points :

– G.I. 4 à l'angle formé par la rencontre du pouce et de l'index ;

– E. 30 au pubis ;

– R. 2 au pied.

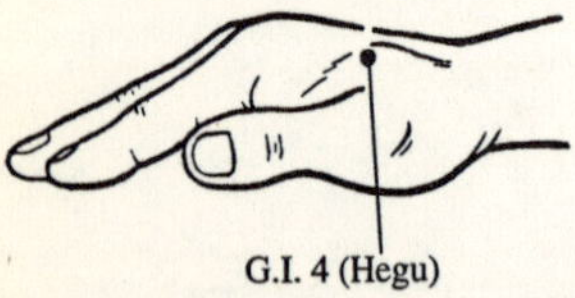

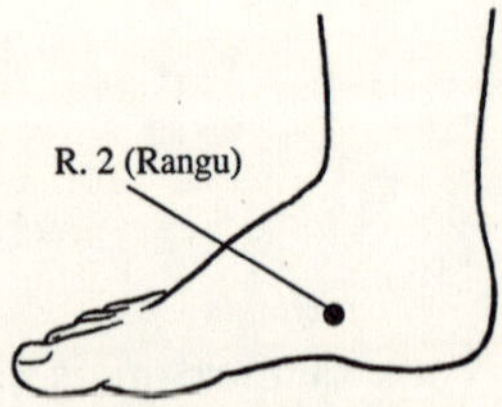

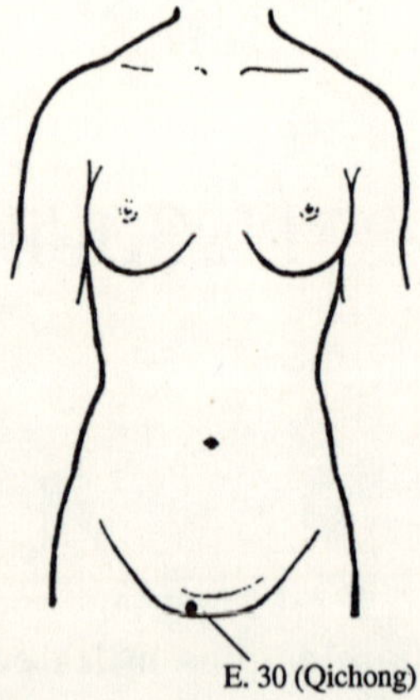

BRÛLURES

Dispersez le point P. 7 ainsi que le point situé au milieu du pli interne du poignet.

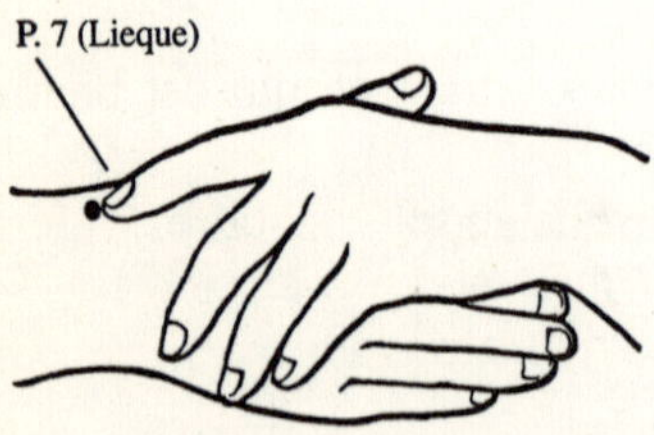

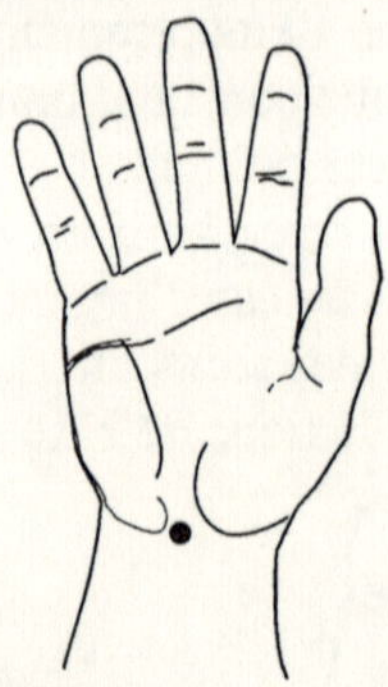

CHOC PSYCHOLOGIQUE

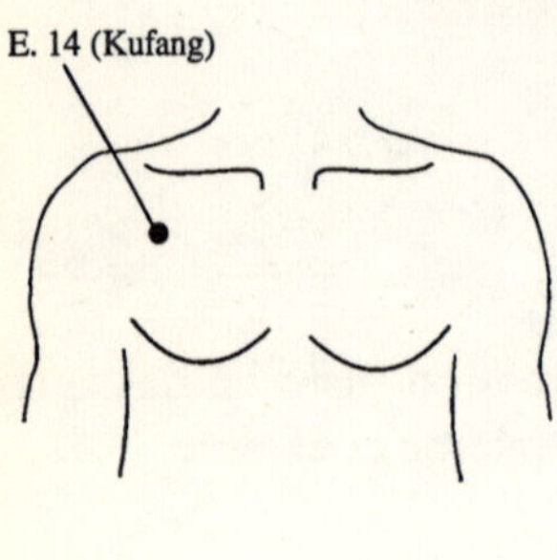

• Massez vigoureusement les points :

– E. 14 au-dessus des seins ;

– D.M. 27 sous le nez ;

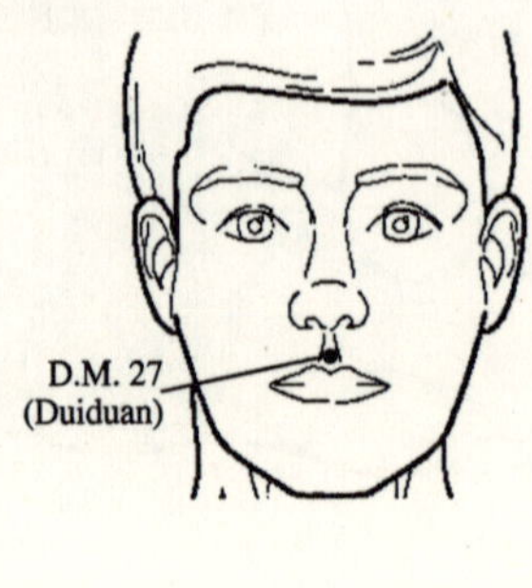

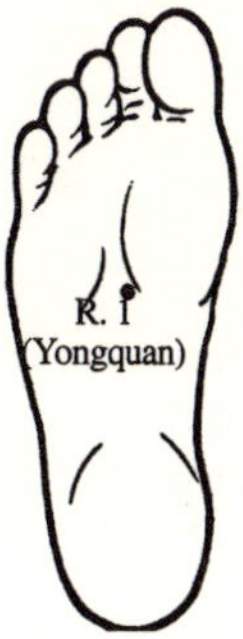

– R. 1 sous le pied ;
– C. 7 au poignet et le milieu du pli interne du poignet.
– Appuyez sur le bout du nez.

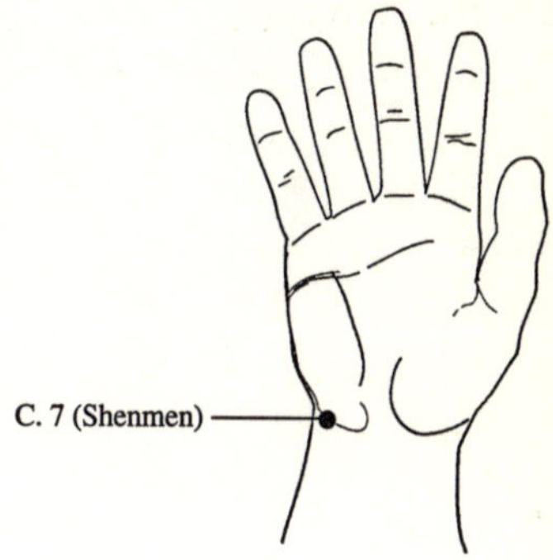

CHOC SUITE À UNE BLESSURE

Les points à traiter sont les mêmes que ceux mentionnés à l'entrée *Choc psychologique* dans ce même lexique.

COUP DE CHALEUR

Massez les points :
– M.C. 5, G.I. 4, P. 7 et M.C. 6 à la main ;
– E.

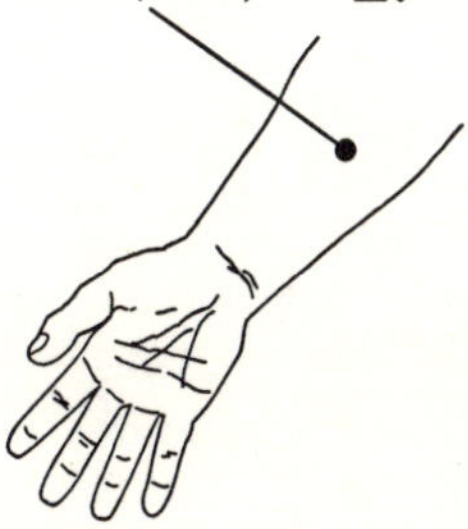

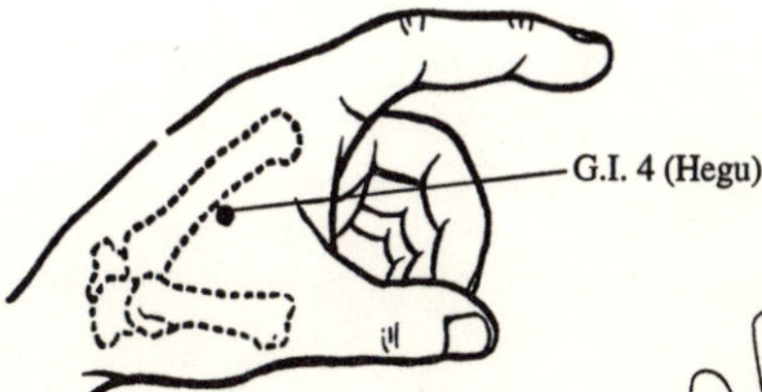

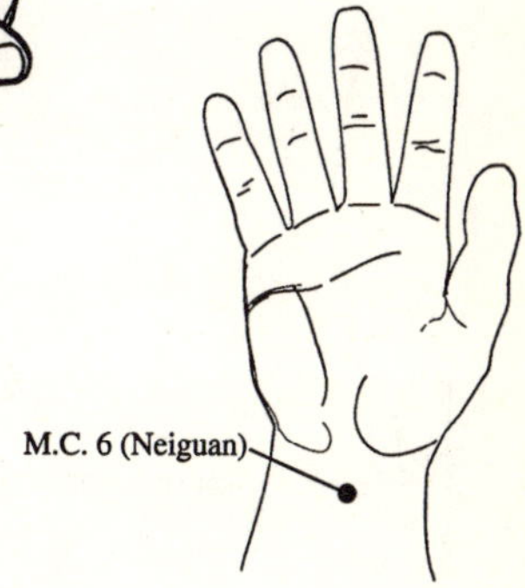

36 au genou ;
– D.M. 14 en haut du dos.

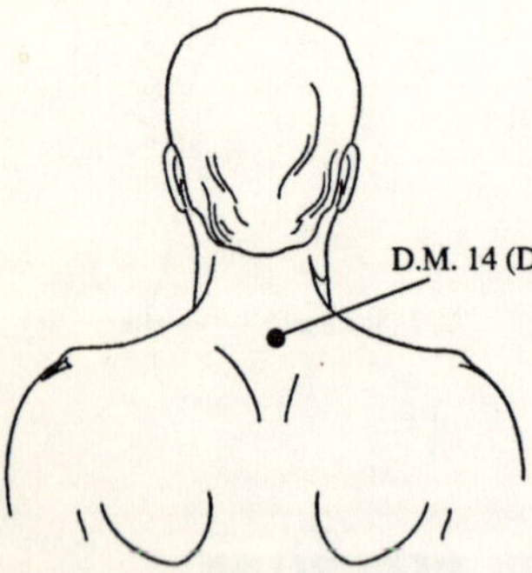

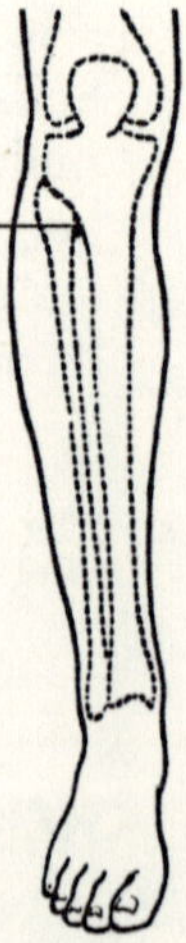

COUP DE SOLEIL

• Traitez les points mentionnés à l'entrée *Brûlures* dans ce même lexique.

• Pour les insolations, massez les points :
– D.M. 14 au sommet du dos ;
– D.M. 27 sous le nez ;
– V. 40 au milieu du pli du genou.

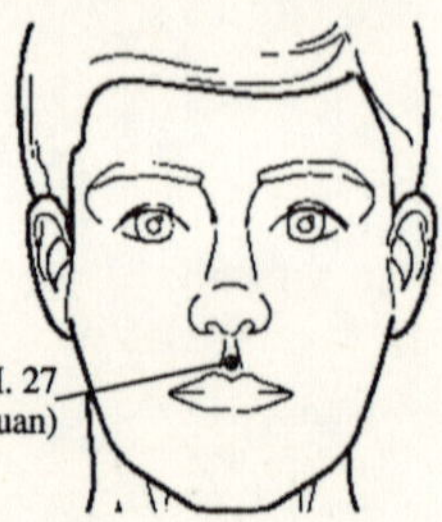

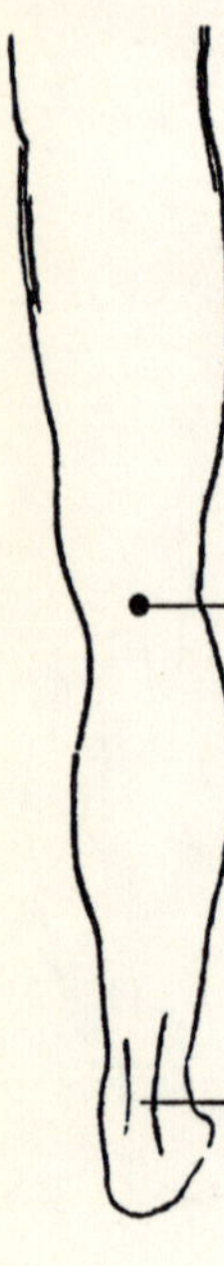

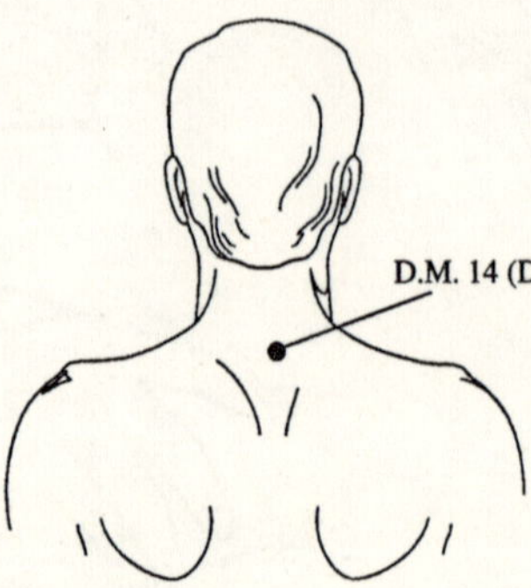

CRACHEMENT DE SANG

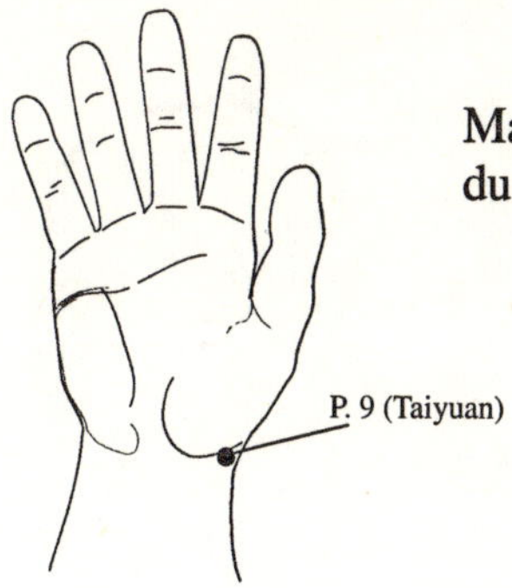

Massez le pli interne du poignet juste à la base du pouce.

CRISE CARDIAQUE

- Pincez le bout du petit doigt juste à la base de l'ongle.
- Massez les points :

– C. 7 au poignet ;
– R. 1 sous le pied ;
– D.M. 27 sous le nez.

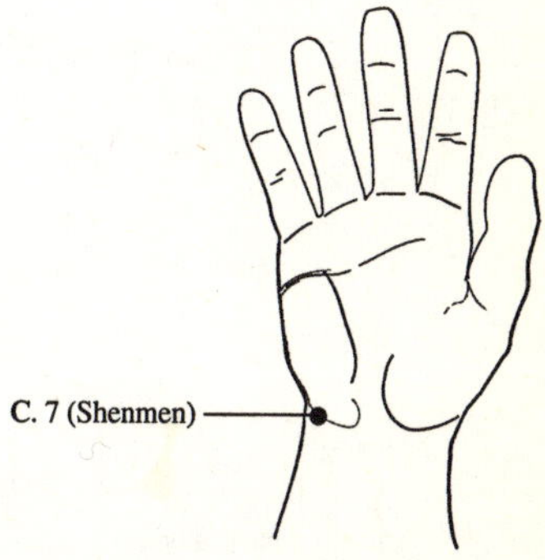

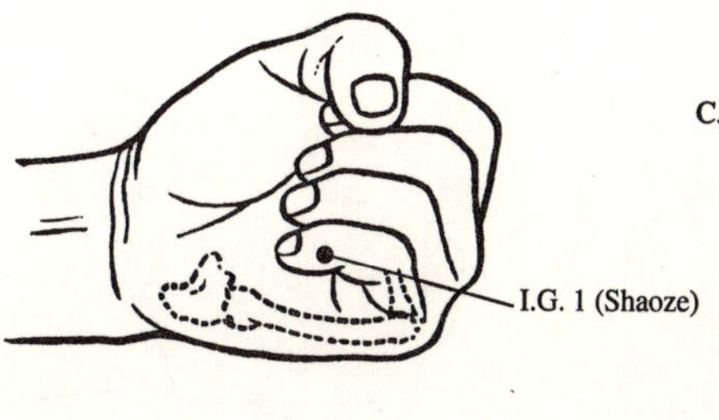

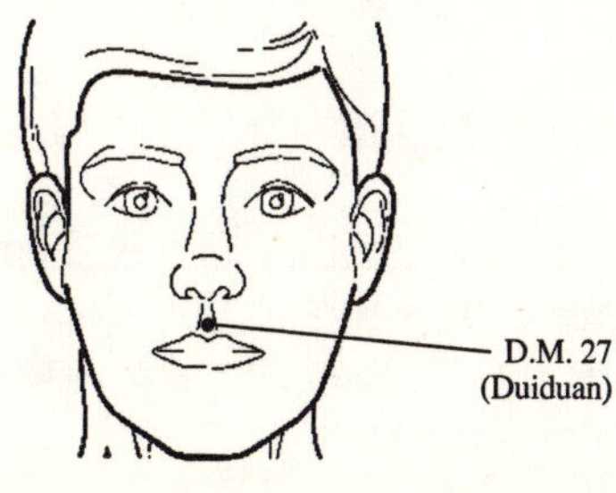

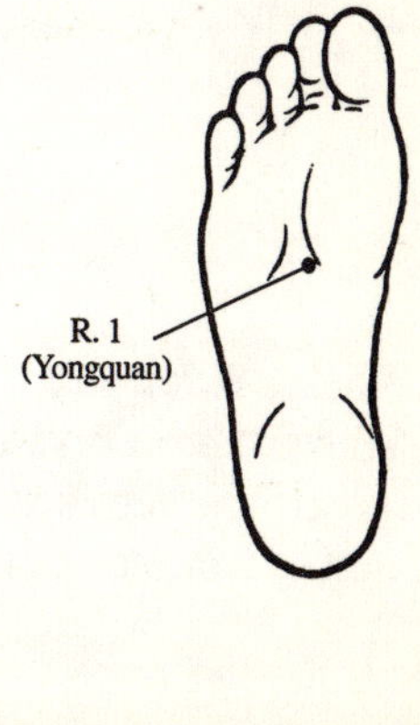

CRISE D'ÉPILEPSIE

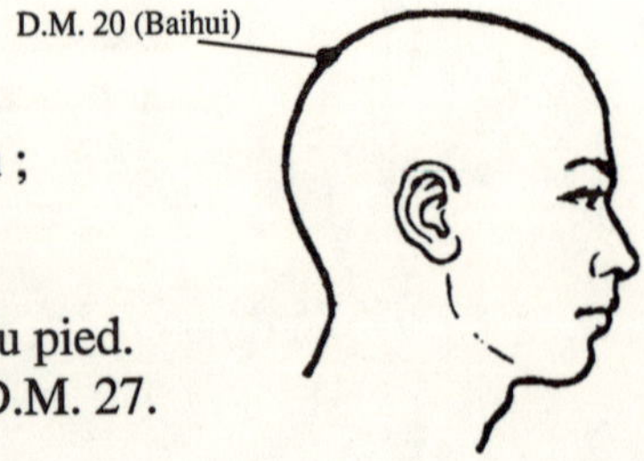

- Dispersez les points :
  - D.M. 20 au sommet du crâne ;
  - D.M. 15, V.B. 20, D.M. 14 au cou ;
  - M.C. 6 au poignet ;
  - V. 60 à la cheville.
- Tonifiez le point R. 1 à la plante du pied.
- Appuyez fermement sur le point D.M. 27.

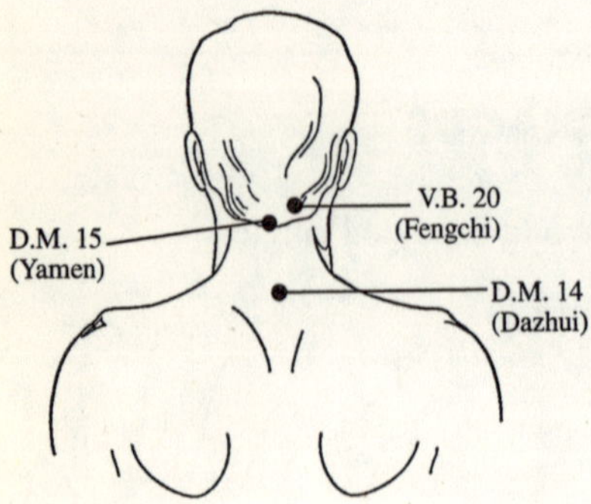

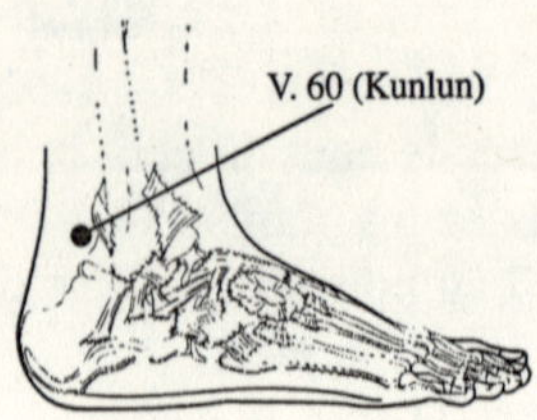

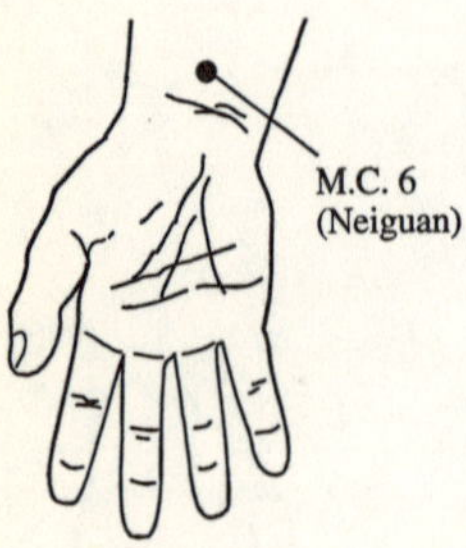

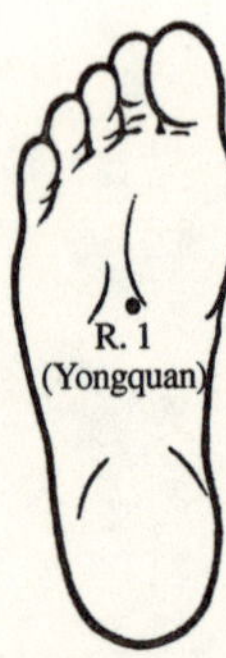

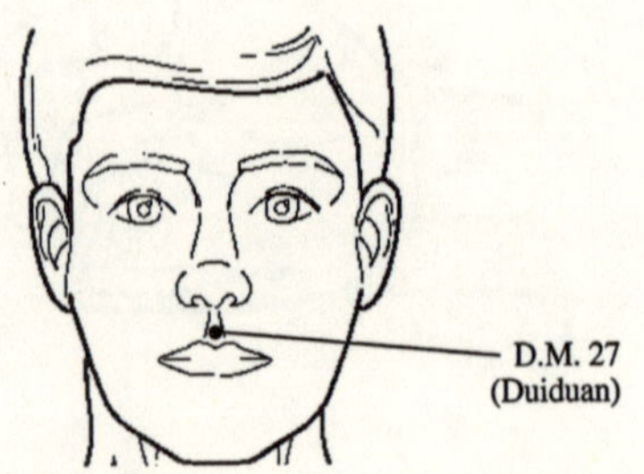

CRISE DIABÉTIQUE

• Massez les points situés à un pouce et demi de part et d'autre de la 11e vertèbre dorsale. Pour repérer cette vertèbre, localisez la première grosse vertèbre qui fait saillie quand vous penchez la tête vers l'avant et comptez douze vertèbres en descendant.

• Massez aussi la colonne vertébrale à la même hauteur.
• Massez l'extrémité de l'avant-dernière côte rattachée au sternum.
• Massez les points :
– R.M. 12, E. 25, Rte 12 à l'avant du corps ;
– R. 2 au pied ;
– V. 40 à l'arrière du genou.

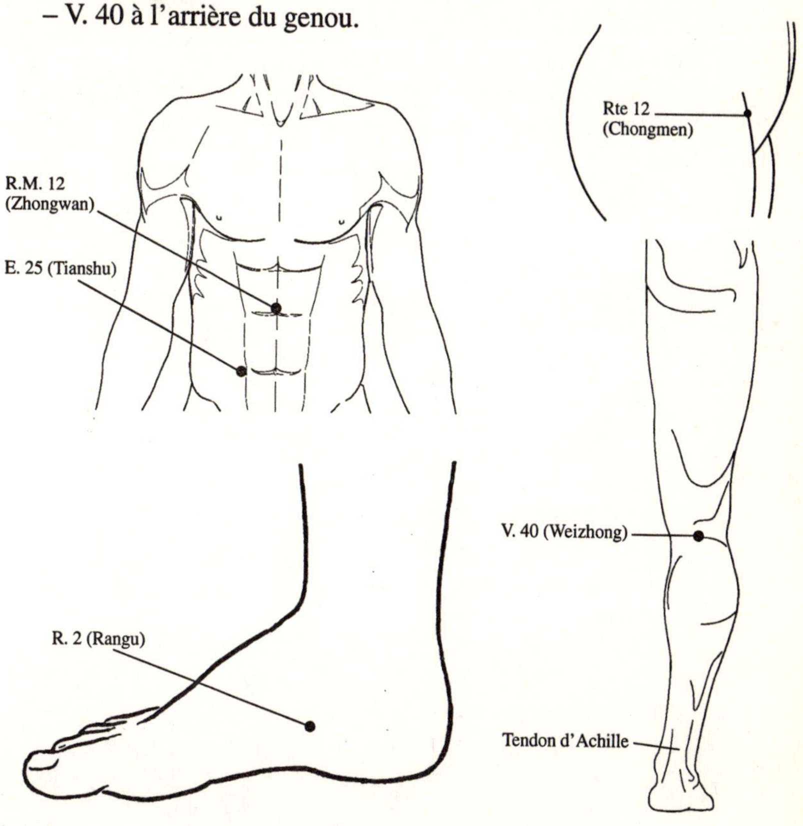

CRISE RESPIRATOIRE

• Massez énergiquement le point V. 13 dans le haut du dos et toute la zone avoisinante.
• Massez les points :
– D.M. 27 sous le nez ;
– R.M. 23 et R.M. 22 à la gorge ;

– P. 2, E. 14, R.M. 17 et R.M. 12 sur l'avant du corps ;
– C. 7, M.C. 6 et P. 7 au poignet.

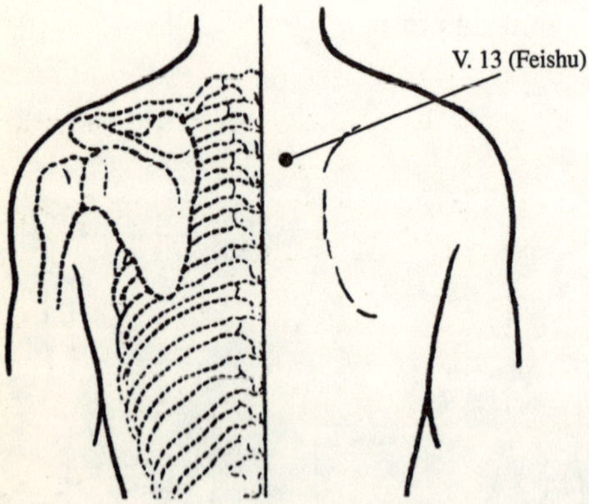

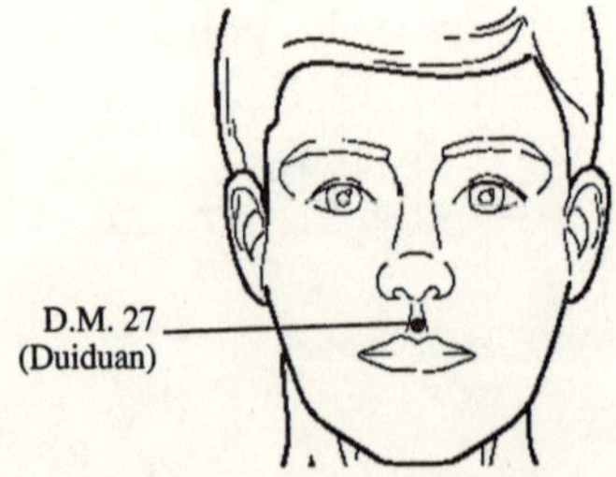

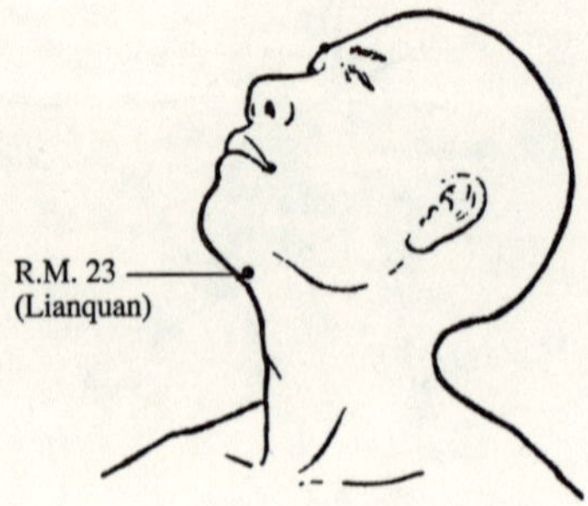

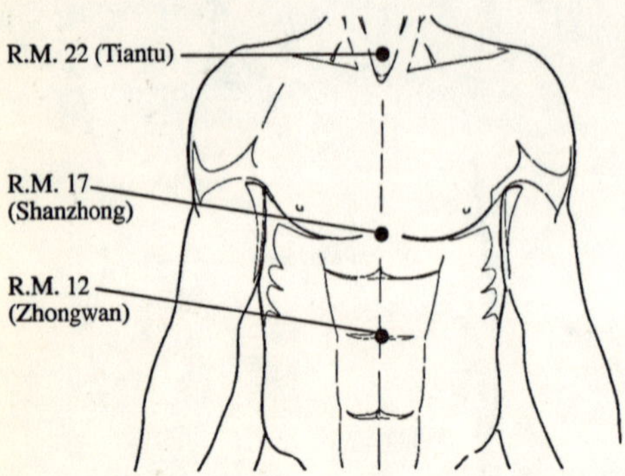

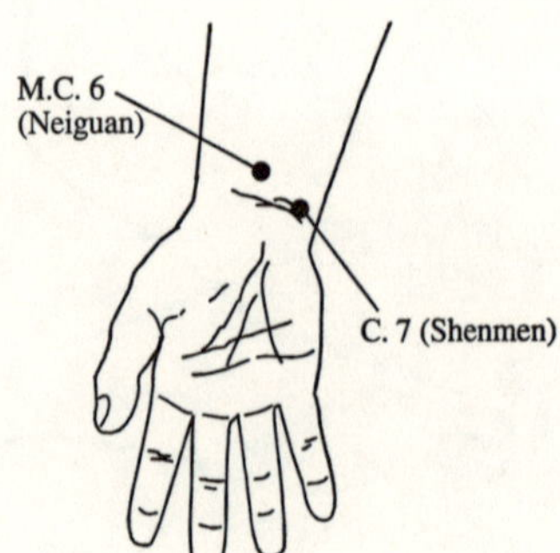

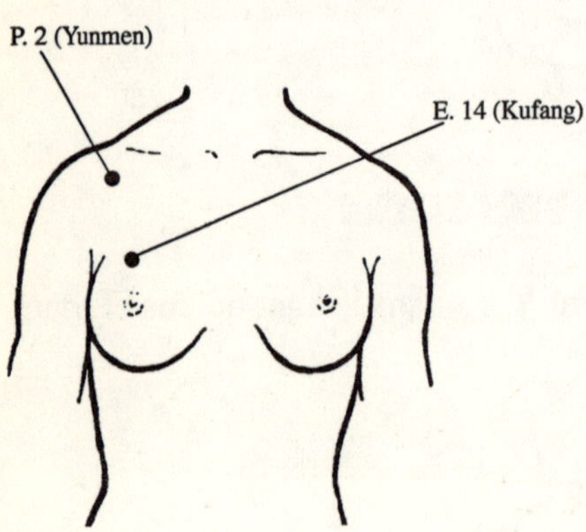

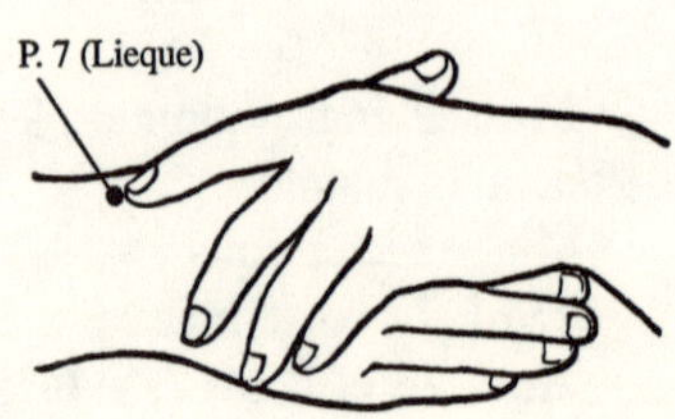

ÉLECTROCUTION

• Pour les brûlures, consultez l'entrée *Brûlures* dans ce même lexique.

• Si la victime perd connaissance :

– pincez vigoureusement la base de l'ongle du pouce et du petit doigt ;

– avec l'ongle ou la pointe d'un stylo, faites des pressions fortes, rapides et répétées sur la pulpe à l'extrémité de chaque doigt.

• Tonifiez les points :

– D.M. 20 au sommet du crâne ;

– D.M. 27 sous le nez ;

– E. 36 au genou ;

– R. 1 à la plante du pied.

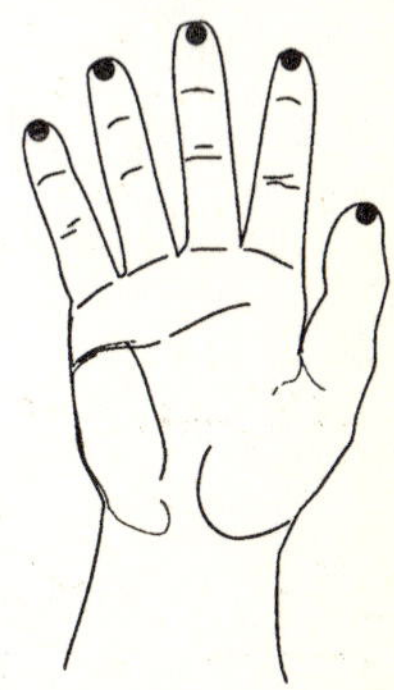

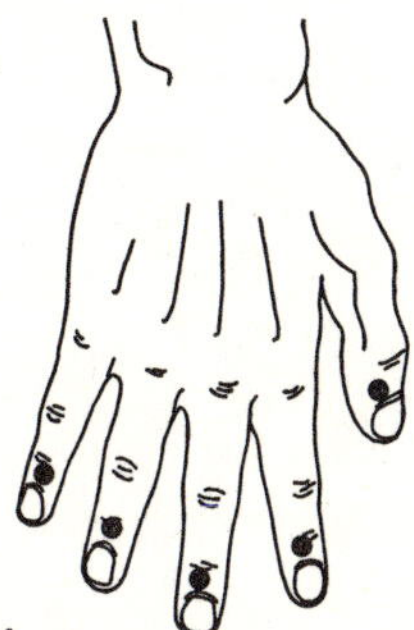

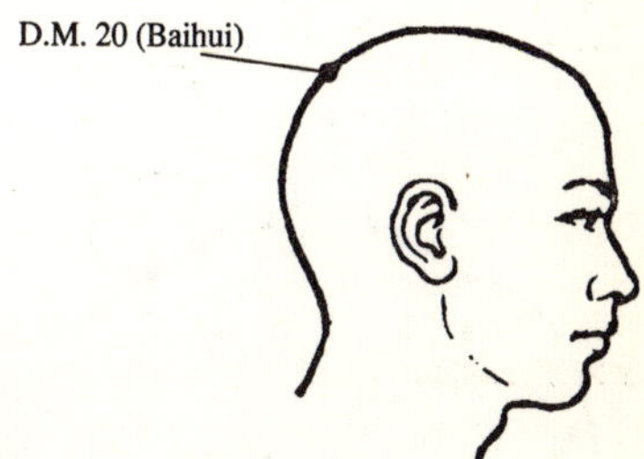

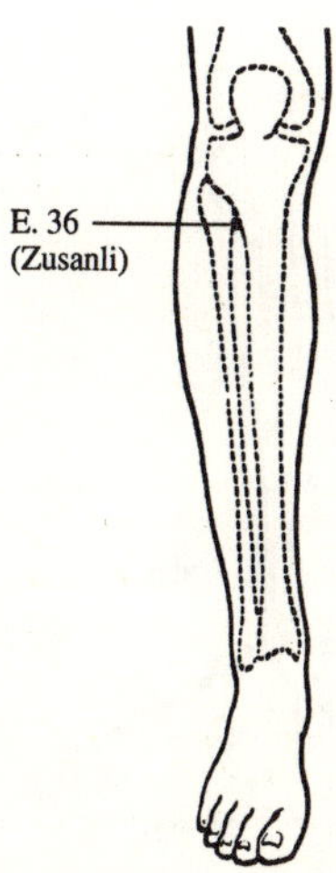

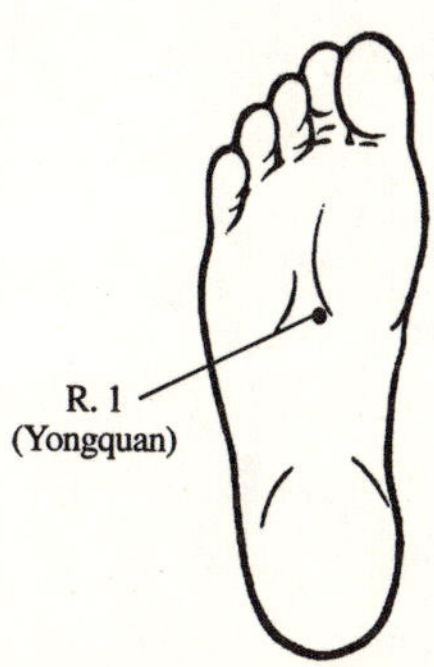

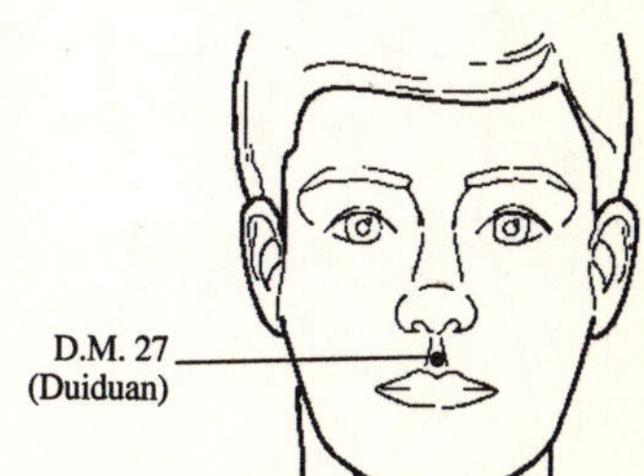

EMPOISONNEMENT

• Si la victime perd connaissance :

– pincez les doigts et les orteils à la base de l'ongle, spécialement le pouce et le petit doigt ;

— avec l'ongle ou la pointe d'un stylo, faites des pressions fortes, rapides et répétées sur la pulpe à l'extrémité de chaque doigt.

• Afin d'assister le foie dans son travail de désintoxication, tonifiez :

– les points F. 3 et V.B. 41 au pied ;

– l'extrémité des deux côtes flottantes ;

– toute la région se situant entre les mamelons et le bord inférieur des dernières côtes.

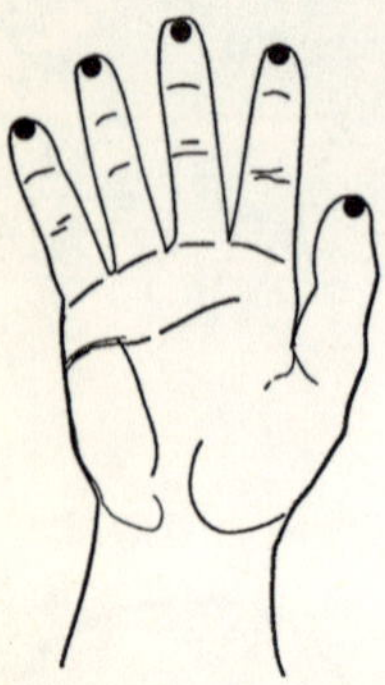

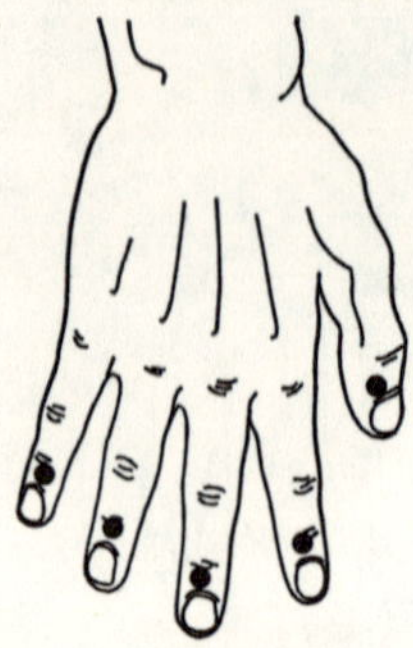

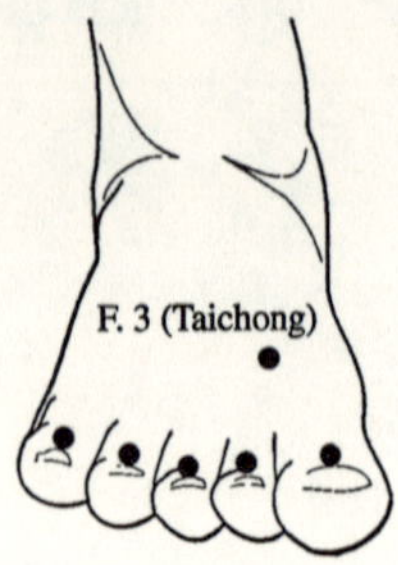

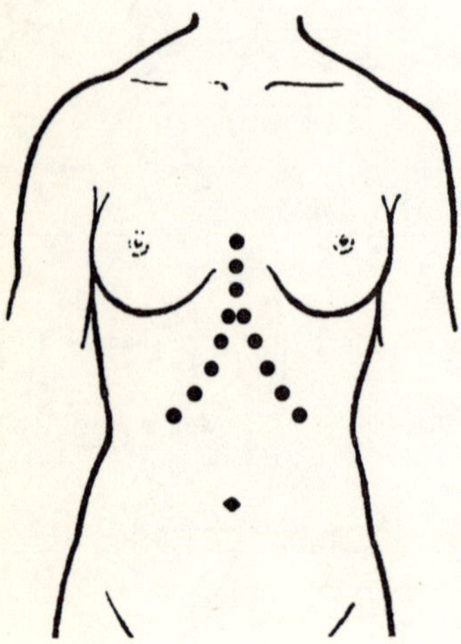

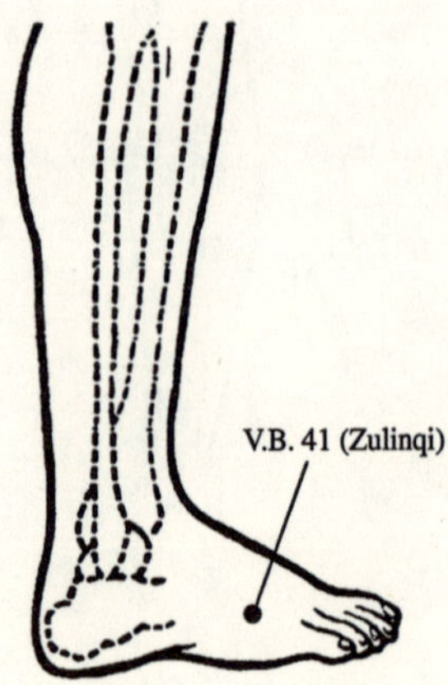

ENGELURES OU REFROIDISSEMENTS GRAVES

• Traitez les points mentionnés à l'entrée *Brûlures* dans ce même lexique.

• En cas d'hypothermie, il faut réchauffer les points appropriés. Pour ce faire, approchez l'extrémité d'une cigarette allumée de ces points. Attention toutefois de ne pas brûler la peau. Stimulez ainsi les points :

– D.M. 4 et V. 23 au niveau des vertèbres lombaires ;
– R.M. 6 en dessous du nombril ainsi que le nombril ;
– R. 2 et R. 1 au pied.

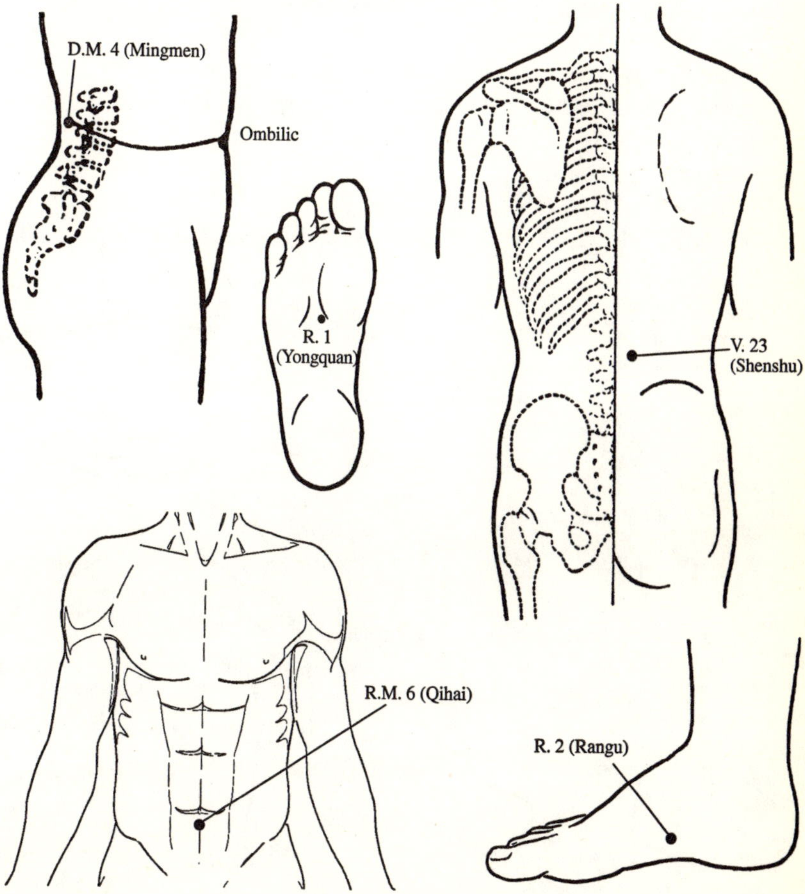

ÉPILEPSIE

Voir *Crise d'épilepsie* dans ce même lexique.

ÉTAT DE CHOC

Traitez les points mentionnés à l'entrée *Choc psychologique* et, s'il y a lieu, à l'entrée *Faiblesses et évanouissements* dans ce même lexique.

ÉTOUFFEMENT

Après avoir écarté les causes mécaniques de l'étouffement, massez les points mentionnés à l'entrée *Crise respiratoire* dans ce même lexique.

• Massez les points :
– M.C. 5, M.C. 6 et P. 7 au poignet ;
– R.M. 23, R.M. 22, P. 2, E. 14 et R.M. 17 sur le cou et la poitrine.

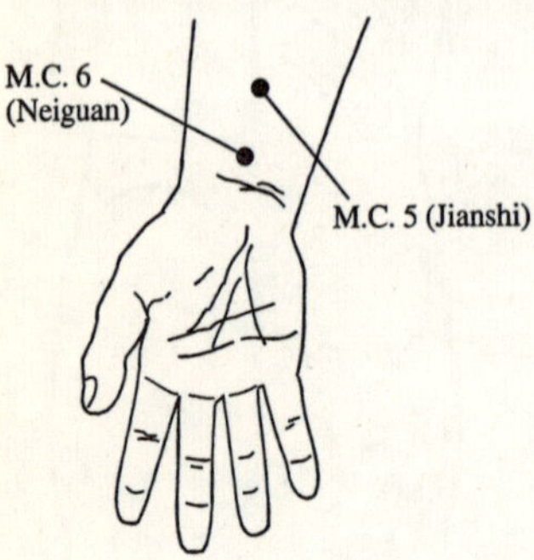

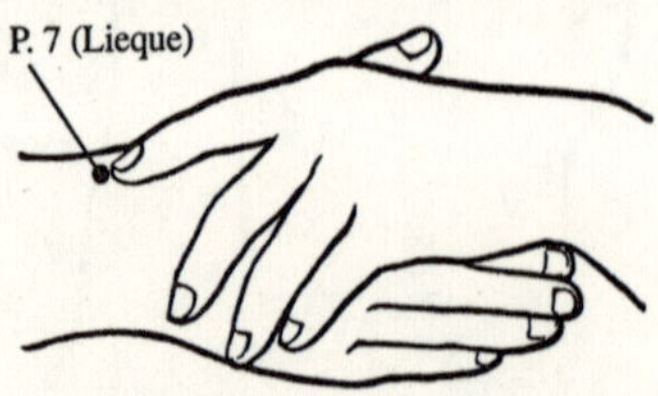

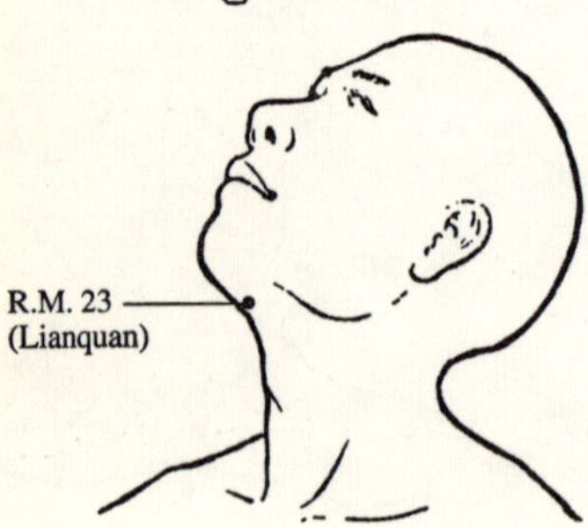

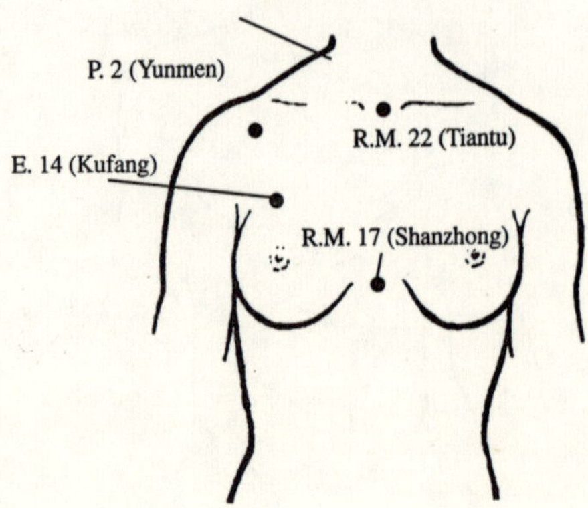

• Dispersez les points :
– D.M. 15, D.M. 14 et V. 13 dans le dos.

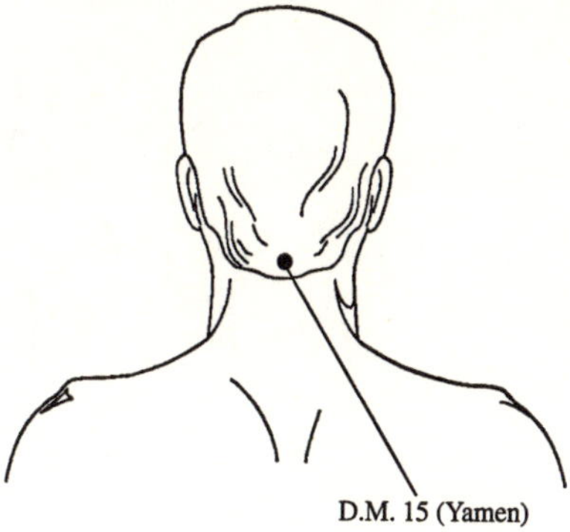

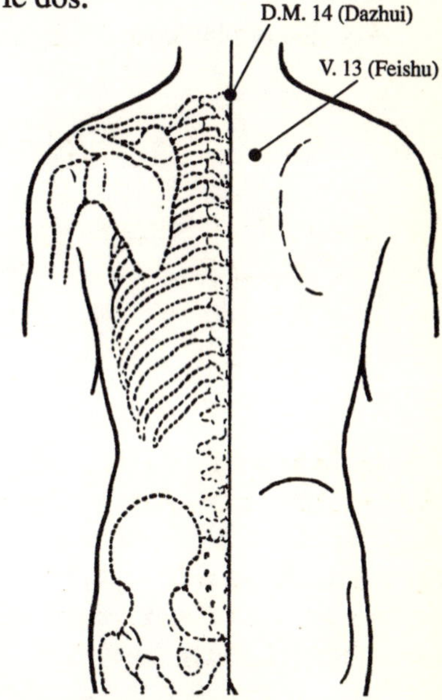

FAIBLESSES ET ÉVANOUISSEMENTS

• Pincez les doigts et les orteils à la base de l'ongle, spécialement le pouce et le petit doigt.

• Avec l'ongle ou la pointe d'un stylo, faites des pressions fortes, rapides et répétées sur la pulpe à l'extrémité de chaque doigt.

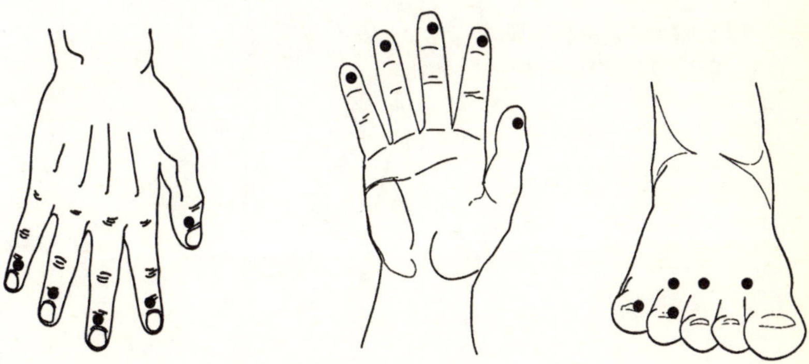

• Stimulez les points :
– D.M. 27 dans le creux à la base du nez ;
– R. 1 à la plante du pied.

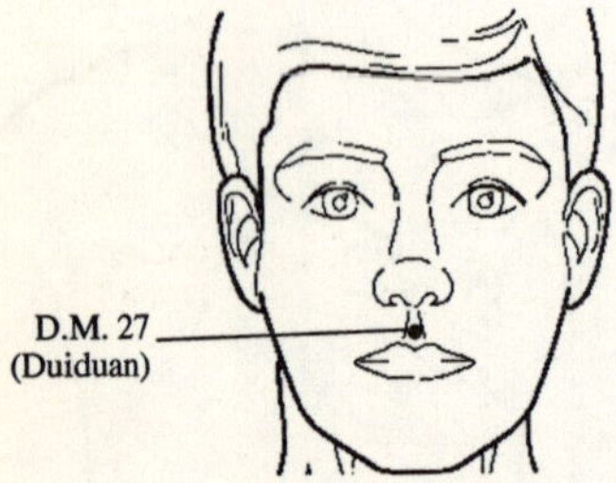

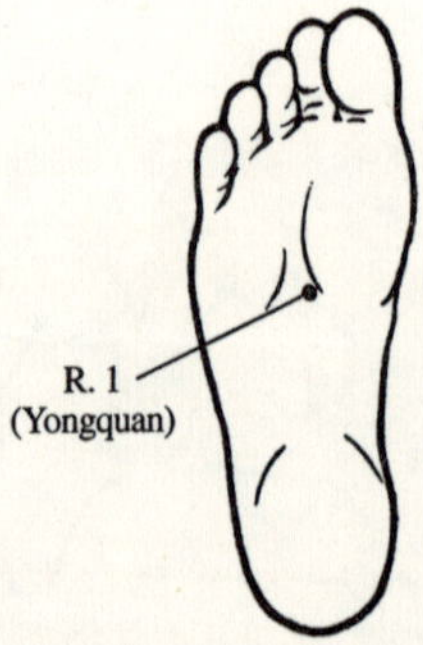

FRACTURE

• Traitez d'abord les points mentionnés à l'entrée *Choc psychologique* dans ce même lexique.

• Ensuite, massez les zones correspondantes à la fracture sur le membre supérieur ou inférieur, selon le cas. Par exemple, pour une fracture au genou gauche, massez le coude gauche. Massez ainsi jusqu'à la limite de la douleur durant au moins vingt minutes deux fois par jour.

HOQUET

• Dispersez le point V. 17 dans le milieu du dos.

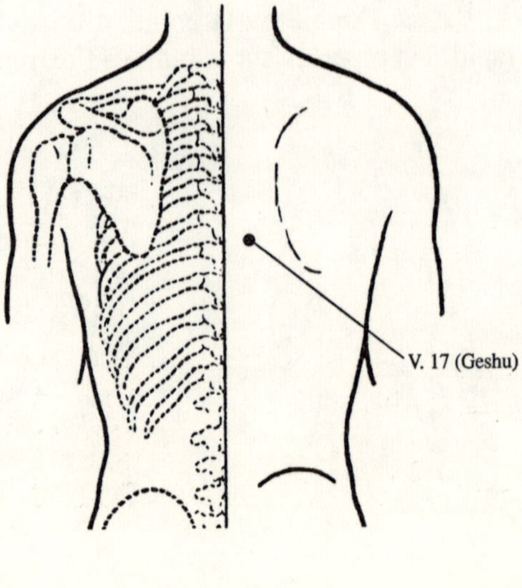

• Si cela ne suffit pas, massez aussi les points :
– R.M. 22, R.M. 17 et R.M. 12 sur la face du corps ;
– M.C. 6 au poignet.

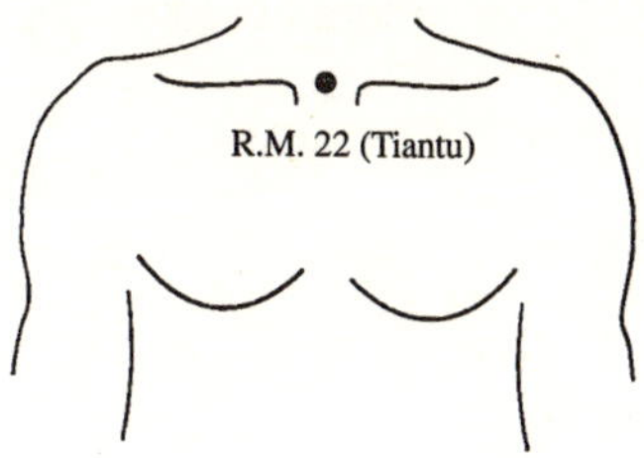

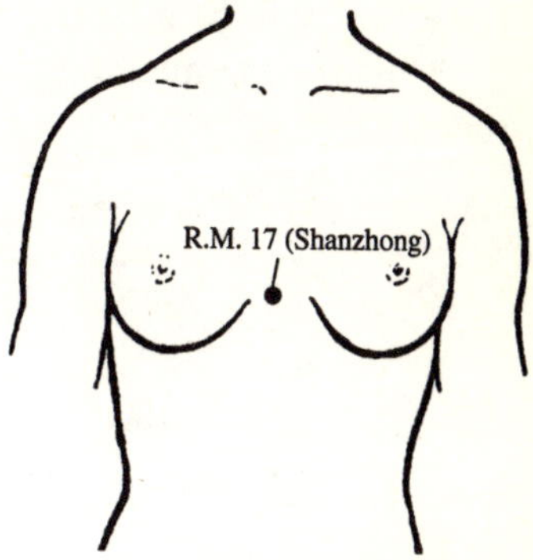

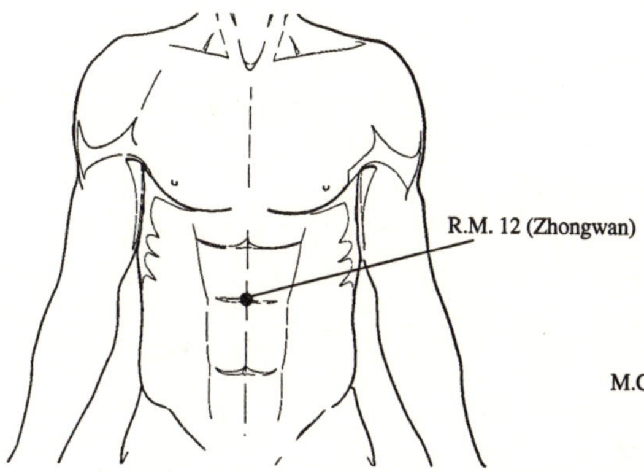

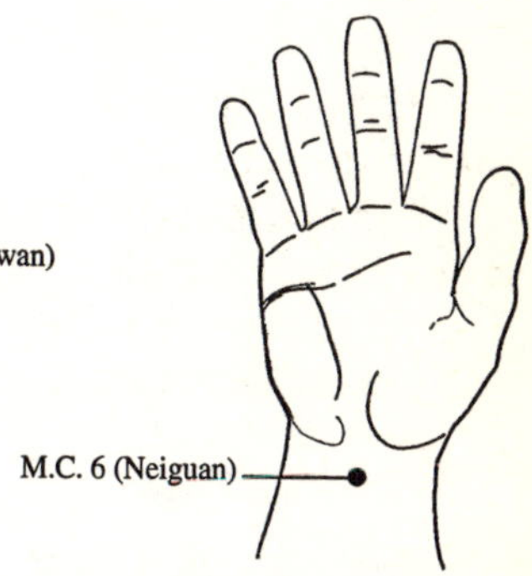

INFLAMMATION DES YEUX

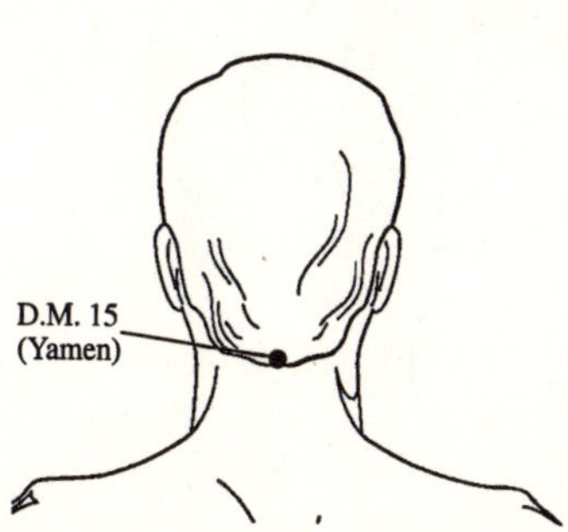

• Massez vigoureusement les points situés derrière la tête, à la même hauteur que les yeux. Sous ces points, massez les points D.M. 15 et D.M. 20.

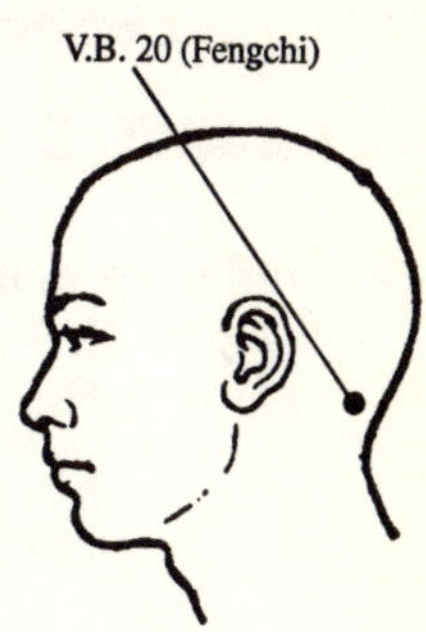

• Massez les points :
– G.I. 4 à la main ;
– P. 2 et E. 14 sur la poitrine ;
– F. 3 et V.B. 41 au pied.

• Massez également les points sensibles sur les rebords osseux des orbites.

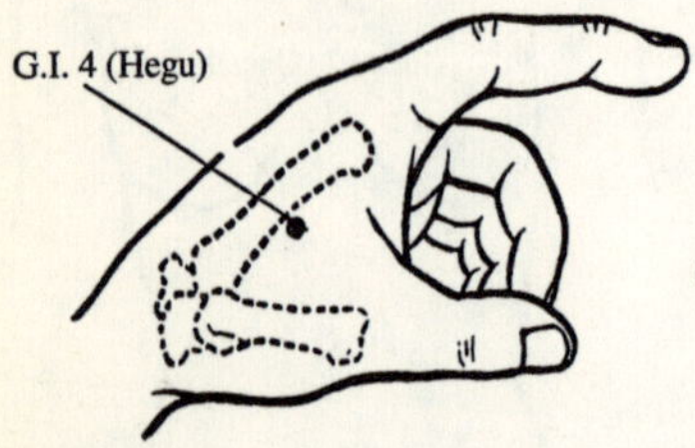

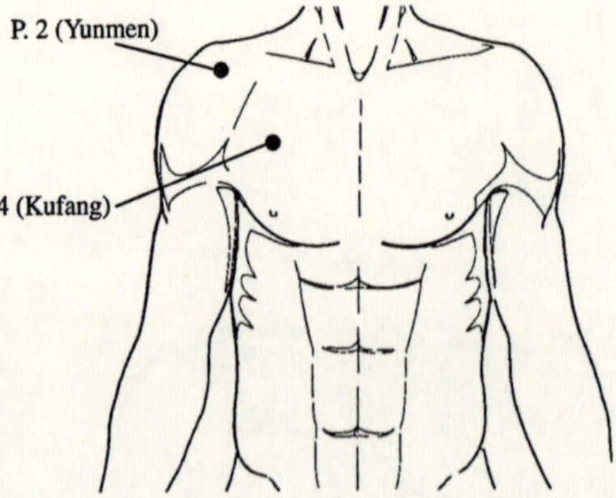

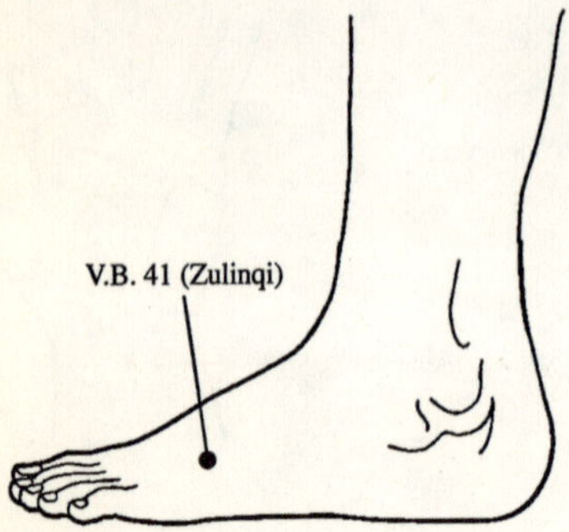

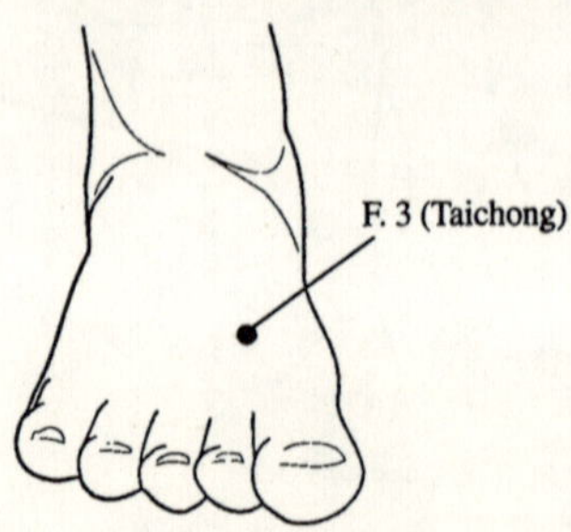

MORSURES DE SERPENT

• Tonifiez les points :
– C. 7 et M.C. 6 à la main ;

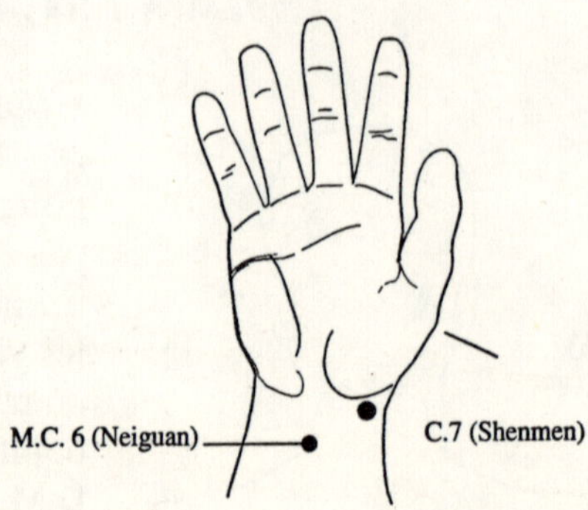

– E. 14 et R.M. 17 sur la poitrine ;
– D.M. 27 sous le nez ;
– R. 1 sous le pied.

• Traitez les points mentionnés à l'entrée *Empoisonnement* dans ce même lexique.

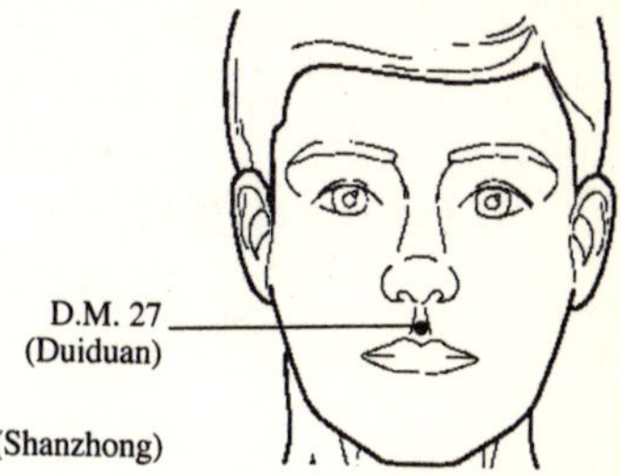

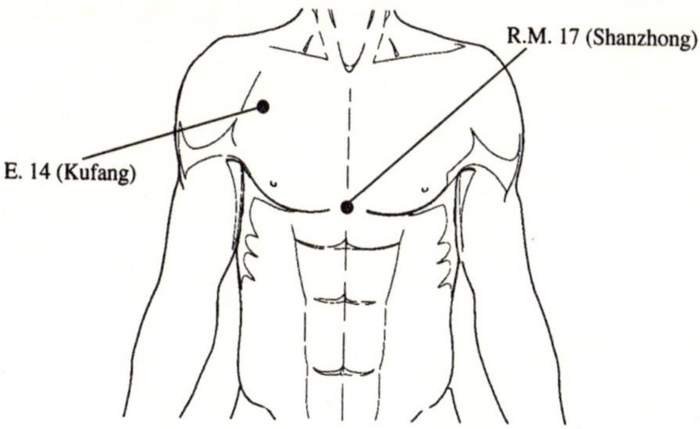

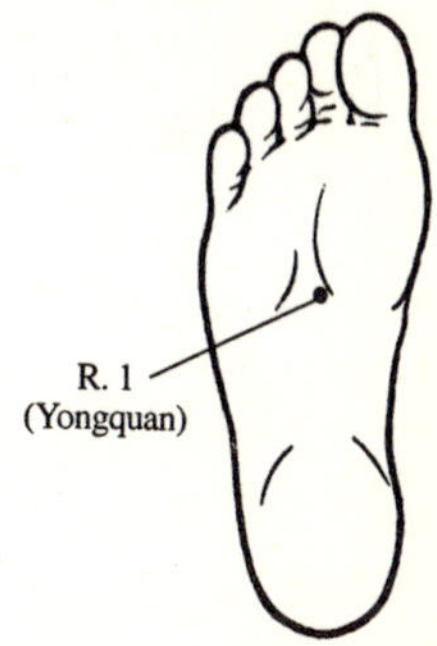

NOYADE

• Après avoir réanimé la victime, traitez les points mentionnés aux entrées *Faiblesses et évanouissements* et *Crise respiratoire* dans ce même lexique.

• Au besoin, massez aussi les points indiqués à l'entrée *Engelures ou refroidissements graves*.

PIQÛRES D'INSECTES

Traitez les points mentionnés aux entrées *Morsures de serpents* et *Brûlures* dans ce même lexique.

RADIATIONS

• Traitez les points mentionnés à l'entrée *Brûlures* dans ce même lexique.

- Massez les points :
– R.M. 6 et E. 30 dans le bas-ventre ;
– D.M. 4 et V. 23 en bas du dos ;
– R. 2 et R.1 au pied.

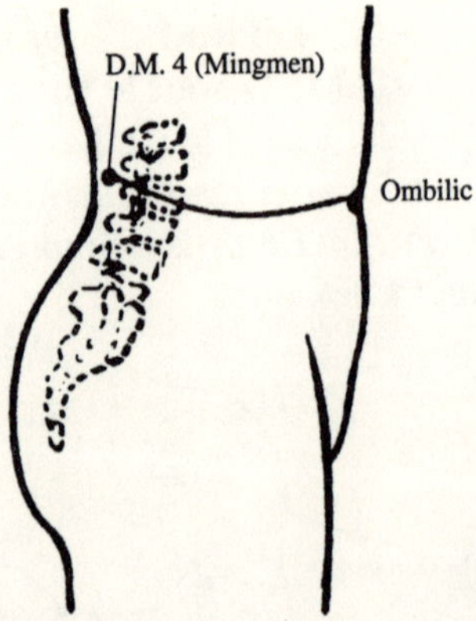

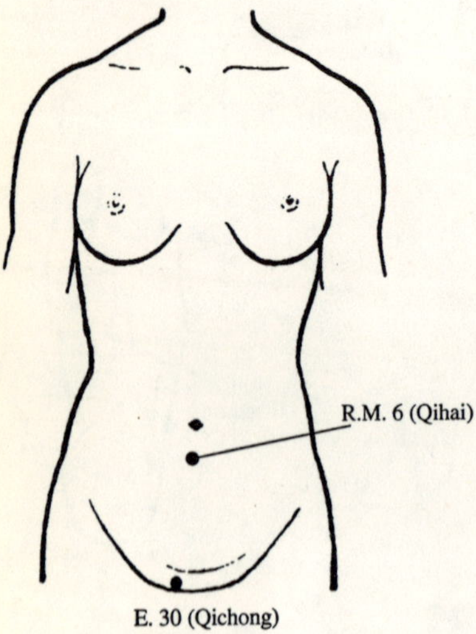

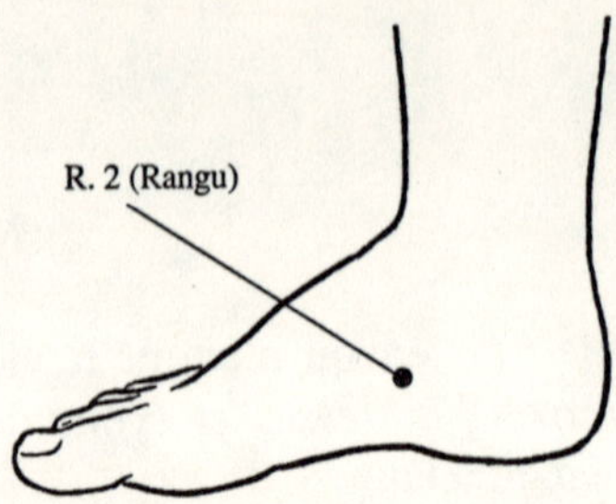

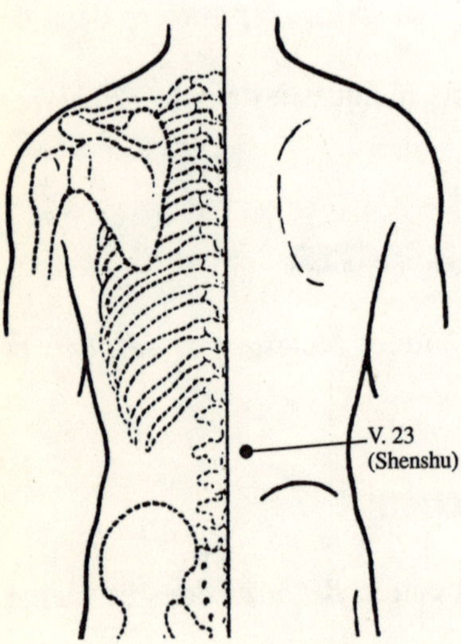

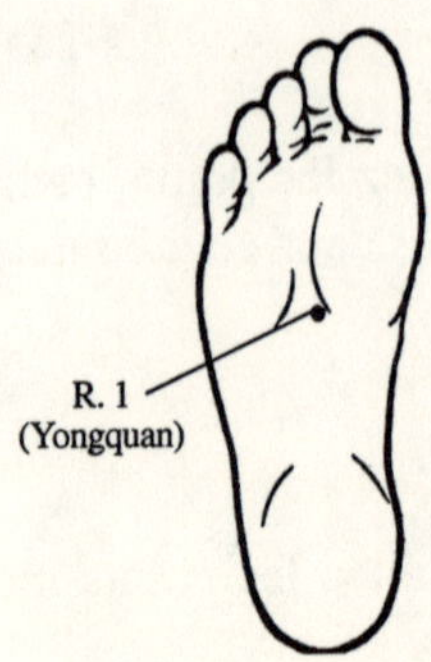

RÉANIMATION CARDIO-VASCULAIRE

En même temps qu'une personne pratique les techniques de réanimation cardio-vasculaire, traitez les points mentionnés à l'entrée *Faiblesses et évanouissements* dans ce même lexique.

VERTIGE

• Stimulez les points R. 1, R. 2 et F. 3 au pied.

• Massez le point E. 14 au-dessus des mamelons, surtout du côté droit.

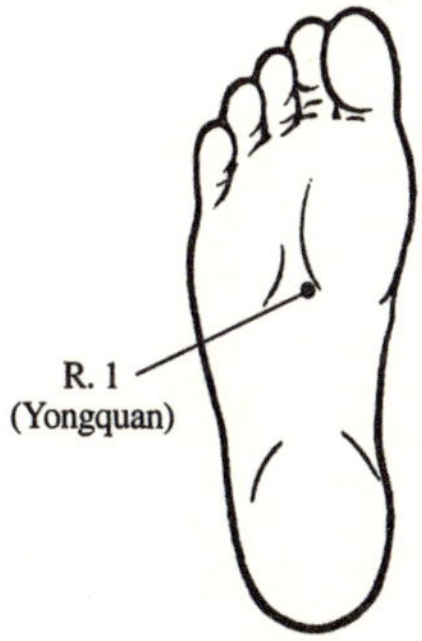

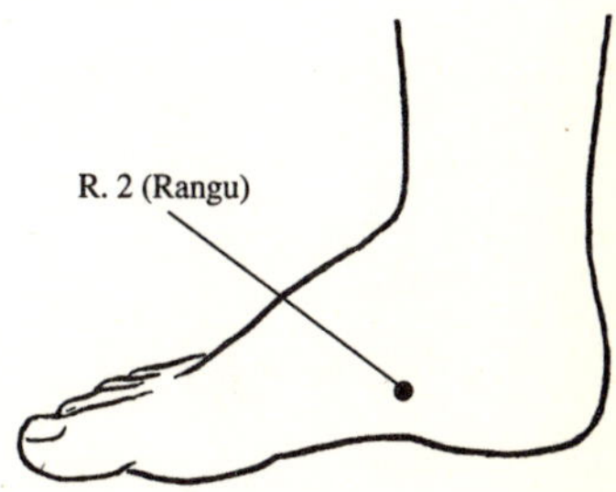

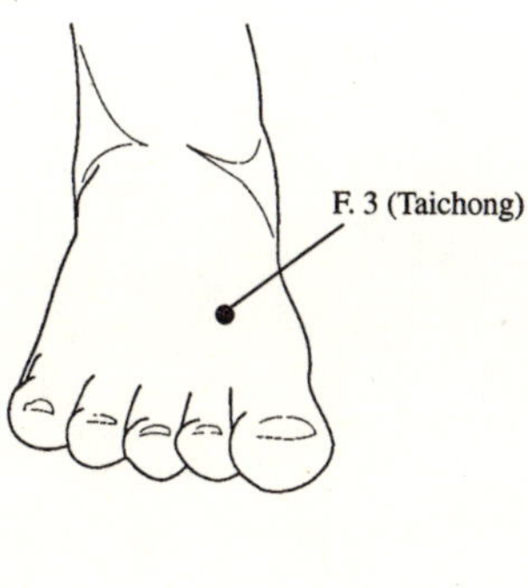

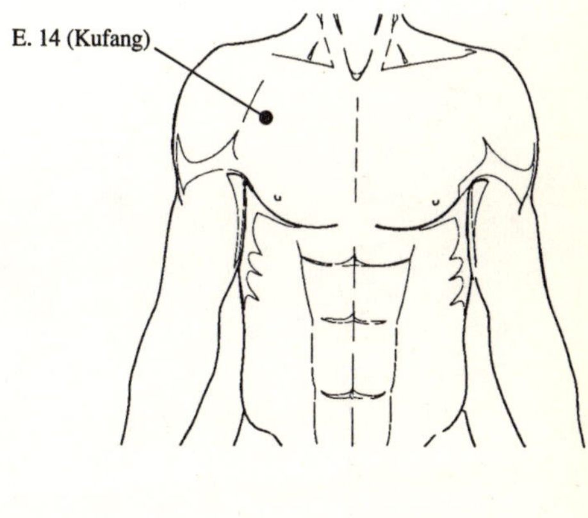

CONCLUSION

POURQUOI LE DO-IN EST-IL SI IMPORTANT POUR VOUS ?

Comme nous l'avons vu tout au long de ce livre, le Do-In est d'abord et avant tout une pratique préventive. Par la pratique régulière de cet automassage, vous fortifiez et vous harmonisez votre énergie vitale. Ces acquis, vous pouvez les ressentir aussi bien sur les plans physique et affectif que mental.

Rapidement, vous développez une meilleure résistance à un grand nombre de maladies, des plus banales aux plus sérieuses. Vous vous sentez plus calme, plus serein. Votre cerveau fonctionne également mieux : pensée plus claire, mémoire accrue, etc.

PASSEZ À L'ACTION SANS PLUS TARDER

Un autre avantage incontestable du Do-In, c'est qu'il s'agit là d'une technique tout à fait accessible.

1. Le Do-In ne requiert aucun équipement spécifique.
2. Il ne nécessite l'aide de personne.
3. Il s'apprend facilement. Il vous suffira sans doute de quelques séances pour connaître les exercices sur « le bout des doigts ».
4. Bien que votre Do-In soit plus agréable, voire plus bénéfique, si vous le pratiquez dans un environnement propice (salle calme, bien aérée, etc.), vous pouvez vous y adonner également un peu partout. Même si, pour ce faire, vous devez éliminer certains exercices. Votre

lieu de travail, le train, l'autobus, la rue, etc., sont autant d'endroits où vous pouvez faire votre Do-In.

5. Lorsque le temps vous manque, rien ne vous empêche d'écourter votre séance de Do-In. A la rigueur, vous pouvez ne masser que certains points qui vous sont particulièrement bénéfiques. Vous tirerez tout de même profit de sa pratique.

A cet effet, voici quelques suggestions pratiques :

• Si vous passez de longues heures devant un écran cathodique, arrêtez-vous toutes les vingt minutes pour masser les points situés en périphérie des yeux.

• Lorsque vous devez rouler plusieurs heures de file en voiture, arrêtez-vous toutes les deux heures pour vous étirer et vous livrer à une séance éclair de Do-In. Accordez une attention spéciale aux yeux, à la nuque et aux épaules, au dos et aux muscles fessiers.

• Vous pouvez également profiter d'une attente obligatoire à la banque, à un feu rouge, chez le dentiste, etc., pour masser quelques points.

• Après les repas, si votre digestion est un peu lente, faites quelques mouvements de va-et-vient de chaque côté du nez. Appuyez sur le point situé à mi-distance entre le nombril et la pointe du sternum. Une simple petite minute d'attention et vous sentirez déjà une différence.

• Lorsque vous êtes au téléphone, pourquoi ne pas mettre à profit votre main libre pour stimuler quelques points ? Même si vous ne passez que dix minutes par jour au téléphone, vous constaterez sans doute une amélioration de votre santé – ou, du moins, de votre résistance au stress.

6. Un autre avantage – et non le moindre – du Do-In est que vous ne pouvez pas nuire à votre santé, même si votre technique est imparfaite.

Le fait que le Do-In concerne l'ensemble du corps, plutôt que certains points spécifiques, favorise le bon fonctionnement général de tout votre organisme.

Dans ce sens, se livrer à une pratique régulière du Do-In, c'est un peu comme apprendre à mieux respirer. Vous ne pouvez pas vous faire de tort. Que du bien...

GLOSSAIRE

Cun : Unité de mesure correspondant à trois travers de doigt : ceux de l'index, du majeur et/ou de l'annulaire. Lorsque vous cherchez à localiser un point sur votre corps à l'aide d'une mesure en cun, vous devez considérer la largeur de vos propres doigts. Si vous travaillez sur le corps de quelqu'un, considérez la largeur de ses doigts. Dans certains cas, la différence est significative.

Eléments : Dans la tradition chinoise, on compte 5 éléments soit le feu, la terre, le métal, l'eau et le bois.

Méridiens (ou **vaisseaux**) : Les méridiens sont des circuits énergétiques distribués sur l'ensemble du corps. On compte douze méridiens pairs et deux méridiens impairs.

Points d'acupuncture : Il s'agit d'un point cutané précis de la grosseur d'un grain de riz. En tout, on compte 361 points situés sur les méridiens principaux et 36 situés en dehors de ces méridiens.

Qi : L'énergie vitale qui circule dans les différents méridiens. Sans le Qi, il n'y a pas de vie possible.

Tao : Le Tao est le Tout, le Principe suprême, la Loi universelle.

Yi King : Il s'agit d'un important livre de sagesse et de divination chinois.

Yin-Yang : Les deux grandes forces élémentaires de l'Univers. On retrouve ces forces à la fois opposées, complémentaires et dynamiques dans tout ce qui peuple l'Univers.

BIBLIOGRAPHIE

Blate, Michael, *Manuel pratique de Ji-Jo*, Editions Godefroy, 1977.

Blate, Michael, *Pratique du Ji-Jo avancé*, Editions Godefroy, 1982.

De Smedt, Evelyn, *Techniques du bien-être*, Editions Robert Laffont, 1975.

De Langre, Jacques, *Do-In 2*, Editions Happiness, Californie, 1981.

De Langre, Jacques, *The Ancient Tradition of Do-In 1*, Editions Happiness, Californie, 1983-1984.

Dictionnaire des secrets et meilleurs trucs de santé, Editions Godefroy, 1991.

Dr Jolin, Françoise, Dr Petit, Michel, *Guide des urgences à domicile*, Editions Québécor, Montréal, 1981.

Dr Soleil, *Guide des régimes*, Editions Soleil, 1987.

Dr Schatz, Jean, Dr Larre Claude, Dr Rochat de la Vallée, Elisabeth, *Les séminaires de l'école européenne d'acupuncture*, Editions So-Wen S.A.S., Italie, 1979.

Dr Soleil, *Graines germées, jeunes pousses*, Editions Soleil, 1986.

Emergency First Aid, Rodale Press, Etats-Unis, 1993.

Fulder, Stephen, *Le Tao de la médecine*, Editions Presses de la Renaissance, Paris, 1983.

Gendlin, Eugene T., *Focusing*, Bantam Books, Etats-Unis, 1978.

Kushi, Michio, *Le livre du Do-In*, Editions de la Maisnie, Paris, 1982.

L'abc des soins d'urgence, Editions Godefroy, 1991.

Lorini, Laure, *Le Do-In, guide pratique de l'automassage chinois*, Editions de Veechi, 1985, Paris.

Namikoski, Toru, *The Complete Book of Shiatsu Therapy*, Editions Japan Publications, Inc., New York, 1981.

Rishi, J.B., *Sagesse de la Chine traditionnelle/Do-In/L'art du massage*, Editions Quadra, Boulogne, 1975.

Rofidal, Jean, *Do-In*, Paris, 1978.

Schoneck, Annelies, *Des crudités toute l'année*, Editions Terre Vivante, Paris, 1988.

T. Top, *Dictionnaire pratique d'automassage*, Editions Québec/Amérique, Montréal, 1986.

Truchot, Clara, *Trouver le bien-être/Do-In/Shiatsu/Techniques de revitalisation*, Editions Le Courrier du Livre, Paris, 1980.

Yamamoto, Shiziko, *Le Shiatsu aux pieds nus*, Editions de la Maisnie, Paris, 1981.

Impression réalisée sur CAMERON par

BRODARD & TAUPIN

GROUPE CPI

La Flèche (Sarthe)
en septembre 2005

pour le compte des Presses du Châtelet

Imprimé en France
N° d'édition : 262 – N° d'impression : 31277
Dépôt légal : septembre 2005